안양대HK+
동서교류문헌언어총서
05

알레베크의 법한자전

옛한글·현대어 찾아보기

안양대학교 신학연구소
안양대HK+ 동서교류문헌언어총서 **05**

알레베크의 법한자전

옛한글 · 현대어 찾아보기

초판인쇄 2024년 2월 17일
초판발행 2024년 2월 27일

지은이 알레베크(Charles Alévêque)
옮긴이 곽문석 · 김홍일 · 박철우

펴낸곳 동문연
등 록 제2107-000039호
전 화 02-705-1602
팩 스 02-705-1603
이메일 gimook@gmail.com
주 소 서울시 용산구 청파로 40, 1602호 (한강로3가, 삼구빌딩)
제 작 디자인창공(T. 02-2272-5004)

값 35,000원 (＊파본은 바꾸어 드립니다.)

ISBN 979-11-981913-4-2 (94700)
ISBN 979-11-974166-2-0 (세트)

• 이 저서는 2019년 대한민국 교육부와 한국연구재단의 HK+사업의 지원을 받아 수행된 연구임(NRF-2019S1A6A3A03058791).

안양대HK+
동서교류문헌언어총서
04

알레베크의
법한자전

옛한글 · 현대어 찾아보기

Charles Alévêque 엮음
곽문석 · 김홍일 · 박철우 번역 및 주해

동 문 연

발간에 즈음하여

안양대학교 신학대학 부설 신학연구소 소속의 인문한국플러스(HK+) 사업단은 소외·보호 분야의 동서교류문헌 연구를 2019년 5월 1일부터 수행하고 있다. 다시 말하여 그동안 소외되었던 연구 분야인 동서교류문헌을 집중적으로 연구하면서, 동시에 연구자들의 개별 전공 영역을 뛰어넘어 문학·역사·철학·종교를 아우르는 공동연구를 진행하고 있다. 서양 고대의 그리스어, 라틴어 문헌이 중세 시대에 시리아어, 중세 페르시아어, 아랍어로 어떻게 번역되었고, 이 번역이 한자문화권으로 어떻게 수용되었는지를 추적 조사하고 있다. 또한 체계적으로 연구하기 위해서 동서교류문헌을 고대의 실크로드 시대(Sino Helenica), 중세의 몽골제국 시대(Pax Mogolica), 근대의 동아시아와 유럽(Sina Corea Europa)에서 활동한 예수회 전교 시대(Sinacopa Jesuitica)로 나누어서, 각각의 원천문헌으로 실크로드 여행기, 몽골제국 역사서, 명청시대 예수회 신부들의 저작과 번역들을 연구하고 있다. 이제 고전문헌학의 엄밀한 방법론에 기초하여 비판 정본을 확립하고 이를 바탕으로 번역·주해하는 등등의 연구 성과물을 순차적으로 그리고 지속적으로 총서로 출간하고자 한다.

본 사업단의 연구 성과물인 총서는 크게 세 가지 범위로 나누어 출간될 것이다. 첫째는 "동서교류문헌총서"이다. 동서교류문헌총서는 동서교류에 관련된 원전을 선정한 후 연구자들의 공동강독회와 콜로키움 등의 발표를 거친 다음 번역하고 주해한다. 그 과정에서 선정된 원전 및 사본들의 차이점을 비교 혹은 교감하고 지금까지의 연구에 있어서 잘못 이해된 것을 바로잡으면서 번역작업을 진행하여 비판 정본과 번역본을 확립한다. 그런 다음 최종적으로 그 연구 성과물을 원문 대역 역주본으로 출간하는 것이다. 둘째는 "동서교류문헌언어총서"이다. 안양대 인문한국플러스 사업단은 1년에 두 차례 여름과 겨울 동안 소수언어학당을 집중적으로 운영하고 있다. 이 소수언어학당에서는 고대 서양 언어로 헬라어와 라틴어, 중동아시아 언어로 시리아어와 페르시아어, 중앙아시아 및 동아시아 언어로 차가타이어와 만주어와 몽골어를 강의하고 있는데, 이러한 소수언어 가운데 우리나라에 문법이나 강독본이 제대로 소개되어 있지 않은 언어들의 경우에는 강의하고 강독한 내용을 중점 정리하여 동서교류문헌언어총서로 출간할 것이다. 셋째는 "동서교류문헌연구총서"이다. 동서교류문헌연구총서는 동서교류문헌을 번역 및 주해하여 원문 역주본으로 출간하고, 우리나라에 잘 소개되지 않는 소수언어의 문법 체계나 배경 문화를 소개하는 과정에서 깊이 연구된 개별 저술들이나 논문들을 엮어 출간하려는 것이다. 이 본연의 연구 성과물을 통해서 동서교류문헌 교류의 과거·현재·미래를 가늠해 볼 수 있고 궁극적으로 '그들'과 '우리'를 상호 교차적으로 비교해 볼 수 있을 것이다.

안양대학교 신학연구소 인문한국플러스 사업단

알레베크의 『법한ᄌᆞ뎐』 해제

1. 머리말

『법한ᄌᆞ뎐』(*PETIT DICTIONAIRE FRANCAIS-CORÉEN*, 이하에서는 『법한』)은 출판된 최초의 불한사전으로, 1901년 프랑스인 샤를 알레베크(Charles Alévêque)에 의해 서울에 있던 서울출판사(SEOUL PRESS, Hodge & Co.)에서 출간되었다. 책 크기는 가로 14.5cm, 세로 19cm, 쪽수는 총 374쪽(앞의 ix쪽은 별도)인데 본문만 치면 359쪽이다. 표제 어휘의 수는 7,000개 정도이다.

알레베크는 한국에 오기 전에는 상하이의 '인도 극동 프랑스회사'의 대리인 자격으로 대한제국 정부의 근대화 사업 구매 물품의 중개역을 담당하였던 무역업자였고, 1897년 한국에 온 이후로는 서울 정동에 설립된 관립 외국어학교의 프랑스어 교사도 맡았던 것으로 알려져 있다. 서문에 앞선 속지에는 'A Monsieur Collin de Plancy, Ministre de France à Séoul'(서울 주재 프랑스 공관, 콜랭 드 플랑시 님께)라는 헌사가 씌어 있다. 이러한 점들로 보아 『법한』에 앞선 『한불ᄌᆞ뎐』(1880) 등이 주로 선교사 등 종교인에 의해 주도된 데 비해 『법한』은 당시 한국에 머무르던 프랑스인들의 한국어 학습을 도와야 할 실질적인 필요에 의해 국가 차원에서 요구된 일이었을 것으로 추정된다. 서문에는 '자신들이 한국에 4년을 머무르는 동안 아무것도 나오지 않았으므로, 매우 불완전한 정도이지만 프랑스어-한국어 기초 어휘집을 내어 한국에서 사는 프랑스어 화자들과 프랑스어를 배우고자 하는 한국인들에게 도움이 될 수 있도록 해야겠다는 생각을 하게 되었다.'라는 사전 편찬의 취지가 제시되어 있다.[1]

〈사진1〉 실제 『법한ᄌᆞ뎐』의 모습

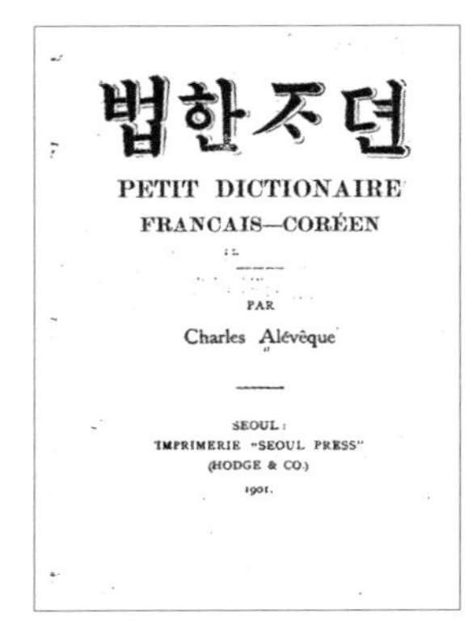

법한ᄌᆞ뎐

PETIT DICTIONAIRE

FRANCAIS—CORÉEN

PAR

Charles Alévêque

SEOUL:

IMPRIMERIE "SEOUL PRESS"

(HODGE & CO.)

1901.

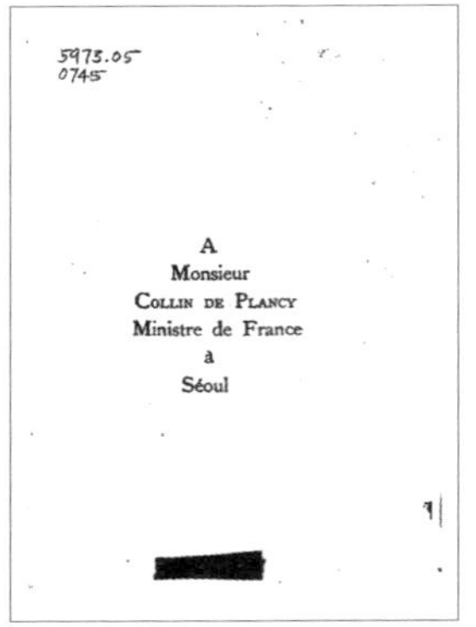

5975.05
0745

A

Monsieur

Collin de Plancy

Ministre de France

à

Séoul

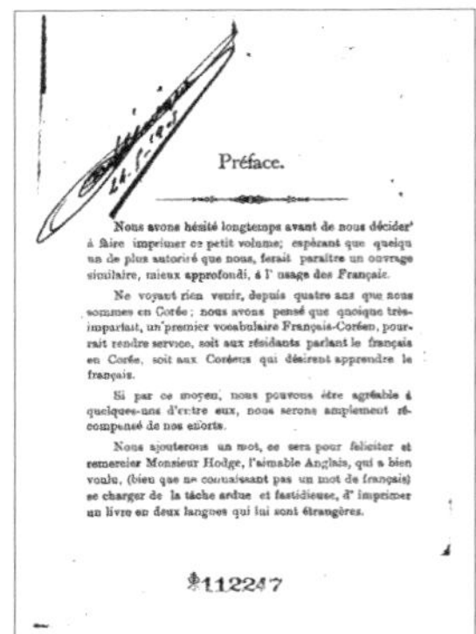

Préface.

Nous avons hésité longtemps avant de nous décider à faire imprimer ce petit volume; espérant que quelqu un de plus autorisé que nous, ferait paraitre un ouvrage similaire, mieux approfondi, à l' usage des Français.

Ne voyant rien venir, depuis quatre ans que nous sommes en Corée; nous avons pensé que quoique très-imparfait, un premier vocabulaire Français-Coréen, pourrait rendre service, soit aux résidants parlant le français en Corée, soit aux Coréens qui désirent apprendre le français.

Si par ce moyen, nous pouvons être agréable à quelques-uns d'entre eux, nous serons amplement récompensé de nos efforts.

Nous ajouterons un mot, ce sera pour féliciter et remercier Monsieur Hodge, l'aimable Anglais, qui a bien voulu, (bien que ne connaissant pas un mot de français) se charger de la tâche ardue et fastidieuse, d' imprimer un livre en deux langues qui lui sont étrangères.

112247

책의 구성은 서문(Préface), 자모(Alphabet), A에서 Z까지의 사전 본문, 그리고 그 뒤로 부록에 해당하는 내용(정부 주요 부처 명칭, 고유어 계열 양수사, 한자어 계열 양수사, 고유어 계열 서수사, 한자어 계열 서수사, 도량/화폐 단위, 금액 표현)이 360-374쪽에 걸쳐 이어진다.

본문의 편집 형식은 전면은 세로로 3단으로 나누고 왼쪽 단에는 프랑스어 표제어를 제시하되 그 오른편에 품사 정보를 넣었고, 가운데 단에는 그에 대한 한국어 역어를, 오른쪽 단에는 한국어 발음을 로마자로 표기하였다. 그런데 표제어 아래에는 중간중간에 소괄호 속에 넣은 예문이 들어 있기도 하다. 이러한 내용은 (1)이 잘 보여준다.

1 당시가 조선 시대임에도 『법한』이 '한(韓)'이라는 자를 사용한 것은 『한불ᄌᆞ뎐』의 영향일 것으로 보인다. 조남호(2016:56)는 각주 17에서 『한불ᄌᆞ뎐』의 머릿말을 통해 이 '한'이라는 자는 삼한에서 따온 것인데 결과적으로 지금과 같아졌다고 설명하고 있다. 이 연구에서도 당시의 관점에서는 우리말을 조선어라고 불러야 할 수도 있겠으나 사전의 명칭을 존중하고, 오늘날의 공식 명칭인 한국어라고 부르기로 하겠다. 하지만 여기서의 한국어는 1901년 당시의 한국어임을 간과해서는 안 된다.

〈사진2〉 사전 본문의 모습

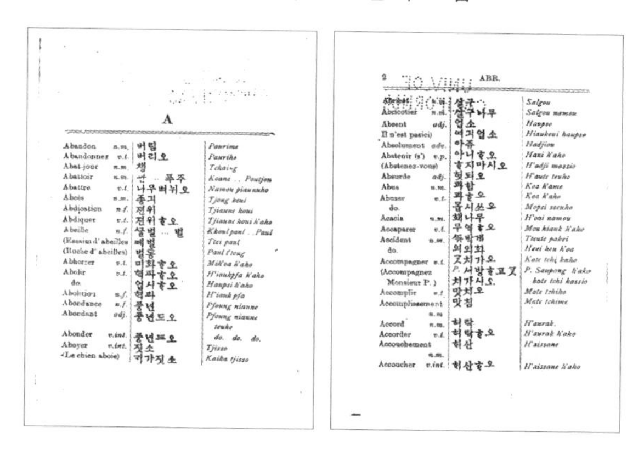

A

Abandon	n.m.	버림	*Paurime*
Abandonner	v.t.	버리오	*Pauriho*
Abat-jour	n.m.	챙	*Tchaing*
Abattoir	n.m.	관 .. 푸주	*Koane .. Poutjou*
Abattre	v.t.	나무벼뉘오	*Namou piaunuho*
Abois	n.m.	종긔	*Tjong keui*
Abdication	n.f.	젼위	*Tjiaune houi*
Abdiquer	v.t.	젼위ᄒᆞ오	*Tjiaune houi h'ako*
Abeille	n.f.	꿀벌 ... 벌	*Kkoul paul .. Paul*
(Essaim d'abeilles		떼벌	*Ttei paul*
(Ruche d'abeilles)		벌통	*Paul t'ong*
Abhorrer	v.t.	미화ᄒᆞ오	*Mih'oa h'ako*
Abolir	v.t.	혁파ᄒᆞ오	*H'iaukpfa h'ako*
do.		업시ᄒᆞ오	*Haupsi h'ako*
Abolition	n.f.	혁파	*H'iauk pfa*
Abondance	n.f.	풍년	*Pfoung niaune*
Abondant	adj.	풍년드오	*Pfoung niaune teuho*
Abonder	v.int.	풍년드오	*do. do. do.*
Aboyer	v.int.	짓소	*Tjisso*
(Le chien aboie)		개가짓소	*Kaika tjisso*

2 ABR.

Abricot	n.m.	살구	*Salgou*
Abricotier	n.m.	살구나무	*Salgou namou*
Absent	adj.	업소	*Haupso*
Il n'est pas ici)		여긔업소	*Hiaukeui haupso*
Absolument	adv.	아쥬	*Hadjiou*
Abstenir (s')	v.p.	아니ᄒᆞ오	*Hani h'ako*
(Abstenez-vous)		ᄒᆞ지마시오	*H'adji massio*
Absurde	adj.	헛되오	*H'aute teuho*
Abus	n.m.	과함	*Koa h'ame*
Abuser	v.t.	과ᄒᆞ오	*Koa h'ako*
do.		몹시쓰오	*Mopsi sseuho*
Acacia	n.m.	홰나무	*H'oai namou*
Accaparer	v.t.	무역ᄒᆞ오	*Mou kiauk h'ako*
Accident	n.m.	뜻밧게	*Tteute pakei*
do.		의외화	*Heui heu k'oa*
Accompagner	v.t.	곳치가오	*Kate tchi kaho*
(Accompagnez Monsieur P.)		P. 서방ᄒᆞ고곳치가시오	*P. Saupang h'ako kate tchi kassio*
Accomplir	v.t.	맛치오	*Mate tchiho*
Accomplissement	n.m.	맛침	*Mate tchime*
Accord	n.m.	허락	*H'aurak.*
Accorder	v.t.	허락ᄒᆞ오	*H'aurak h'ako*
Accouchement	n.m.	해산	*H'aissane*
Accoucher	v.int.	해산ᄒᆞ오	*H'aissane h'ako*

매 쪽의 위 여백에는 왼편에 쪽 번호를 넣었고 가운데에는 그쪽 첫 표제어의 세 자모만을 잘라 넣고 그 오른쪽 아래에 마침표를 넣어 줄였음을 나타내고 있다(위의 사진에서는 ABR.).

(1) **Aboyer** *v.int.* | 짓소 | *Tjisso*
(Le chien aboie) | 개가짓소 | *Kaika tjisso*

채완(2012:93-94)은 『법한ᄌᆞ뎐』이 다른 대역사전들에 비해 그다지 많은 주목을 받지 못한 점을 지적하면서, 이 사전을 '찬찬히 살펴볼 만한 가치'를 세 가지로 정리한다. 첫째로는, 인쇄 출판된 최초의 불한사전이라는 점이다. 실제로는 『한불ᄌᆞ뎐』이 1880년 일본 요코하마에서 간행되었고 그와 거의 동시적으로 다른 불한사전인 *Dictionnaire Français-Coréen*이 페롱(Féron) 신부에 의해 제작되어(1869년 추정) 그 필사본이 전해오고 있지만, 둘 다 국내에서 아예 출간되지 않았기 때문에 1900년 무렵에 참조할 수 있는 자료는 없었던 것으로 이해된다.

둘째로는, 편찬자가 다른 대역사전들의 경우 거의 선교사, 즉 종교인이었던 것과 달리 무역상이라는 점이다. 선교 등 특정의 목적보다도 실제 한국 생활

속에서 한국어가 모국어가 아닌 외국인이 실생활의 필요에 의해 실용 사전으로 만들었다는 점에서 당시 생활에 가장 필요한 어휘들을 보여줄 가능성이 크다는 것이다.

셋째로는, 소사전(Petit Dictionnaire)이지만 수록 어휘 수가 적지 않다는 점이다. 앞서 7,000개 정도의 표제어가 있다고 하였는데[2] 이 정도면 외국어를 배우기 위한 기초 어휘 수로는 부족함이 없는 숫자라는 것이다.

이 글에서는 무엇보다 정서법이 혼란스럽던 시대에 외국인이 한글을 활용하여 한국어를 표기하는 과정에서 드러나는 언어와 철자 사이의 간극을 확인해 보고자 하며, 그 이면에 있는 이 『법한』에 담긴 한국어의 국어학적 특성을 가시적으로 제시하여, 19세기로부터 20세기로, 근대국어로부터 현대국어로의 전환기이던 이 시기 한국어의 모습을 보다 생생하게 보여 주고자 한다. 또한 이러한 작업을 하는 중에, 당시의 시대상과 실용적 필요에 의해 제작된 어휘집의 내용적 구성에서도 유의미한 사실들을 가능한 범위에서 포착하려 한다.

2. 자모

서문에서 바로 이어지는 차례가 'Alphabet'(자모)인데 자모와 함께 몇 가지 음운 현상이 소개되어 있다. 이 부분의 시작은 한글에 대한 찬사로 시작된다. 그것은 이 세상에 한글보다 더 단순한 자모는 없을 것이어서, 한때 보편어를 기획했던 유럽인들이 알았더라면 보편어 자모의 기반으로서 한글로부터 영감을 얻을 수 있었을 것이라는 점이었다.

한글 자모는 25개의 글자(자소)로 이루어진 것으로 보며, 11개의 모음(아,

2 채완(2012:94)은 일일이 세어 본 결과 표제어가 6,400개, 용례가 712개로 확인되었다고 하였다. 반면, 이 연구에서 원문 전체를 Excel에 입력하여 확인한 전체 줄 수는 6,902개이고, 용례 수는 괄호를 기준으로 630개였다. 표제어와 관련해서 이러한 차이가 나는 것은 이 연구에서는 한국어 뜻풀이가 달라지면 입력할 때 표제어를 다시 한번 더 써주는 방식으로 처리하였기 때문인 것으로 판단된다. 용례의 경우는 괄호가 포함된 예들 가운데 대명동사임을 뜻하는 (s'), (se)만 나타나는 예들도 적잖이 존재하여 그런 것들을 제거하면 실제 용례의 수는 더 줄어든다.

야, 어, 여, 이, 오, 요, 우, 유, 으, ᄋᆞ)과 14개의 자음(ㄱ, ㅁ, ㄴ, ㅂ, ㄹ, ㅅ, ㄷ, ㅈ, ㅊ, ㅇ, ㅋ, ㅍ, ㅌ, ㅎ)을 제시한다. 모음은 ㅇ을 기준으로 모음이 세로로 붙느냐 가로로 붙느냐에 따라 세로 모음(아, 야, 어, 여, 이)과 가로 모음(오, 요, 우, 유, 으, ᄋᆞ)으로 나누고 순서도 그런 기준에서 같은 것끼리 묶어 제시하였다. 그리고 이중모음 12개(애, ᄋᆡ, 에, 예, 의, 와, 왜, 외, 워, 웨, 위, 읡)를 제시하고 있는데 '얘'가 없고 '읡'가 추가되어 있는 점이 특이하다. '이중모음(diphtongues)'이라는 용어를 사용하고 있지만 실제로는 11개의 기본 모음자에도 이중모음(요, 유)이 섞여 있고 이중모음이라고 추가된 12개 모음에도 단모음(애, ᄋᆡ, 에, 외, 위)이 섞여 있어 음소 차원의 분류가 아니라 기본 글자와 가획자를 구분한 것으로 이해된다.

자모에서는 11개의 모음과 14개의 자음이 있다고 서술한 뒤 바로, 세로 모음과 가로 모음과 음가 없는 'ㅇ'의 활용에 대해 설명하며, 이어 'ㄴ' 소리의 유음화, 'ㄹ' 소리의 두 가지 음가('R'과 'L'로 표현됨)와 두음법칙('N'으로 나는 경우), 'ㅅ' 소리의 평폐쇄음화('T') 현상[3]만을 소개한다.

한글 자모에 대응하는 로마자 표기는 프랑스어 화자의 한국어 발음 인식을 보여주므로 흥미롭다. 『법한』에는 이중모음자가 먼저 제시되고 그 아래에 모음자와 자음자가 일련번호와 함께 제시되어 있지만 여기서는 편의상 모음자와 이중모음자를 함께 먼저 제시하고 자음자를 그 오른편에 배치하였다.

3 'ㅅ' 소리가 음절 끝에서 *T*로 발음됨을 제시하면서 'excepté, lorsqu'elle est suivie d'une autre S.'라는 말을 덧붙이고 있는데 채완(2012)에서는 이를 '예외적으로, 또 다른 *S*가 뒤따를 때도 그러하다(음절 끝에서 *T*로 발음된다).'로 옮기고 있으나, 이는 실제로는 '[ㅅ]' 소리 뒤에 다른 '[ㅅ]' 소리가 올 때만 예외적으로 '[ㄷ]' 소리가 발음되는 것이 아니라, 오히려 그 반대로 다른 자음들이 올 때는 '[ㄷ]' 소리로 발음되며 '[ㅅ]' 소리가 올 때만 '[ㄷ]' 소리가 발음되지 않고 '[ㅅ]' 소리만 (된소리로) 발음되는 면을 주목한 것으로 이해하는 것이 자연스러우므로('뒷사람', '벗습니다' 등), 또 다른 *S*가 뒤따를 때가 예외적이라고 해석하는 것이 적절해 보인다.

오늘날 실제로는 장애음 받침소리 '[ㄱ, ㄷ, ㅂ]' 뒤에 다른 장애음 '[ㄱ, ㄷ, ㅂ, ㅅ, ㅈ]'가 이어지는 경우 후속 장애음이 경음화되고 선행 장애음 받침소리는 탈락하는 것이 일반적이므로 '[ㅅ]' 소리가 이어지는 경우만을 특별히 주목하지는 않는데 이 사전을 집필한 프랑스인들은 그 부분을 특별하게 주목한 것이 아닐까 한다. 그렇지 않다면 '[ㅅ]' 소리 뒤에 또 다른 '[ㅅ]' 소리가 이어질 때 그 소리가 T로 발음된다고 말하는 것이 무엇에 대해 예외적인 것인지 이해하기 어렵다.

(2) 모음자	(3) 이중모음자	(4) 자음자	
1 아 Ha	애 Hai	12 ㄱ K	français
2 야 Hia	ᄋᆡ Hai	13 ㅁ M	do.
3 어 Hau	에 Hei	14 ㄴ N(및 L)	do.
4 여 Hiau	예 Hiei	15 ㅂ P	do.
5 이 Hi	의 Heui	16 ㄹ R(및 L)	do.
6 오 Ho	와 Hoa	17 ㅅ S(및 T)	do.
7 요 Hio	왜 Hoai	18 ㄷ T	do.
8 우 Hou	외 Heu	19 ㅈ Tj	
9 유 Hiou	워 Houau	20 ㅊ Tch	
10 으 Heu	웨 Houei	21 ㅇ ng	
11 ᄋᆞ Ha	위 Houi	22 ㅋ K'	
	유ᅵ Hu	23 ㅍ Pf	
		24 ㅌ T'	
		25 ㅎ H'	

(2), (3)에서 모음 앞에는 'H'를 적고 있는데 프랑스어에서도 'h'가 묵음이라는 데 착안하여 한국어의 음가 없는 'ㅇ' 대신 활용하게 된 것으로 보인다. 한국어의 음가 없는 'ㅇ'이 자칫 하나의 자음으로 인식될 수 있을 것이므로 'h'가 소리가 묵음이 되는 프랑스어의 'H'를 활용한 로마자 표기는 프랑스인들의 한글 표기 이해에 유용한 수단이 되었을 것이다.[4] 모음의 음가와 관련해서는 이 무렵 이미 'ㆍ'는 그 음가가 사라져서 'ㅏ'에 합류된 것으로 보인다. 'ㅓ'를 'au'로 적은 것이 독특하며, 이중모음자 가운데 '애, ᄋᆡ, 에'가 당시 모두 단모음화된 상황이었지만 마치 이중모음이었던 것처럼 적고 있는 것은 전자법(轉字法)의 전사 방식을 사용하고 있기 때문일 것이다. '으'와 '외'가 동일하게 'Heu'로 전사되어 있는 것은 그것들이 동일하게 발음되었기 때문이라기보다는 'ㅡ'가 프랑스인들에게는 낯설어 그 음가를 정확히 이해하지 못했기 때문일 것 같다.

자음자에서, K français는 프랑스어의 K라는 뜻이며, 그 아래의 do.는 'dito' 즉 '위와 같음'을 뜻하는 약어이다. 그런데 'ㄱ, ㅁ, ㄴ, ㅂ, ㄹ, ㅅ, ㄷ'를 프

4 구체적인 운용에 대해서는 채완(2012:98-100) 참조.

랑스어의 'K, M, N, P, R, S, T'와 동일하게 인식한 것은 집필자가 음성학적으로 훈련된 사람은 아님을 보여준다. 그 아래에 제시된 된소리와 거센소리에 대한 서술을 고려하자면, 이 사전의 집필자는 'ㄱ, ㅂ, ㄷ'의 경우 그것들이 무성폐쇄음이라는 점에서 프랑스어의 'K, P, T'와 동일하다고 인식한 것으로 보이며, 'ㄹ'을 프랑스어의 'R'과 같다고 한 것도 유음으로 넓게 묶일 수 있다는 점 외에는 조음의 위치나 방법에서 실질적 동일성을 가지고 있기 때문이 아닐 것이다.

'ㅂ, ㅅ, ㄷ, ㄱ, ㅈ' 다섯 소리는 중첩될 수 있고 그럴 때는 'ㅽ, ㅆ, ㅼ, ㅺ, ㅾ'으로 적으며 강하게 강조되고 각각 두 배인 *pp*, *ss*, *tt*, *kk*, *ttj*처럼 발음된다고 하였다. 또 "ㅋ, ㅍ, ㅌ, ㅎ 네 글자는 후음(gutturale) 발음을 선택하는데 그것들은 한국인이나 한국에 살았던 유럽인이 아니면 거의 배울 수 없다"라고 기술하고 있다. 폐쇄음을 주로 유성음과 무성음으로 구별하는 서구인에게 같은 조음위치의 무성음들을 세분하여 인식하는 일은 쉽지 않은 일이었을 것이다.

이 연구에서는 위 42개 자모(모음자 11 + 이중모음자 12 + 자음자 14 + 경자음자 5)가 실제 『법한』의 한국어 대역 부분에서 사용된 빈도를 조사하였다. 조사 방법은 가능한 부분은 로마자로 바꾸어 정규식으로 자모를 분리하고 로마자로 바꾸기 어려운 글자(주로 'ㆍ'가 포함된 글자)는 따로 합산하여 그 값을 자모에 나눠주는 방식으로 계산하였다.

(5) 자모의 출현 횟수

아	4171	애	261	ㄱ	4089(초2955 종1134)[5]	ㅽ	초77[6]
야	346	ᄋᆞ	905	ㅁ	3118(초1489 종1629)	ㅆ	초109 종1
어	1541	에	502	ㄴ	3038(초1447 종2591)	ㅼ	초139
여	1646	예	245	ㅂ	2148(초1436 종712)	ㅺ	초170
이	3685	의	278	ㄹ	3065(초1410 종1655)	ㅾ	초40

5 '초'는 초성자로 쓰임, '종'은 종성자로 쓰임을 뜻한다.

6 원문에는 'ㅄ'이 하나 출현하지만 'ㅽ'의 오기임이 명백하므로 여기서는 'ㅽ'에 하나를 더 추가하였다.

오	5033	와	268	ㅅ	4256(초3169 종1087)	ㄺ	종53
요	366	왜	11	ㄷ	초1482	ㄻ	종6
우	1775	외	228	ㅈ	초2167	ㄼ	종11
유	443	워	114	ㅊ	초736		
으	1574	웨	15	ㅇ	7444(초5529 종1915)		
ᄋᆞ	1858	위	175	ㅋ	139(초137 종2)		
		ᄋᆔ	7	ㅍ	358(초355 종3)		
				ㅌ	초257		
				ㅎ	초2446		

(5)는 몇 가지 흥미로운 점들을 확인할 수 있게 해 준다. 우선, 음가 없는 초성자 ‘ㅇ’이 가장 많은 것은 현대국어와 마찬가지이고 다양한 모음으로 시작하는 모든 음절이 그것을 가지니 당연한 결과이다. 또한, 현대국어에서는 중성 ‘ㅏ’가 실질적으로는 제일 많은 데 비해 『법한』의 자료들이 그렇지 않은 것은 현대국어의 ‘ㅏ’가 이전의 ‘ㆍ’와 ‘ㅏ’의 합류의 결과이기 때문임을 보여준다. ‘ㅗ’ 모음이 유독 많이 출현한 것도 흥미로운데 그것은 뜻풀이에서 하오체를 주로 사용하였기 때문이다. 현대국어에서는 ‘ㅣ’가 ‘ㅗ’보다 훨씬 많이 쓰인다. ‘ㅙ, ㅞ, ㆌ’는 극히 적은 빈도로 출현하였다. 자음에서는 종성에서 ‘ㄱ, ㅁ, ㄴ, ㅂ, ㄹ, ㅅ, ㅇ’의 7종성이 압도적인 출현을 보였다는 점이 확인된다. 그리고 겹자음으로서 언급된 적이 없는 ‘ㄺ, ㄻ, ㄼ’이 종성에 일부 사용되고 있었음을 알 수 있다.

3. 표제항과 품사

『법한』 본문은 세 단으로 구성되어 있는데 첫 단에는 표제항과 그 오른편에 작은 글씨로 품사 정보가 표시되어 있다. 위의 (1)에서도 ‘Aboyer’라는 표제항과 그 오른편으로 *v.int.*라는 작은 글씨로 적힌 품사 정보가 보인다. 표제항은 대부분 한 단어로 제시되어 있지만, 표제항 아래 줄에 소괄호로 묶은 용례가 제시된 경우들이 있다. (1)에서도 'Aboyer'라는 표제항 아래의 소괄호 속에 '(Le chien aboie)'라는 용례가 제시되어 있다. 용례가 제시된 경우에는 본문의 두 번째 단에서도 그 용례에 대한 뜻풀이를 제공하고 있어, 앞의 예에 대해서는 'ᄀᆡ가짓소'라는 뜻풀이가 제시되었다. 소괄호 속에는 대부분 용례가 제시되지만 간혹 '(Actrice)'와 같이 그 위에 나온 남성 명사 'Acteur'에 대해 여성 명사형을 제시한 경우도 있다.

표제어는 한 줄에 하나씩 제시되는 것이 원칙이지만 그 표제어가 다의어일 때는 하나의 표제어 아랫줄에 'do.'(위와 같음)라고 써서 같은 표제어에 대한 다른 뜻풀이가 오른편 단에 제시될 것임을 알려준다.

품사 분류는 프랑스어가 표제어이므로 당연히 프랑스어의 분류를 따른 것이지만 일부 프랑스어 특유의 것들 외에는 보편적인 면이 공유되므로 뜻풀이에 사용된 한국어 단어들에 대해서도 참조가 될 수 있으며 중의성 해소에도 활용될 수 있다. 먼저 제시된 약어들의 종류와 의미, 그리고 각 품사별 출현 횟수를 제시하자면 다음과 같다.

(6) 『법한』 표제어의 품사와 출현 횟수

n.(명사)[7]	*n.m.*	남성명사	1,989	3,922	56.94%
	n.f.	여성명사	1,910		
	n.p.	고유명사	23		
v.(동사)	*v.t.*	타동사	1330	1,668	24.22%
	v.int.	자동사	273		
	v.p.	대명동사	58		
	v.imp	비인칭동사	6		
	v.s.	대칭동사	1		
adj.(형용사)	*adj.*	형용사	872	872	12.66%

7 명사는 기본적으로 'n.m., n.f., n.p.'로 나뉘지만 'm.n., n.c., u.m., n.n., v.m.' 등 다양한 오기로 보이는 약어들이 소수의 예에 대해 부여되어 있었다. 모두 프랑스 사전을 확인하여 남성 혹은 여성 명사로 편입시켰지만, 'Hydropique(m.n.), Catholique(u.m.)' 등 오기로 보이는 품사가 부여된 명사들 중 남성이나 여성에 모두 사용될 수 있는 것으로 보이는 명사도 포함되어 있었다. 이 연구에서는 이 두 예는 남성 명사에 편입시켰다.

adv.(부사)	*adv.*	부사	290	310	4.50%
	loc.adv. / *l.adv.*	부사어구	20		
prep.(전치사)	*prep.*	전치사	37	40	0.58%
	l.prep.	전치사어구	3		
p.r.(대명사)	*p.r.*	대명사	38	38	0.55%
conj.(접속사)	*conj.*	접속사	19	24	0.35%
	l.conj.	접속어구	5		
int.(간투사/감탄사)	*int.*	감탄사	9	9	0.13%
art.(관사)	*art.*	관사	4	4	0.06%
neg.(부정사)	*neg*	부정사	1	1	0.01%
	합계		6,888	6,888	100%

〈도표1〉 품사별 출현 비율

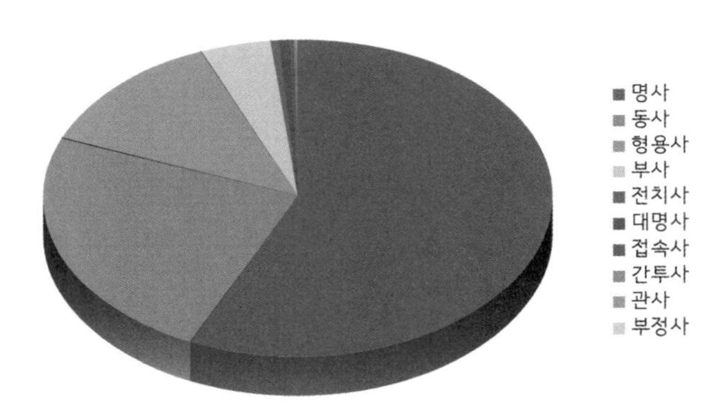

명사가 가장 많고 성에 따라 남성과 여성으로 구별되어 있으며, 남성 명사와 여성 명사에는 각각 복수형인 것들이 12개, 11개 포함되어 있다. 또 다른 명사로는 고유명사가 23개 포함되어 있는데 그것들은 다음과 같다.

(7) France(법국), France(불란셔, 법국 공사관), Japon(일본, 쾌국, 일본 공사관), Londres(영국 셔울), Paris(법국 셔울), Péking(북경), Péterbourg(셩 비득), Russie(아라ᄉᆞ국, 아라사 공사관), Seoul(셔울), Vénus(미우 어엿붐)

주로 나라 이름과 수도인데 당시 한국에 영향을 미쳤던 강대국들을 확인할 수 있다. Vénus는 고유명사지만 보통명사적 용법이 올라 있는 것이 흥미롭다.

동사는 *v.t.*, *v.int.*, *v.p.*, *v.imp.*, *v.s.*의 다섯 부류가 나뉘어 있는데 각각 타동사, 자동사, 대명동사, 비인칭동사, 대칭동사인 것으로 판단된다. 타동사가 압도적으로 많고(1,330) 그다음으로 자동사가 많다(273). 재귀대명사를 가진 동사 형태인 대명동사는 프랑스어에 특징적인 것이지만 한국어에서는 일반 자동사에 대응하는 경우가 많으므로 특별한 점이 없다. 비인칭동사는 주로 날씨와 관련된 것으로, '우박, 눈, 비, 천둥'과 관련된 것들이 있고 그 외에 'Souvenir'가 '알아보다'와 '기억하다'의 의미로 올라 있다. *v.s.*는 'être' 동사만이 포함되어 있다. *v.s.*가 정확히 무엇의 약어인지 사전에 제시되어 있지는 않으나 동사에 대한 것이므로 'verbe symétrique'로 추정한 것이다.

동사 다음으로는 형용사(872), 부사(310) 순으로 이어지며, 부사, 전치사, 접속사에는 'l.' 또는 'loc.'가 붙은 것들이 있는데 이것은 하나의 단어가 아니라 둘 이상의 표현이 관용구('locution')를 이룬 경우을 표시하고 있다. 그런 것들을 포함해서, 전치사(40), 대명사(38), 접속사(24)가 이어지고, 간투사(9), 관사(4), 부정사(1)는 극히 적다. 간투사로는 다음과 같은 것들이 올라 있다.

(8) Arrière(뒤에 머물노 계시오), Gare!(죠심), Halte!(서), Hein!(무어 엇지), Hélas!(ᄋᆡ고, 오허), Ohé!(여보), Ohé!(여봅시오), Ah!(아)

당시의 대표적인 간투사들을 통해서 당시 언어생활의 단면을 살펴볼 수 있다. 관사로는 다음이 있다.

(9) Du(에) *art.c.*, La *art.d.*, Le *art.d.*, Les *art.d.pl.*

(9)에서 'du'는 'de+le(la)'와 같은 관사 복합체에 준하는 것인데 'art.c.'에서 'c.'가 무엇을 의미하는지 기록으로는 보이지 않는다. 이 글에서는 'article contracté'로 추정해 보는 정도이다. 나머지 'la, le, les'는 모두 *art.d.* 즉 정관사(article défini)이다. 'un(une)'은 '하나'를 뜻하는 남성 명사로 올라 있고 부정관사로 따로 규정되어 있지는 않았다. 마지막으로 부정사 'Ne'에 *neg*라는 별도의 표지를 붙여 구별하고 있는 것을 주목할 만하다. 대개는 부사로 분류할 터이다.

4. 뜻풀이와 용례

뜻풀이는 크게 세 단으로 나뉜 사전 본문의 구성에서 두 번째 단에 배치되어 있다. 앞 단에는 앞서 살펴본 프랑스어 표제항과 품사, 또는 용례에 대한 한국어 해석으로 제공되어 있다. 뜻풀이에 띄어쓰기는 전혀 반영되어 있지 않으며, 용언의 뜻풀이는 모두 하오체('-오', '-소')로 제시되어 있다. 용례도 모두 인사말 등 일상생활에서 매우 빈번하게 사용될 만한 것들이 제시되어 있고 하오체로 제시되어 있는데, 이러한 기획은 이 사전이 어휘 목록의 기능만이 아니라 일상 회화에도 도움을 줄 수 있는 회화집의 기능을 아울러 가질 수 있도록 하고자 한 편집자의 섬세한 의도를 확인할 수 있게 해 준다. 뜻풀이가 둘 이상일 때는 그 사이를 '…'로 구분하고 있다.

(10)	Paix	n.f.	평안홈 … 화친	Pfieng hane h'ame H'oatchine
	(Dormez en paix		안령이주무시오.	Halliengni tjou moussio

(10)의 괄호 속 용례 'Dormez en paix.'는 인사말의 하나이면서 'paix'라는 표제어의 좋은 용례가 되고 있다. 용례의 오른쪽 괄호는 닫히지 않은 예들이 상당히 많다.

뜻풀이는 대체로 프랑스어 단어를 옮긴 한국어 단어를 주석처럼 제시하는 방식이지만, 마땅히 제시할 하나의 단어를 찾지 못했을 때는 몇 개의 단어로 수식-피수식의 관계로 형성된 어구를 제시하기도 한다. 이 연구에서는 당시의 한국어를 오늘날의 한국어로 다시 주석한 단어들을 어절별로 계수하였을 때 '사람'이라는 단어가 압도적으로 많이(179회) 출현하였고, 그 결과를 토대로 실제 뜻풀이에서 '사람, 사름'을 확인하였을 때는 좀더 많이(183회) 출현하였기에, '사람'으로 끝나는 뜻풀이를 추출하여 뜻풀이의 구조와 『법한』의 내용적 특징의 단면을 엿보고자 한다. 우선 전체를 의미에 따라 몇 가지 유형으로 나누어 살펴보았는데, 엄밀하게 판정하자면 모호한 부분이 있지만 대체로, '사람 일반'을 가리키는 경우, '특정 국가/지역의 사람', '성격/속성별 사람', '직업별 사람', '(일시적)행위/역할별 사람'으로 구분할 수 있었다.

(11) 사람 일반

표제어(7)	뜻풀이	현대한국어 의미
Gens	사람들	사람들, (총칭적) 사람, (특정의) 사람(들)
Groupe	사람몃명	무리, 떼, 집단, 단체, 파
Homme	사람	사람, 인간, 인류, 남자, 성인 남자
On	사람	사람, 인간, 일반 사람들

Personnage	분…사람	(중요한) 인물, 인사, 저명 인사
Personne	위사람	사람, 자아, 인격
Quelqu'un	엇던사람	어떤 사람, 누군가, (특정한) 사람

유(類)로서의 '사람'('Homme')과 부정대명사 '사람'('On')의 구별할 수 있는 방법을 한국어에서 찾기는 어려웠을 것이며, 'Quelqu'un'은 '엇던사람'으로 구별하고 있다. 특정성을 '엇던'으로 표기하는 것이 적절하다는 직관은 이 당시에도 있었음을 보여준다.

'Groupe'을 '무리, 떼, 집단' 등으로 풀이하지 않고 '사람몃명'과 같이 고유어로 풀이하여 가급적 고유어로 대략적인 개념을 제시하려고 한 노력은 『법한』 뜻풀이 전반에 걸쳐 나타났다. 이런 부분은 당시에 오늘날과 같은 한자어가 없었다기보다는 한자보다 일반인이 쉽게 쓰는 한국어를 최대한 반영하려고 한 사전 집필자의 기획 의도를 보여주는 대목이라고 생각된다. 때로 한자어로 뜻풀이를 하고도 고유어로 풀이한 경우가 간간이 눈에 띄는 것을 볼 수 있다('Patriarche': 션죠…'오리산사람' 등). 'Personne'을 '위사람'으로 풀이한 것은 오늘날의 표현과 연결시키기가 쉽지 않아 '위(位) 사람'으로 추정하였다.

표기 면에서는 7종성법에 따라 'ㅅ' 받침이 주로 쓰이고 '어떤'의 고형인 '엇던'이 20세기초까지도 사용되었음을 보여준다. 'ㅼ' 등 된소리를 'ㄸ' 등 각자병서로 쓰자는 안은 1909년 국문연구소의 「국문연구 의정안」이 있었으니 이미 이 시기에도 표기를 고치려는 움직임을 있었을 터이나 『법한』에는 그 이전의 전통이 유지되고 있다.

(12) 특정 국가의 사람

표제어(11)	뜻풀이	현대한국어 의미
Allemand	덕국사람	독일 사람
Américain	미국사룸	미국인, 아메리카인
Anglais	영국사람	영국 사람

Autrichien	오국사람	오스트리아 사람
Chinois	청국사람	중국 사람, 중국어
Coréen	됴션사람	한국인
Etranger	외국사람	외국인
Européen	양국사람	유럽 사람
Français	법국사람	프랑스인
Indigène	분국사람	토착민, 원주민
Japonais	일본사람	일본 사람

⑿는 내용적으로 당시 조선에 영향을 미치고 있던 주변 열강들을 확인할 수 있게 해 준다. 이 가운데 'Indigène'를 '분국사람'이라 풀이한 것은 오늘날 사용되는 표현이 아닌데, '본국(本國)'이나 '분국(分局)'이라는 해석이 모두 충분해 보이지 않는다.

'사람'이 '사ᄅᆞᆷ'으로 표기된 예가 183개 표제어 중 중 3회 출현하는 것으로 볼 때 'ᆞ'가 대체로 'ㅏ'로 교체되었으나 'ᆞ'로 써도 크게 어색하게 느끼지 않을 정도로 간간이 섞여 사용되었음을 엿볼 수 있다.

(13) 성격/속성별 사람

표제어(46)	뜻풀이	현대한국어 의미
Ambitieux	욕심잇는사ᄅᆞᆷ	야심가
Artiste	ᄌᆡ쥬잇는사람	예술가, 미술가
Avare	닌흔사람	구두쇠, 수전노
Bavard	실업신사람	수다쟁이
Campagnard	뎔사람	시골 사람
Célibataire	장가아니든사람	독신자
Consciencieux	양심바른사람	양심적인 사람, 성실한 사람
Débrouillard	발근사람	곤경을 잘 벗어나는(능수능란한, 영악한) 사람

Dupe	속는사람	쉽게 속는 사람
Fainéant	계른사람	게으름뱅이
Fanatique	반ᄒᆞᆫ사람	광신도, 맹신자, 숭배자, 광
Fou	밋친사람	미친 사람, 광인, 광적인 사람
Géant	키큰사람	거인
Génie	신긔ᄒᆞᆫ사람	천재, 운명을 지배하는 영
Hercule	긔운만흔사람	힘이 센 남자, 장사
Homonyme	일홈갓튼사람	동음이의어, 동명이인
Hypocrite	것ᄭᅮᆷ이는사람	위선자, 사이비 신앙인
Idolâtre	불도ᄒᆞ는사람	우상 숭배자, 숭배자, 열애자
Illettré	무식ᄒᆞᆫ사람	문맹자, 무식한 사람
Imbécile	어림업는사람	바보, 얼간이
Imposteur	속이는사람	사기꾼, 협잡꾼, 사칭하는 사람
Ingrat	ᄇᆡ은ᄒᆞᆫ사람	배은망덕자
Malsain	사람살슈업소	건강하지 못한, 병약한, 비위생적인
Mineur	졀문사람	미성년자
Moqueur	희롱ᄒᆞᆫ는사람	남을 비웃는 버릇이 있는 사람
Myope	원시못ᄒᆞ는사람	근시인 사람
Nain	작은사람	난쟁이, 소인증 환자, 하찮은 사람
Optimiste	말조케ᄒᆞ는사람	낙관주의자, 낙천가
Paresseux	게으른사람	나태한 사람, 게으름뱅이
Patriote	부국ᄒᆞᆯᄉᆡᆼ각잇는사람	애국자
Philanthrope	인자ᄒᆞᆫ사람	박애주의자, 자선가, 사욕이 없는 사람
Polisson	몹슬사람	(거리의) 부랑아, 악동, 개구쟁이
Possesseur	가진사람	소유자, 소지자, 알고 있는 사람
Presbyte	원시ᄒᆞ는사람	노안의 사람
Prévoyant	미리보는사람이오	선견지명이 있는, 용의주도한
Prochain	다른사람	이웃, 타인, 불쌍한 사람들
Querelleur	시비ᄒᆞ는사람	싸우기(다투기) 좋아하는 사람
Réactionnaire	완고ᄒᆞ는사람	반동분자

Récidiviste	도로ᄯᅥ러진사람	재범자, 누범자, 같은 잘못을 되풀이하는 사람
Rêveur	ᄭᅮᆷᄭᅮ는사람	몽상가, (경멸)환상가
Saligaud	드러운사람	더러운(지저분한) 사람, 비열한 사람
Savant	유식ᄒᆞᆫ사람	박식한 사람, 교양이 있는 사람
Sèducteur	유인ᄒᆞ는사람	유인하는 사람
Trompeur	속이는사람	거짓말쟁이, 기만자, 사기꾼
Tyran	악ᄒᆞᆫ사람	전제군주, 폭군, 압제자
Vantard	자랑ᄒᆞ는사람	허풍떠는 사람

(13)에서는 사람의 성격이나 속성과 같이 선천적이거나 지속적으로 유지되는 성질을 나타내는 표제어들을 모은 것이다. 당시의 사람들도 오늘날과도 유사하게 사람들의 성격이나 속성을 판단했던 것으로 확인되며 이러한 단어들은 7,000개 정도의 기본 단어에 포함되기에 적절하다고 판단된다. 오늘날과 같이 한 단어로 개념화되지 않아 다소 넓게 정의된 예로는, 'Artiste-ᄌᆡ주잇는사람', 'Débrouillard-발근사람', 'Fanatique-반ᄒᆞᆫ사람', 'Genie-신긔ᄒᆞᆫ사람', 'Malsain-사람살슈업소', 'Prochain-다른사람', 'Récidiviste-도로ᄯᅥ러진사람', 'Tyran-악ᄒᆞᆫ사람' 등이 있고, 오늘날과 다소 다른 시각을 보여주는 예로는, 'Idolâtre-불도ᄒᆞ는사람', 'Imbécile-어림업는사람', 'Optimiste-말조케ᄒᆞ는사람', 'Patriote-부국ᄒᆞᆯᄉᆡᆼ각잇는사람' 등이 있다.

형용사를 서술형, 하오체로 표현한 예들도 몇 포함되어 있는데, 인구어의 형용사가 수식을 담당하거나 계사 뒤에 나타나는 명사형인데도 한국어가 동사형 형용사를 가졌다는 유형론적 특징을 포착하였고, 또한 당시 대등한 높이의 화계에서 주로 하오를 했다는 점을 반영하여 하오체로 표현한 점은 오늘날 한국인들이 사전을 제작할 때 관형형을 기준으로 하는 것과 반대되는 배려를 보여준다는 점에서 흥미롭다.

표기상의 특징으로는 연철 표기 '실업신, 발근, ᄯᅥ러진 등'이 남아 있지만 '것ᄭᅮᆷ이는, 속이는, 작은' 등과 같이 분철한 예들도 보인다. 이중모음이 남아 있는 경우로 'ᄌᆡ쥬잇는, 신긔ᄒᆞᆫ, 사람살슈업소, 졀문사람' 등이 있다. '닌ᄒᆞᆫ사람'은 '인(吝)한 사람'이라는 뜻으로 '吝(아낄 린)'을 '닌'으로 적은 것으로 보아 'ㄹ → ㄴ'만 적용되고 'ㄴ → ∅'의 단계가 적용되지 않은 예를 보이고 있다.

표제어(60)	뜻풀이	현대한국어 의미
Acteur	탈쓰는사람	배우
Afficheur	고시붓지는사람	부착자, 부착물 광고업자
Barbier	슈염싹는사람	턱수염을 깎는 사람
Chanteur	노ᄅᆡᄒᆞ는사람	가수, 노래 부르는 사람
Coiffeur	머리단장ᄒᆞ는사람	이발사, 미용사
Collectionneur	도최ᄒᆞ는사람	수집가
Commandant	식이는사람	지휘관, 사령관
Comptable	회계ᄒᆞ는사람	회계원
Conducteur	인도ᄒᆞ는사람	안내자, 지도자, 감독
Constructeur	진는사람	건설자, 제작자, 건축가
Contrebandier	세물지안는사람	밀수업자
Contrôleur	상고ᄒᆞ는사람	검사관, 통제장치, 감찰관
Copiste	벽기는사람	필경사, 모방자, 서기
Cuisinier	밥짓는사람	요리하는 사람, 요리사
Danseur	춤추는사람	무용가, 댄서, 춤추는 사람
Déchargeur	내여ᄇᆞ리는사람	하역 인부, 짐부리는 기계
Délégué	썝는사람	대표자, 행정관 대행
Douanier	ᄒᆡ관사람	세관원, 세관 관리
Econome	져룡ᄒᆞ는사람	회계, 경리 담당, 대귀족의 집 관리인
Ecorcheur	살겁질벗기는사람	가죽을 벗기는 사람
Ecrivain	글시쓰는사람	서기, 대서인, 작가
Escamoteur	잡슐ᄒᆞ는사람	요술꾼, 소매치기
Espion	터지ᄒᆞ는사람	간첩, 스파이, 비밀 정보원
Explorateur	탐지ᄒᆞ는사람	탐험가, 탐사자

Fabricant	ᄆᆞᆫ드는사람	제조인, 제조업자
Farceur	속여희롱ᄒᆞ는사람	어릿광대, 희극배우, 익살꾼
Filateur	실짯는사람	방적(제사) 공장 주인, 방적공, 제사공
Fournisseur	진ᄇᆡᄒᆞ는사람	납품업자, 납품업체, 공급자
Gardien	직히는사람	소(말) 지키는 사람
Géomètre	지슐ᄒᆞ는사람	기하학자, 측량기사
Graveur	ᄉᆡᆨ이는사람	조각가, 판화가
Guide	길가르치는사람	안내인, 가이드, 인도자
Historien	니야기ᄒᆞ는사람	역사가, 역사학자
Importateur	항구로듸려오는사람	수입업자
Intendant	살임맛흔사람	경리직원, 경리관, 집사
Laboureur	농부…밧가는사람	경작인, 농부
Législateur	법셰우는사람	입법자, 규칙 제정자
Mécanicien	긔계쓰는사람	기계공, 정비사, 기관사
Meunier	가로만드는사람	제분업자, 방앗간 주인
Mineur	졈에잇는사람	광부, 공병
Musicien	풍뉴ᄒᆞ는사람	음악가, 작곡가, 악사
Papetier	종의파는사ᄅᆞᆷ	제지업자, 종이 장수, 지물상
Paysan	식골사람	농부, 농민, 시골뜨기, 촌놈
Pêcheur	어부…낙시질ᄒᆞ는사람	낚시꾼, 어부, (조개 따위의) 채취꾼
Percepteur	세밧는사람	세무 관리, 세리, (벌금 따위의) 징수관
Photographe	화샹박는사람	사진사, 사진 기사
Pilote	ᄇᆡ인도ᄒᆞ는사람	조종사, 비행사, 물길 안내인
Poète	시짓는사람	시인, 여류 시인
Potier	호쥬…그릇만드는사람	도기 제조(판매)인
Préteur	빌니는사람	돈을 꿔주는 사람, (직업적인) 대금업자
Sculpteur	ᄉᆡᆨ이는사람	조각가
Sonneur	죵치는사람	종치는 사람, 나팔 부는 사람, 나팔수
Statue	셕샹…돌사람	상, 조상, 입상
Tireur	춍놋는사람	사수, 사격수

Tisseur	짜는사람	직조공, 방직공
Titulaire	직한는사람	정식 임용자, 소지자
Tuteur	가르치는사람	지도 교사
Usurier	취리ᄒᆞ는사람	고리대금업자, 탐욕스러운 사람
Vendeur	파는사람	파는 사람, 판매인, 상인
Vérificateur	사실ᄒᆞ는사람	검사관, 검사원, 점검자

(14) 직업별 사람

⒁의 직업별 사람은 오늘날과는 현저히 차이가 있는, 19세기 말에서 20세기 초로 접어들던 당시의 직업 유형과 생활상을 보다 가까이 느낄 수 있게 해 준다. 'Acteur(배우)'를 '탈 쓰는 사람', 'Afficheur(부착물 광고업자)'를 '고시(告示) 붙이는 사람', 'Géomètre(기하학자)'를 '지술(地術)하는 사람', 'Historien(역사가)'를 '이야기하는 사람', 'Pilote(조종사)'를 '배 인도하는 사람' 등으로 풀이하고 있어 같은 직업 개념이라도 오늘날과는 다른 원형을 떠올리고 있음을 보여준다.

무엇보다도 ⒁가 직업과 관련하여 7,000개 안쪽의 기본 어휘 선택에 포함되어 있다는 것은 그러한 직업들이 당시 사람들의 생활 속에서 자주 접할 수 있는 것임을 보여준다는 데서 목록을 접하는 것만으로도 의미가 있다. 'Filateur(실 잣는 사람)', 'Gardien(소/말 지키는 사람)', 'Meunier(가루 만드는 사람)', 'Sonneur(종 치는 사람)' 등이 오늘날에는 쉽게 접할 수 있는 직업이나 역할이 아니니 말이다.

오늘날 거의 사용되지 않는 단어들이 눈에 띄는데, '도최하다('도취(都聚)'로 추정됨)', '상고(詳考)하다', '저룡하다('절용(節用)하다)', '터지하다(탐지(探知)하다?)', '진배(進排)하다', '호쥬(도기 제조소의 장)', '직하다('직(職)하다'로 추정)', '사실(査實)하다' 등이 있다. 이러한 단어들의 구체적 용법을 확인하기 위해서는 고유어만이 아니라 한자어에 대해서도 폭넓은 문헌을 데이터베이스화하고 변화 과정을 추적하는 연구가 필요할 것이다.

고유어의 경우에도, 『우리말샘』으로 추적되는 것이 아닌 형태들이 출현한다. '붓지다', '식이다', '벽기다', '쌋다' 등 다양한 형태를 확인할 수 있어 사전 전체에 걸쳐 흥미로운 이형태들이 많이 담겨 있다. '잔는', '안는'은 음운규칙(비음화, 'ㅎ'탈락)의 결과가 그대로 표기에 반영된 예이다.

표제어(58)	뜻풀이	현대한국어 의미
Acheteur	사는사람	사는 사람, 구매자
Aide	돕는사람	조수, 보조자
Assassin	살인ᄒᆞᆫ사람	암살자, 자객, 살인자
Assistant	돕는사람	조수, 보좌인, 조교
Civilisateur	ᄀᆡ화ᄒᆞ는사람	문명화(개화) 촉진자
Commençant	시쟉ᄒᆞ는사람	초심자, 초학자, 초보자
Commissionnaire	심부럼ᄒᆞ는사람	중개인, 심부름꾼
Complice	모의ᄒᆞ는사람	공모자, 짝패
Conservateur	보젼ᄒᆞ는사람	보관인, 관리자, 보수주의자
Consolateur	즐겁게ᄒᆞ는사람	위로하는 사람, 위안자
Démissionnaire	사직ᄒᆞ는사람	사표를 낸 사람
Dénonciateur	구초ᄒᆞ는사람	고소인, 밀고자
Distributeur	ᄂᆞᆫ화주는사람	분배자, 판매기, 공급기
Dompteur	길디리는사람	(짐승을) 길들이는 사람, 정복자
Empoisonneur	사약ᄒᆞ는사람	독을 넣는 사람, 독살자
Emprunteur	비러가는사람	차용자, 돈을 꾸는 사람
Entrepreneur	주션ᄒᆞ는사람	기도(企圖)하는 사람, 기획자
Exilé	귀향간사람	추방자, 망명자
Faux-monnayeur	사쥬전ᄒᆞ는사람	화폐 위조자, 위선자
Fondateur	셜시ᄒᆞ는사람	창설자, 시조, 설립자
Fuyard	피란ᄒᆞ는사람	도망하는 사람
Gagnant	타는사람	승자, 당첨자, 승마
Habitant	거ᄒᆞ는사람	주민, 거주자

Homicide	살인ᄒᆞᆫ사람	살인범, 살인자
Incendiaire	불지르는사람	방화자
Insulteur	욕ᄒᆞᄂᆞᆫ사람	모욕하는 사람
Inventeur	발명히ᄂᆡ는사람	고안자, 창조자, 발견자
Locataire	셰든사람	세든 사람, 하숙인, 임차인
Loueur	세주는사람	임대업자
Mangeur	먹는사람	먹는 사람(짐승), 낭비가
Massacre	살육…사람ᄒᆞᆷ몰식킴	살육, 학살, 도살
Massacrer	사람ᄒᆞᆷ몰식키오	살육하다, 학살하다
Médiateur	거간ᄒᆞ는사람	조정자, 중재인, 중개자
Médisant	훼방ᄒᆞ는사람	비방하는(헐뜯는) 사람
Observateur	살피는사람	관찰자, 입회인, 참관인
Oppresseur	누르는사람	압제자, 독재자
Orateur	입ᄌᆡ쥬잇는사람	연설가, 웅변가, 연사
Pacificateur	안민ᄒᆞᆫ사람	평화롭게 하는 사람, 평정자, 중재자, 조정자
Parasite	으더먹으로단인는사람	식객, 기식자, 기생충 같은 존재
Passager	션ᄀᆡᆨ…ᄇᆡ가온ᄃᆡ사람	(배, 비행기, 차의) 승객
Patineur	어름지치는사람	스케이트 타는 사람
Patriarche	션죠…오ᄅᆡ산사람	족장, 가장, 원로, 장로
Permutant	상환ᄒᆞ는사람	교대자, 교대병
Perturbateur	수션ᄯᅥ는사람	교란자, 방해자
Pestiféré	염병알는사람	페스트 환자
Pétitionnaire	샹소ᄒᆞ는사람	청원(탄원)자
Possesseur	가진사람	소유자, 소지자, 알고 있는 사람
Prisonnier	가친사람	포로, 죄수, 수인, 복역자
Promeneur	소풍ᄒᆞ는사람	산책자, 산보하는 사람
Protecteur	보호ᄒᆞ는사람	보호자, 옹호자, 후원자
Rèsident	거ᄒᆞ는사람	거류민, 외국인 체류자
Séducteur	쐬이는사람	유혹하는 사람, 타락시키는 사람
Sèducteur	유인ᄒᆞ는사람	유인하는 사람

Supérieur	웃...웃사람	상급자, 상관
Supplicié	형벌밧는사람	사형당한 사람
Témoin	목도ᄒᆞ는사람	증인, 입회인, 목격자
Traître	고변ᄒᆞᆫ사람	배반자, 반역자, 매국노
Vainqueur	익인사람	승리자, 정복자, 극복한 사람
Voisin	이웃사람	이웃(사람), 가까이 있는 사람

(15) (일시적) 행위/역할별 사람

⒂는 직업과 같이 장기적이고 지속적인 일이 아니라 일시적인 행위나 역할과 관련된 사람의 분류이다. 이 예들을 통해서도 조선 말기, 대한제국을 선포(1987)한 당시의 생활상을 관찰하기에 유용하다.

'Consolateur(위로하는 사람)'은 '즐겁게ᄒᆞ는사람'으로, 'Parasite(식객, 기식자)'를 '으더먹으로단인는사람'으로, 'Patriarche(족장, 원로, 장로)'를 '선죠...오릐산사람'으로 옮긴 것 등 한자로 개념화된 말이 있을 수 있겠으나 고유어로 풀어서 풀이한 예들이 흥미롭다.

'구초(口招)하다', '사약(賜藥)하다', '사주전(私鑄錢)하다', '설시(設始)하다', '함몰(咸沒)', '고변(告變)하다' 등 오늘날 잘 쓰이지 않는 한자어들이 나타나며, 'Traître(반역자)'의 경우는 '고변ᄒᆞᆫ사람'이라 풀이하고 있는데, '고변하다'의 오늘날의 의미는 '반역행위를 고발하다'이므로 그 뜻대로 '고변ᄒᆞᆫ사람'을 이해한다면 '(사람들이) 고변한 사람'과 같이 그 반역자가 '고변하다'의 목적어가 되는 것으로 이해해야 할 것이다.

'길디리다(길들이다)', '으더먹다(얻어먹다)'처럼 어법에 맞춘다면 분철해야 할 것을 연철한 경우도 있고, '익이다(이기다)'와 같이 전혀 분철할 이유가 없는 하나의 형태소 내에서의 과도한 분철도 눈에 띈다. 아직 정서법이 태동하기 전이므로 어휘적 변이형만이 아니라 표기적 변이형이 다양하게 존재함을 확인할 수 있다.

용례는 용례라고 말하기 어려운 것들을 제외하면 6백여 개 정도 되는데 앞서 언급했듯이 일상 회화에 활용할 수 있는 간단한 표현들이 수록되어 있다. 여기서는 물음표(?)와 느낌표(!)가 포함된 것들만을 추출하여 제시함으로써 구체적인 논의 못지않게 실제 예시들을 통해 사전의 기획 의도와 뜻풀이 방식을 직접 보이고자 한다.

예문	뜻풀이
quel âge avez-vous?	나히얼마시오
Où allez-vous?	어듸가시오
Quand irez-vous?	은제가겟소
Où est la lègation d'Amérique	미국공사관어듸잇소
Avez-vous appetit?	맛시잇소
Quand arrivera?	언제니르겟소
Pourquoi attendez-vous?	웨기다리요
En avant! marche	압으로가
Il y en a-t-il?	잇소?
Aurez-vous bientôt fini?	미구에맛치겟소
Combien de crayons avez-vous?	연필이얼마나잇소
Comment ferez-vous?	엇더케ᄒᆞ려시오
Comment le savez-vous?	엇지그것슬아시오
Comprenez-vous?	아라드르시오
Connaissez-vous cet homme?	이사람을아시오
que demandez-vous?	무엇달나시오
Combien avez-vous dépensé?	돈을얼마나허비힛소
Le diner est-il prêt?	저녁밥이됫소
Où est-allé mon domestique?	내하인어듸갓소
Avez-vous entendu?	노형이드럿소
Qui l'a envoyé	누구가보냇소?
Est ce que?	그럿소
Avez-vous faim?	시장ᄒᆞ시오?

Que faites-vous?	무엇ᄒᆞ시오
Faut-il (Que faire?	무엇슬ᄒᆞᄅᆞᆸ시오
A la fois!	한겁에
Fumez-vous?	담ᄇᆡ잡수시오
Etes-vous guéri?	병이낫소
où habitez-vous?	어듸살으시오
Où est l'hotel francais?	법국주막이어듸오
Votre maître est-il ici?	주인여긔잇소
carte d'Avez-vous reçu une invitation?	노형이청첩ᄒᆞ나를밧으셧소
Etes-vous malade?	알으시오
Avez-vous mangé?	밥잡수셧소
quelle heure est-il?	무슨시오
Quel est votre nom?	일홈이모어시오
Etes-vous occupé?	분주ᄒᆞ시오
Oùest-il?	어ᄃᆡ잇소
Où étiez-vous?	어ᄃᆡ잇셧소
Où allez-vous?	어ᄃᆡ가시오
Par oŭ taut-il paser?	어ᄃᆡ로지나는것시맛당ᄒᆞ오
qu'avez-vous perdu?	무어슬일허바렷소
Où est la poste coréenne?	도션우편국이어듸요
Quand viendrez-vous?	언제오겟소
Qui est là	누구시오
(Quiêtes-vous	뉘시오
Quiest-venu?	누가왓소
Qui a apporté cela?)	이것누가가져왓소
Pourrez-vous racommoder cela?	이것슬능히곳치겟소
Quand avez-vous reçu ma lettre?	언제내편지를밧으셧소
Avez-vous rencontré M. Kim?	김셔방을맛나보셧소
Combien vous reste-t-il?	노향게얼마나머소
Pourquoi riez-vous?	웨웃스시오
Quel est le nom de cette rue?	이길일홈이무어시오
A quoi cela sert-il?	이것시무어셰쓰는것시오
Etes-vous sourd?	귀먹엇소

Pourquoi ne travaillez-vous pas?	웨일아니ᄒᆞ시오
qu'avez-vous trouvè?	무엇슬웃덧소
Vendez-vous du bois?	나무파시오
Vien sici!	이리오너라
Quand etes-vous venu?	언제왓셧소
Il y a-t-il un visiteur?	손님잇소
L'avez-vous vu?	그것슬보셧소
Voulez-vous?	원ᄒᆞ시오
Voulez-vous aller?	가기를원ᄒᆞ시오
Est-ce vrai?	참말이요

(16) 『법한』 예문 중 물음표(?)와 느낌표(!)를 가진 것들

(16)은 용례 문장들 가운데서는 비교적 길고 일상 회화에도 쓰일 만한 대표적인 것들을 보여준다. 예문은 대체로 대문자로 시작해서 물음표나 느낌표로 마쳐지지만 그렇지 않은 예도 간혹 눈에 띄며, 한국어 뜻풀이에서는 그러한 문장부호를 대체로 생략하였지만 그렇지 않은 예도 있다. 예외적인 것들은 의도한 것으로 보이지 않으므로 오기로 보아도 될 것이다.

같은 사전 내인데도 '왜'가 '웨'로, '언제'가 '은제'로, '어디'가 '어듸/어ᄃᆡ'로 실현되는 등 충분히 일관성이 기해지지 못한 예들이 보이는데 다양한 이형태의 사용은 프랑스인이 한국어를 들은 대로 전사한 경우가 많음을 보여주는 것으로 판단되며, 아직 정서법이 통일되기 전이므로 같은 책 속에서도 적극적인 통일 노력은 보이지 않는다.

5. 로마자 표기

『법한』에서는 표제어+품사 정보, 뜻풀이, 로마자(프랑스어식) 표기가 사전 본문의 각 단에 배치되어 있으므로 여기서 말하는 로마자 표기는 본문의 오른편에 배치된 내용을 말하는 것이며 그 왼편에 제시된 뜻풀이에 해당하는 대역어를 그대로 로마자로 전사한 것이다.

뜻풀이를 로마자로 전사한 내용은 단순히 말하자면 2장의 (2)에서 제시한, 각 한글 자모의 로마자 표기를 그대로 대응시킨 것이 되어야 하겠으나 실제 전사된 내용을 살펴보면 그 외에도 추가적인 규칙이 있는 것으로 보인다. 특히, 한국어 뜻풀이 부분에는 띄어쓰기가 없으나 로마자 표기 부분에는 띄어쓰기가 있다. 따라서 우리는 『법한』이 로마자 부분에 대해 띄어쓰기를 하는 기준을 확인할 필요가 있다. 여기서는 앞부분에서부터 살펴나가면서 관찰되는 기준들을 제시하고 뒷부분에서도 그러한 원칙이 일관되게 지켜지는지 확인하기로 하겠다.

우선, 조사나 어미는 띄어 쓰지 않는다.

(17) ㄱ. 버림 - Paurime
ㄴ. 버리오 - Pauriho
ㄷ. 기가짓소 - Kaika tjisso

그 외에는 붙여 쓰는 것이 읽기에 혼동을 줄 수 있는 경우는 모두 띄어 쓴다.

(18) ㄱ. 나무벼뉘오 - Namou piaunuho
ㄴ. 종긔 - Tjong keui
ㄷ. 젼위ᄒᆞ오 - Tjaune houi h'aho
ㄹ. ᄣᅦ벌 - Ttei paul
ㅁ. 미화ᄒᆞ오 - Mih'oa h'aho

ㅂ. 혁파하오 - H'iaukpfa h'aho

처음에는 띄어 쓴 것이 단어나 어근의 자격을 가진 것과 그렇지 않은 것은 띄어 써서 구분하려 한 것으로 추정하였으나 (18ㄷ,ㅂ)을 비교해 보면 특별히 그러한 기준이 있지는 않다는 것을 알 수 있다. 한자어인 '전위'는 글자별로 띄어 썼지만 '혁파'는 그렇게 하지 않은 것을 볼 때, 물론 '전위'를 'Tjaunu'나 'Tjaun-houi'로 쓰지 않고 'Tjaune houi'로 쓴 데는 '전(傳)'과 '위(位)' 각각의 글자에 대한 인식이 있다고 보겠으나 '혁파'를 띄어 쓰지 않은 것은 띄어 쓰지 않아도 각 음절이 잘 구별되기 때문일 것이므로, 언어 단위의 경계를 인식하였다기보다는 혼동의 여지가 있느냐 없느냐에 따라 띄어쓰기를 편의적인 용도로 사용하고 있음을 알 수 있다.

다음으로, (17ㄱ)의 'Paurime'이나 (18ㄷ)의 'Tjaune' 등과 같이 음절이 자음으로 끝날 때 소리 나지 않는 'e'를 추가하고 있다. 그런 자음으로는 'm', 'n' 외에 'k(덕국 - Tauk kouke)', 'l(물 - Moule)', 'p(돕는사람 - Tope neune sarame)', 'r(값덜흠 - Kape taure h'ame)', 't(못ᄒᆞ오 - mote h'aho)' 등이 있으니 7종성 중 'o'(ng) 외에는 모두 가능하다는 뜻이다. 이 'e'는 이 받침들이 이어지는 소리에 의해 변동되지 않고 그대로 발음될 경우 그런 점을 표시하는 정도의 기능을 가진 것으로 보인다.

셋째로, 음가 없는 'h'의 활용과 생략에 대해서도 언급할 필요가 있다. (2)에서는 모든 모음 앞에 'H'를 넣어 그 모음이 자음 없이 발음될 경우 그 음절이 초성이 없이도 독립적으로 쓰일 수 있음과 앞 음절과 구별되는 경계를 가짐을 표시하는 장치일 터인데, 실제로는 그 'H'가 늘 나타나는 것은 아니라는 점이다. 이 점은 채완(2012)에서도 지적하고 있는 것으로, 그는 '인이한('Hinai h'ane')', '검의('Kaumeui')', '작은('Tjakeune')' 등의 경우에 선행 자음이 모음의 초성으로 넘어오기 때문에 이와 같은 경우에는 "음절 경계에 혼란을 주지 않을 경우에는 묵음 'h'를 표기하지 않은 것"으로 보았다.

6. 부록

본문이 359쪽까지 이어진 뒤, 360쪽부터 374쪽까지 15쪽에 걸쳐서 부록이 이어진다. 부록의 구성은 '내각' 혹은 '정부 부처'를 뜻하는 'Ministères'가 360쪽에 배치되어 있고, 그다음으로 '고유어 양수사(Nombres Cardinaux Coréens purs)'가 두 쪽(361-362)에 걸쳐 있고, 이어 '한자어 기수사(Nombres Cardinaux Sinico-Coréens)'가 두 쪽(363-364)에 걸쳐 소개된다. 그다음 쪽(365)에서는 '고유어 서수사'와 '한자어 서수사'의 파생 방식을 예시해 주고 있다. 이어 도량형(Poids et mesures)이 한쪽 남짓(366-367) 소개되고, 바로 이어 통화 화폐 단위가 한쪽 남짓(367-368) 설명되어 있다. 369-374쪽에서는 '냥, 젼, 돈, 푼'의 상세한 환산표를 제시하고 그 교환 가치를 설명하고 있다. 알레베크 자신이 한국과의 무역 중개역을 담당했고 한국에서 여러 해 체류하면서 느꼈을 것처럼, 외국인, 특히 프랑스어 모어 화자로서 한국 생활에 필요한 매우 실질적인 정보들을 선별하여 부록에 담은 것이다.

정부 부처로는 '외부, 농상공부, 탁지부, 군부, 학부, ᄂᆡ부, 법부, 궁ᄂᆡ부, 통신국, 전보샤, 경무경('경무청'의 오기로 보임), 관보과'의 12개 부처 명칭이 실려 있다.

고유어 양수사는 'ᄒᆞ나, 둘, 셋, 넷, 닷삿, 여ᄉᆞᆺ, 일곱, 여덟, 아홉, 열'의 10개에다가 '열ᄒᆞ나'로부터 '스물셋'까지 13개, 이어 '셜흔, 마흔, 쉰, 예슌, 일흔, 여든, 아흔' 7개 해서 도합 30개를 제시함으로써 대략적인 용법을 가늠할 수 있게 하였다. 고유어 양수사 항목들 아래에는 'ᄒᆞ나'부터 '아홉'에 해당하는 축약형(abréviations)이라 하여 '한, 두, 세, 네, 닷, 엿, 일, 여, 아'를 쓴다는 설명이 덧붙어 있다. 이것들은 축약형이기도 하겠으나 당시에도 오늘날과 같이 주로 관형사형이었을 것으로 보인다. '일, 여, 아'는 어떠한 용법이 있는지는 『법한』 내에서는 확인되지 않는다.

한자어 양수사로는 '일, 이, 삼, ᄉᆞ, 오, 륙, 칠, 팔, 구, 십, 십일, 십이, 십삼,

십사' 14개에, '이십, 이십일, 이십이, 이십삼'(4개), '삼십, 삼십오'(2개), 'ᄉᆞ십, 오십, 륙십, 칠십, 팔십, 구십'(6개), '빅, 이빅, 삼빅'(3개), '쳔, 이쳔'(2개), '만, 이만'(2개), '억, 이억'(2개), '죠', '경' 도합 37개를 제시하고 있다. 'ᄉᆞ'와 '십사'에서 '4'의 모음이 'ᆞ'로나 'ㅏ'로도 쓰인 것이 눈에 띄며, '억, 죠, 경' 등 실생활에 쓰였을 법하지 않은 단위까지 제시된 점이 특기할 만하다. 이 숫자들 아래에는, 인쇄의 편의상 수사를 왼편에서 오른편으로 표기하였으나 실제로는 둘 다 위에서 아래로 쓰인다는 보충 설명이 덧붙어 있다.

고유어 서수사는 '첫...쳣지, 둘지, 셋지, 넷지, 열지, 열ᄒᆞᆫ지, 열둘지, 스무지, 빅지'까지 9개, 한자어 서수사로는 '뎨일, 뎨이, 뎨삼, 뎨ᄉᆞ, 뎨십, 뎨십일, 뎨이십, 뎨빅'의 8개가 수록되어 있다.

도량형과 화폐에 대해서는 말로 비교적 상세히 설명되어 있다. 무게의 단위로는 '근(斤)'을 'livre(파운드)'에 해당하는 것으로 보고 1근이 600그램쯤 되며, 16냥(兩)('녕'으로 쓰인 것은 오기로 보임)/온스(once)로 나뉜다고 기술하고 있다. 한국 1온스의 무게는 서울에서 38그램인데, '서울에서'라고 한 것은 미터법이 생기기 전의 프랑스처럼 도(province)마다 도량형이 다르기 때문이라 한다.

무게 다음으로는 용적에 대해 설명하는데, 용적을 재는 것은 '말(斗)' 즉 'boisseau'만이 언급할 만 한데 서울의 소매상들은 '반 말'을 주로 쓴다고 하였다. 서울에서 80킬로그램짜리 쌀 한 자루('섬')는 20말을 포함하며, 쌀로 만든 증류주(eau-de-vie)는 작은 잔으로 세고 쌀로 만든 양조주(vin)는 그보다 조금 큰 잔으로 센다고 하였다.

그다음으로는, 높이와 깊이는 사람의 키로 잰다고 하고, 포목은 한 '자(尺)'가 52cm인데, 판자나 목재일 때는 더 길게 치고, 명주의 경우는 42cm밖에 안 되며, 명주실일 때는 37cm로 줄어든다고까지 상세히 기술하고 있다.[8]

다음은 넓이다. 집의 넓이를 잴 때는 '간(間)'을 쓰는데, 간 넓이는 1m 80

8 표기는 'om. 52' 등과 같이 되어 있어 처음엔 'om.'을 'cm.'의 오기로 이해했으나, 다른 미터 단위를 표시할 때 1 m. 80, 2 m. 50과 같은 순서로 표기하는 것으로 보아 'cm.'를 숫자보다 앞에 쓰는 방식은 맞지 않는다. 그보다는 '0 m.'에서 온 것으로 판단하는 것이 개연성이 높아 보인다.

에서 2m 50까지의 다양한 정사각형 공간이며, 밭, 정원, 논은 소가 하루에 갈 수 있는 면적으로 측정된다 하였다.

도량형 가운데는 마지막으로, 거리에 대해서는, 길은 '리(里)'로 재는데 1리는 대략 500미터지만 서울에서 멀어질수록 더 길어진다고 하였다.

다음으로는 화폐 단위인데 『법한』은 이에 대해 매우 상세히 설명하고 있다. 당시 상거래를 위한 한국 돈은 구리로 만든 엽전 '푼(分)', 청동으로 만든 동전 '젼(錢)', 작은 니켈 화폐인 '빅동하분'의 세 가지밖에 없었다고 한다. 그렇게 서술하고 이어 "'원(圓)'이나 '푼'도 있었으나 한국인들은 일본 돈을 선호했다"라고도 한다. (『법한』에서 이렇게 '푼'을 한 번 더 쓰고 있지만 두 번째 나온 '푼'은 '냥(兩)'의 오기로 보인다.) 1젼은 5푼, 1빅동하분은 5젼의 가치가 있었고, 한국 돈이 무역 수요에 불충분해서 개항장에서는 일본 화폐를 사용하였다는 것이다.

당시 한국에서 통용되던 일본 돈은 주로 은화인 '엔(yen)'으로 일본에서는 1898년 4월 1일부터 유통되지 않았지만 한국에 있는 일본 은행에서는 4~6%의 손해를 보는 조건으로 받아주었고, 일본 은화에 비해 한국 은화(젼과 빅동하분)는 가격에 따라 30~40% 손해를 감수해야 했다고 쓰고 있다. 이러한 설명을 통해 당시 일본이 을사늑약을 앞둔 시점에서 한국이 경제적으로 일본의 강한 영향을 받고 있었음을 알 수 있다.

『법한』의 마지막 부분인 369-374쪽에서는 '냥-젼-돈-푼'의 상세한 환산표를 제시하고 있다. 이 환산표가 복잡한 것은, 당시 한 푼(sapeque)의 5분의 1에 불과한 작은 푼 단위가 이전에 있었고 그 작은 푼은 더 이상 쓰이고 있지 않지만 한국인들은 작은 금액을 세는 오래된 공식을 계속 유지해 왔다고 설명하고 있다. 즉, 한 푼을 '오푼'이라 부르고, 두 푼을 '한돈', 세 푼을 '한돈오푼' 등으로 세는 관행이 남아 있었다는 것이다. 그렇게 되면 1젼은 5푼, 그 5푼은 작은 푼 단위로 다시 '두돈오푼'이 된다. 이때 앞의 '푼'과 뒤의 '푼'이 같은 단위가 아니어서 혼동을 주는 것이다. 그렇게 1냥은 5젼, 5젼은 25푼, 25푼은 다시 '열두돈오푼'으로 환산된다는 식이다.

그렇게 작은 단위에 대해 369-370 두 쪽을 할애하고, 다시 더 큰 단위들에 대한 설명을 371 한 쪽에 할애하고 372-374에 걸쳐 그에 대한 예시가 제시된다. '한냥'은 4젼이고 5젼이 되면 '한냥두돈오푼', 6젼이 되면 '한냥판', 7젼은 '한냥일곱돈오푼', '두냥'은 8젼이 되는 것과 같은 방식으로 '열닷냥'까지 예시하고 이어 '열일곱냥닷돈', '스물냥', '스물두냥닷돈', '스물닷냥', '셜흔냥', '셜흔닷냥', '마흔냥', '마흔닷냥', '쉰냥'으로 이어져 끝은 맺는다. 이러한 마지막 자료는 1900년 당시 한국 통화 단위의 가치를 생생하게 느낄 수 있게 해 주는 유용한 자료 가운데 하나일 것이다.

7. 맺음말

이 글에서는 1901년 프랑스인 알레베크가 편찬한, 최초의 불한사전 『법한』의 전체적인 내용을 책의 구성에 따라, 서문, 자모, 본문(표제항과 품사, 뜻풀이와 용례, 로마자 표기), 부록의 순으로 나누어 살펴보았다. 서문에 따르면 불완전한 상태이나마 한국에 사는 프랑스어 화자들과 프랑스어를 배우고자 하는 한국인들에게 도움을 줄 필요가 절실한 상황이었음을 이해할 수 있다. 또한 『법한』은 편찬자가 종교인이 아니라 무역업자이자 언어 교사였던 점에서 당시의 다른 자료들보다 실생활에 가까운 자료를 많이 담고 있으며, 소사전이지만 어휘 수가 적지 않다는 점에서 국어사적으로 연구 가치가 높음을 알 수 있었다.

자모와 관련해서, 11개의 모음자와 14개의 모음자, 그리고 12개의 이중모음자, 음가 없는 'ㅇ'의 활용으로부터 유음화, 두음법칙, 평폐쇄음화 등 한국어의 발음을 바라보는 프랑스인의 시각에 대해 살펴보았다. 아울러 위의 자모에 경자음 5개를 더한 42개 자모에 대해 『법한』의 한국어 뜻풀이 부분에서 사용된 빈도를 조사하여 그러한 결과에 대해 해석해 보았다.

본문으로 들어가, 표제항과 품사에서는 그 제시 방법에 대해 살펴보았고,

표제어 품사의 종류와 출현 횟수를 기계적으로 확인하여 각 품사별 특성과 특기 사항을 검토해 보았다. 프랑스어 표제어에 대한 것이지만 문법적 기능에 따른 단어의 분포를 확인함으로써 뜻풀이에 사용된 한국어에 대해서도 충분히 가늠해 볼 수 있었다.

뜻풀이와 용례에서는, 그 제시 방법들에 대해 살펴보았고, 『법한』에 실린 뜻풀이에는 띄어쓰기도 없고 고어 표기로 되어 있어 통계를 구하기 어려웠지만 현대어로 주석을 단 부분에서 어절들의 출현 횟수를 계수하였고, 그 과정에서 압도적으로 많이 출현한 '사람'이라는 뜻풀이를 가진 사전 항목들을 추출하여 그 언어적 특징을 분석해 보았다. 용례는 일상 회화에도 활용될 수 있는 간단간단한 문장들이 주로 수록되어 있었는데, 이 글에서는 6백여 개의 용례 중 물음표와 느낌표를 가진 것들을 추출하여 『법한』 용례의 특성을 보임과 동시에 그 뜻풀이로 쓰인 한국어의 특징을 검토하였다.

로마자 표기법은 우리말 뜻풀이를 프랑스식 로마자로 전사한 내용에 대한 것이다. 흥미롭게도 한국어 뜻풀이에는 띄어쓰기가 없는데 로마자 표기에는 띄어쓰기가 있어 그 기준에 대해 살펴보았고 음절말 'e' 표기나 음가 없는 'h'의 활용과 생략에 대해서도 논의하였다.

부록에는 정부 부처, 수사, 도량형, 화폐 단위에 대한 논의가 포함되어 있어 그 내용들을 가급적 상세히 소개함으로써 문화적인 기본 정보를 가급적 생생하게 되살려 보고자 하였다.

이상과 같이 이 글에서는 『법한』의 편찬 배경, 국어학적 구조, 그리고 당시의 문화적 기본 정보에 대해 소개하였지만, 향후로는 각 품사별로 개별 어휘들의 특징을 더욱 깊이 검토하고 분석하여 중세로부터 근대를 거쳐 현대에 이르는 중간 단계 한국어의 더욱 세밀한 어휘적 특성을 넉넉히 발견해야 할 과제가 우리 앞에 남겨져 있다. 다만, 그동안 충분히 주목받지 못했던 최초의 한불사전을 다시 한번 조명함으로써 앞선 연구들이 세워 놓은 이정표의 먼지를 떨어내는 역할이나마 감당할 수 있었기를 바랄 뿐이다.

참고 문헌

〈자료〉

Alévêque, Charles(1901), 『법한ᄌᆞ뎐』 Petit Dictionnaire Français-Coréen, Seoul: Seoul Press (Hodge & Co.).

〈논저〉

강이연(2004), 19세기 후반 조선에 파견된 파리 외방전교회 선교사들의 《불한사전》(Dictionnaire Français-Coréen) 연구, 『교회사 연구』 제22집, 173-211.

강이연(2005), 최초의 한국어 연구 - 한-불, 불-한 사전들과 한국어 문법서, 『프랑스학연구』 제31권, 1-28.

박대헌(1998), 개화기 조선어사전의 출판구조에 관한 연구, 동국대학교 정보산업대학원 신문방송학과 석사학위논문.

안예리(2016), 20세기 초 국어 문법서에 나타난 문법 개념의 발달과정, 『국어사 연구』 제23호, 229-260.

이은령(2016), 파리외방전교회의 『한불자전』(1880)과 『불한사전』(1869) 비교 연구 - 19세기 한국어 연구와 번역용례 말뭉치 구축을 위한 기반, 『코기토』 80, 67-106.

이응호(1975), 외국인의 사전 편찬 작업, 『명지어문학』 제7집, 15-28.

이응호(1983), 『한불ᄌᆞ뎐』에 대하여, 『한글』 179, 133-160.

이익섭(2000), 『국어학개설』, 학연사.

조남호(2016), 서양인 편찬의 개화기 대역사전에 대한 종합적 검토 - 어휘 연구 자료의 관점에서, 『국어사 연구』 제22호, 47-80.

채완(2012), 최초로 출간된 불한사전 『법한ᄌᆞ뎐』 연구, 『어문론집』 51, 중앙어문학회, 91-118.

홍종선(2016), 한국어사에서 20세기 초 한국어의 위상과 문법 특징, 『한국어학』 71, 1-22.

홍윤표(2009), 근대국어의 국어사적 성격, 『국어사 연구』 제9호, 153-172.

〈용역 과제 보고서〉

박평식(2019), 한국 근현대 화폐사 연구의 성과와 과제 - 개항기 ~ 광복 이후, 한국은행.

일러두기

1. 이 책은 『알레베크의 법한자전』에 수록된 옛한글 대역어·현대어 번역 색인이다.

2. 각 항은 옛한글 대역어 · 현대어 번역과 그에 해당하는 프랑스어 표제어로 배열하였다.
   예문에서 사용된 용어일 경우 프랑스어 표제어를 제시하고 갈호 안에 예문을 제시하였다.

   예)

북문	Porte (Porte du Nord)
비게	Graisse (Graisse de porc)

3. 옛한글 대역어가 동음이의어인 경우, 중괄호 안에 구분을 위한 정보를 제공하였다.

   예)

분 [*分]	Minute
분 [*粉]	Céruse, Poudre de riz
분 [*사람]	Personnage

옛한글 찾아보기

가

가	Le..la
가가집	Boutique
가개	Magasin
가거라	Aller
가구	Ménage
가느오	Subtil
가늠	Subtilité
가두오	Emprisonner, Enfermer, Renfermer, Séquestrer
가둠	Emprisonnement
가둠	Séquestration
가락	Barre, Bobine
가락지	Anneau, Bague
가래	Pelle
가량ᄒᆞ오	Deviner
가려시오	Vouloir (Vouloir En abrégé)
가려오	Démanger
가려움	Démangeaison, Picotement
가련ᄒᆞ계	Misérablement

가련홈	Compassion, Misère
가로 [*가루]	Farine
가로 [*橫]	Travers (à)
가로 되오	Pulvériser
가로 됨	Pulvérisation
가로 만드는 사람	Meunier
가르치는 문셔	Théorie
가르치는 사람	Tuteur
가르치오	Enseigner, Indiquer, Montrer
가르침	Indication
가리대	Côtelette
가리오 [*가로막다]	Obstruer
가리우오 [*덮다]	Voiler
가루치오	Avertir
가마귀	Corbeau
가마니	Bas
가마솟	Marmite
가만이	Furtif
가뭄	Sécheresse
가산	Patrimoine
가삼	Estomac, Thorax
가새	Ciseaux
가새나무	Ronce
가시	Épine
가심	Poitrine, Sein
가얌이	Fourmi
가업슴	Immensité
가오 [*~로 가다]	Aller
가오 [*갈다]	Moudre
가오 [*작동하다]	Fonctionner

가온ᄃᆡ	Centre
가온ᄃᆡ	Milieu
가온ᄃᆡ로	Travers (à)
가위	Ciseaux
가을	Automne
가걍자리	Marge, Rebord
가져가오	Emporter
가져오너라	Apporter
가져오시오	Apporter
가져와	Apporter
가죽	Cuir
가죽신	Soulier (Soulier de cuir)
가쥭	Peau
가쥭 궤	Malle
가쥭 다르는 쟁이	Peaussier
가쥭 다르오	Tanner
가쥭ᄭᅳᆫ	Lanière
가지 [*나뭇-]	Branche
가지 [*식물]	Aubergine
가지 [*종류]	Sorte
가지오	Porter, Posséder, Prendre
가진 사람	Possesseur
가짐	Possession
가친	Père (Mon père)
가친 사람	Prisonnier
가호	Habitation
가히	Nécessairement
각 [*刻]	Heure (1/4 d'heure)
각 [*各]	Chaque
각 모양	Divers

각각	Chacun
각금	Souvent
각시	Poupée
각하	Excellence (son)
간 [*肝]	Foie
간 [*間]	Rayon
간 [*지난]	Dernier
간 달	Dernier (Le mois dernier Dernièrement)
간교	Ruse
간교ᄒᆞ오	Rusé
간구ᄒᆞ오	Interpeller
간는 노ᄭᅳᆫ	Ficelle
간샤ᄒᆞ오	Fourbe
간셔ᄒᆞᆫ	Perfide
간션ᄒᆞ오	Choisir, Élire
간ᄉᆞᄒᆞ오	Malintentionné
간ᄉᆞᄒᆞᆷ	Supercherie
간역군	Surveillant
간역ᄒᆞ오	Surveiller
간으오	Svelte
간음	Fornication
간지르오	Chatouiller
간지름	Chatouillement
간혹	Généralement
갈	Roseau
갈가마귀	Corneille
갈구렁이	Croc
갈귀장이	Crochet
갈니오	Séparer
갈님	Séparation

갈보	Courtisane, Femme (Femme publique), Prostituée
갈비	Côte
갈퀴	Râteau
갈퀴질ᄒᆞ오	Ratisser
갈희오	Choisir
갈희오	Opter
갈흼	Option
감 [*減]	Diminution
감 [*식물]	Kaki (fruit)
감긔	Rhume
감긔드오	Enrhumer
감나무	Kaki (arbre)
감남	Olive
감남나무	Olivier
감니ᄉᆞ	Surintendant
감독	Directeur
감동	Émotion
감목	Évêque
감법	Soustraction
감샤ᄒᆞ오	Remercier
감소	Enrouler
감ᄉᆞ	Gouverneur
감이ᄒᆞ오	Oser
감자	Orange, Pomme de terre
감쵸	Réglisse
감히	Hardiment
감ᄒᆞ니 잇소	Placide
감ᄒᆞ오	Diminuer, Soustraire
감ᄒᆡ 쥬오	Réduire
감ᄒᆡ 쥼	Réduction

갑 [*匣]	Étui
갑 [*값]	Prix
갑 [*값]	Valeur
갑 감홈	Rabais
갑 닷틈ᄒᆞ오	Amiable (àl')
갑 덜 주오	Rabattre
갑 덜홈	Rabais
갑 만이 달나오	Surfaire
갑 에누리ᄒᆞ오	Marchander
갑 올니오	Surenchérir
갑 졍ᄒᆞ오	Évaluer
갑 주오	Payer
갑소	Rendre, Vengeur
갑시다	Aller
갑엽게	légèrement
갑엽소	Léger
갑엽움	Légèreté
갑옷	Armure, Cuirasse
갓	Chapeau
갓 만드는 곳	Chapellerie
갓 벗소	Décoiffer
갓가이	Auprès de, Près
갓가이 못ᄒᆞ오	Inaccessible
갓가이 오오	Rapprocher
갓가히 오오	Approcher
갓갑소	Près
갓게 ᄒᆞ오	Identifier
갓나비	Singe
갓득찻소	Plein
갓모	Chapeau (Courve-chapeau)

갓바치	Cordonnier
갓소	Comme, Identique, Ressemblant, Ressembler
갓시	Le..la (Le chapeau)
갓징이	Chapelier
갓테	Chapeau (Bord du chapeau)
갓틈	Identité
갓흔	Pareil
강 [*江]	Fleuve
강 [*強]	Bravoure
강가	Rive
강도	Brigand, Pillard
강도질	Brigandage
강도질ᄒᆞ오	Piller
강물	Fleuve, Rivière
강박ᄒᆞ오	Violent
강박ᄒᆞᆷ	Violence
강복ᄒᆞ야 엇소	Conquérir
강싱ᄒᆞᆷ	Incarnation
강아지	Chien (Petit chien), Roquet
강용ᄒᆞᆫ	Brave
강철	Acier
강ᄒᆞ오	Fort
강ᄒᆞᆫ	Valeureux
개 [*個]	Pièce
개 [*동물]	Chien
개가	Le..la (Le chien)
개가재	Écrevisse
개고리	Grenouille
개얌	Noisette
개얌나무	Noisetier

개집	Niche
거간	Intervention
거간 [*행위]	Médiation
거간ᄒᆞ는 사람	Médiateur
거간ᄒᆞ오	Intervenir
거관	Entremetteur
거관질	Entremise
거나리오	Présider
거동	Cortège, Escorte, Procession
거두오	Ramasser, Recueillir
거듭ᄒᆞᆷ	Répétition
거르오	Filtrer
거륵ᄒᆞᆫ	Saint
거름 [*비료]	Engrais, Fumier
거름 [*보폭]	Pas
거리	Matériaux
거만ᄒᆞ오	Fier, Hautain, Orgueilleux, Prétentieux
거만ᄒᆞᆷ	Prétention, Vanité
거문 칠	Goudron
거문 칠 ᄒᆞ오	Goudronner
거문 흙	Terreau
거문고	Guitare, Lyre
거믜줄	Toile D'araignée
거사리	Fougère
거사리오	Désobéir
거ᄉᆞ리오	Résister
거ᄉᆞ림	Rébellion, Résistance
거오	Accrocher, Suspendre
거우	Oie
거울	Glace (Glace miroir), Miroir

거의	Quasi
거의 말지	Pénultième
거의 정년이	Probablement
거의 정년ᄒᆞ오	Probable
거의 정년홈	Probabilité
거쥭	Superficie
거지	Mendiant
거진	Apeuprès, Presque
거진 다	Plupart (la)
거진 머리	Perruque
거진 섬	Péninsule
거진 셤	Presqu'île
거진 죳소	Passable
거진 쥭게됨	Agonie
거진말	Blague, Fausseté, Mensonge
거진말장이	Menteur
거진말ᄒᆞ오	Mentir
거짓홈	Simulacre
거쳐	Demeure, Habitation, Logement, Logis
거쳐ᄒᆞ오	Loger
거ᄒᆞ는 사람	Habitant, Résident
거ᄒᆞ오	Demeurer, Habiter, Résider
거힝 아니ᄒᆞ오	Désobéissance
걱쟝	Réprimande
걱졍	Inquiétude
걱졍ᄒᆞ오	Attrister, Inquiéter
건너가오	Traverser
건너감	Traverse
건너편에	Vis-à-vis
건님	Va-et-vient

건달	Fainéant, Vagabond
건답	Potager
건쟝ᄒᆞ오	Robuste, Viril
건쟝홈	Virilité
걸그럽소	Brut
걸네	Torchon
걸녓소	Suspendu
걸상	Bance, Chaise, Siège, Tabouret
검게 ᄒᆞ오	Noircir
검소	Noir
검시	Autopsie
검ᄉᆞ	Revue
검얼이	Sangsue
검으스럼ᄒᆞ오	Noirâtre
검은자	Prunelle
검의	Araignée
검의줄	Araignée (Toile d'araignée)
검잉	Suie
검졍	Suie
겁	Frayeur, Peur, Timidité
겁 만으오	Timide
겁 업ᄂᆞᆫ	Intrépide
겁ᄂᆡ오	Peureux
겁쟝이	Poltron
겁질	Peau, Pelure
겁질 벗기오	Décortiquer
겁질 베기오	Éplucher
겁질 벽기오	Peler
겁탈	Rapine
겁탈ᄒᆞ오	Violer

겁탈ᄒᆞᆷ	Viol
것	Celle, Celui, Chose
것소	Marcher
것숨	Dissimulation
것숨이는 사람	Hypocrite
것숨이오	Dissimuler
것숨임	Hypocrisie
것치	Comme
경졍경졍 쒸오	Gambader
경졍경졍 쓈	Gambade
게	Crabe
게어르오	Paresseux
게어름	Paresse
게으른 사람	Paresseux
겨냥ᄒᆞ오	Épauler
겨드랑이	Aisselle
겨란	Oeuf
겨란 붓친 것	Omelette
겨른 것	Textile
겨른종의	Papier Huilé
겨우	Peine (à)
겨우 볼만ᄒᆞ오	Imperceptible
겨울	Hiver
겨울츄	Poids
겨자	Moutarde
겨자 그릇	Moutardier
격쟝이오	Mitoyen
견고ᄒᆞ게	Solidement
견고ᄒᆞ오	Solide
견고ᄒᆞᆫ 마음	Fermeté

견고홈	Solidité
견달ᄒᆞ오	Intercéder
견딜 만ᄒᆞ오	Tolérable
견될 슈 업소	Intolérable
견습	Stage
견양	Spécimen
견쟝	Épaulette
견진	Confirmation
견진ᄒᆞ오	Confirmer
결	Flot
결뎡	Transition
결뎡ᄒᆞ오	Transiger
결뎡홈	Détermination
결말	Résultat
결말나오	Résulter
결안	Verdict
겸사	Modestie
겸사로	Modestement
겸사ᄒᆞ오	Modeste
겸손	Humilité
겸손치 아늠	Immodestie
겸손치 안소	Immodeste
겸손치 안케	Immodestement
겸숀ᄒᆞ오	Humble
겸ᄒᆞ오	Cumuler
겹저구리	Gilet (Gilet doublé)
겻가리	Flanc
겻헤 [*곁에]	Parage
겻히 [*곁에]	Côté, Près
경골	Tibia

경무청	Police
경문	Livre (Livre de prières)
경즁	Estime
경즁 넉이오	Estimer
경찰	Inspection
경찰ᄒᆞ오	Inspecter
경쳐	Paysage
경편ᄒᆞ게	Commodément
경편ᄒᆞ게 ᄒᆞ오	Simplifier
경편ᄒᆞ오	Commode
경ᄒᆞ여	Intermédiaire (Par intermédiaire)
계	Loterie
계 탐	Lot
계교	Fourberie
계른 사람	Fainéant
계슈	Belle-soeur
계슈나무	Laurier
계시오	Être
계집	Femme (Femme du peuple)
계집 ᄒᆞ인	Servante
계집아ᄒᆡ	Fille
계피	Cannelle
고기	Viande
고기 두 근	Livre (2 livres de viande)
고기 잡소	Pêcher
고기 잡음	Pêche
고달	Piton
고담	Fable
고두룸	Glaçon (Glaçon de toiture)
고등	Robinet

고루지 못ᄒᆞ오	Raboteux
고름	Pus
고름나오	Suppurer
고리	Anneau, Boucle, Cercle
고ᄅᆡ	Baleine
고맙소	Merci
고명ᄒᆞ오	Déclarer
고모	Tante
고발ᄒᆞ오	Plaider
고변	Trahison
고변ᄒᆞ오	Trahir
고변ᄒᆞᆫ 사람	Traître
고ᄇᆡᆨ	Prospectus
고ᄇᆡᆨ	Écriteau
고샹	Crucifix
고슴돛치	Hérisson, Porc-épic
고시	Affiche
고시 붓지는 사람	Afficheur
고시ᄒᆞ오	Afficher
고ᄉᆞ	Exception
고ᄉᆞᄒᆞ오	Excepter
고ᄉᆡᆼ	Labeur
고ᄉᆡᆼᄒᆞ오	Endurer, Souffrant, Souffrir
고애이	Chat
고약	Emplâtre
고약ᄒᆞ오	Hideux, Vilain
고요ᄒᆞ게	Silencieusement
고요ᄒᆞ오	Silencieux, Tranquille, Tranquilliser
고요ᄒᆞᆷ	Silence, Tranquillité
고용ᄒᆞ오	Employer

고은	Élégant
고자	Eunuque
고장이	Pantalon Femme
고집	Obstination, Tenacité
고집 세오	Tenace
고집 셰오	Entêter(s'), Obstiné, Obstiner (s'), Têtu
고집 셰우면서	Obstinément
고집ᄒᆞ오	Opiniâtre
고집ᄒᆞᆫ	Entêté
고초	Piment
고치오	Corriger
고ᄒᆞ오	Accuser
고ᄒᆡ	Confession
고ᄒᆡ 알니오	Prévenir
고ᄒᆡᄒᆞ오	Confesser
곡	Certainement
곡간	Grange
곡감	Kaki (sec)
곡셩	Sanglot
곡죠	Modulation
곡죠ᄂᆡ오	Moduler
곤궁ᄒᆞ오	Harasser
곤이	Cygne
곤핍	Fatigue
곤ᄒᆞ시오	Fatiguer (Etes-vous fatigué)
곤ᄒᆞ오	Las
곤ᄒᆞᆫ	Fatiguant
곤ᄒᆞᆫ 줄 모로	Infatigable
곤ᄒᆞᆷ	Lassitude
골	Canton, Cerveau, District

골목	Impasse, Quartier
골미	Dé (à coudre)
골슈	Moele
골졀병	Rhumatisme
골픠	Dè (à jouer)
곰	Ours
곰핑이	Moisissure
곰핑이 실엇소	Moisir
곱돌	Marbre
곱소	Beau
곱치오	Multiplier
곳	Endroit, Tout (Tout de suite)
곳게	Franchement
곳게 ᄒᆞ오	Redresser
곳비	Bride
곳소	Franc
곳치오	Raccommoder, Réparer, Rétracter
곳치지 못ᄒᆞ오	Incorrigible, Irréparable
곳침	Réparation, Rétractation
공 [*公]	Officiel
공 [*功]	Mérite
공 [*空]	Zéro
공 [*둥근 -]	Ballon
공것시오	Gratis
공경	Égard, Hommage, Honneur, Respect, Vénération
공경하는 술	Toast
공경할 만ᄒᆞ오	Honorable
공경할만ᄒᆞ오	Respectable
공경ᄒᆞ오	Honorer, Respecter, Vénérer
공경ᄒᆞᆯ 만ᄒᆞ오	Vénérable

공긔	Air, Atmosphère
공년이	Vainement
공논	Entente
공뎐	Impôt
공명	Dignité
공문	Diplomate, Passeport
공번되게	Publiquement
공번되게ᄒᆞ오	Pulblier
공번되오	Public
공번된	Général
공번됨	Public
공법으로	Officiellement
공복으로	Jeun (à)
공부	Étude, Labeur, Ouvrage, Travail
공부 잘 못ᄒᆞ오	Inappliqué
공부ᄒᆞ오	Étudier, Travailler
공사	Charge (de boeuf)
공사관	Légation
공순이	Gracieusement, Respectueusement
공연이 돈 쓰오	Gaspiller
공으로	Gratuitement
공인쟈	Musicien
공일	Dimanche
공작이	Paon
공쟝	Manoeuvre
공젼	Paye
공즁	Vain
공즁으로 도오	Planer
공지	Industrie
공쳔	Scrutin

공평이	Proportionnellement
공평이 난호오	Proportionner
공평ᄒᆞᆷ	Proportion
과	Et
과냑	Cible
과년ᄒᆞ오	Nubile
과년ᄒᆞᆷ	Nubilité
과도ᄒᆞ게	Immodérément
과도ᄒᆞ오	Immodéré
과목	Programme
과목밧	Verger
과부	Veuve
과자젼	Confiserie
과쟈	Confiture
과쟝	Trésorier
과ᄌᆞ 만드오	Confire
과함	Abus, Excès
과히	Trop
과히	Excessivement
과ᄒᆞ오	Abuser
곽난	Choléra
곽ᄂᆞᆫ징	Typhus
관 [*棺]	Biére (cercueil), Cercueil
관 [*館]	Abattoir, Boucherie
관계	Effet
관계찬소	Peu (Peu importe)
관대샘	Fossette
관명	Prénom
관보	Gazette
관실	Édifice

관인	Fonctionnaire, Mandarin
관장ᄒᆞᆷ	Magnificence
관쟌노리	Tempe
관쟝이	Préfet
관즁ᄒᆞ오	Grave
관찰사	Gouverneur (Gouverneur province)
관후ᄒᆞ오	Gracieux, Magnanime
광	Largeur
광대	Comédien
광대ᄒᆞ오	Vaste
광명	Lucidité
광명ᄒᆞ오	Lucide
광비	Prodigalité
광이	Hoyau
광인	Fou
광징	Folie
광ᄎᆡ	Lumière, Splendeur
광ᄎᆡ ᄂᆞ오	Splendide
광ᄎᆡ나오	Brillant
광ᄑᆡ이	Furieusement
괭이	Pioche
괭이질ᄒᆞ오	Piocker
괴게 함	Fermentation
괴게 ᄒᆞ오	Fermenter
괴로옴	Peine
괴롬	Embarras
괴롭게	Péniblement
괴롭게 ᄒᆞ오	Vexer
괴롭게 ᄒᆞᆷ	Vexation
괴롭소	Embarrassant, Embarrasser, Ennuyeux, Pénible

괴물	Monstre
괴상ᄒᆞ오	Bizarre
괴샹ᄒᆞ오	Épargner (c'est épatant)
괴약ᄒᆞ오	Scélérat
괴질	Choléra
교	Religion
교당	Cathédrale
교당	Église
교만ᄒᆞᆫ	Arrogant
교부	Livraison
교부ᄒᆞ오	Livrer
교사	Professeur
교우	Chrétien
교우사리	Gui
교의	Chaise
교의에 씨우는 썹질	Housse
교졔	Relation
교지	Diplôme
교틔	Orgueil
교화황	Pape
교훈	Instruction, Savoir-vivre
교훈ᄒᆞ오	Instructif, Instruire
구걸	Aumône
구경	Excursion
구경군	Spectateur
구경ᄒᆞ오	Promener (se), Regarder
구덱이	Asticot
구뎅이	Fossé, Précipice
구두람이	Grillon
구렁이	Couleuvre

구령	Commandement
구름	Nuage
구름 속이요	Imaginaire
구리	Airain, Cuivre rouge, Laiton
구리 녹	Vert-de-gris
구멍	Tanière, Trou
구물구물ᄒᆞ시오	Lambiner
구미	Appétit
구미 업소	Appétit (Pas d'appétit)
구부러졋소	Oblique
구분 것	Sinuosité
구분 것시오	Sinueux
구석	Angle
구셕	Coin (intérieur)
구안병	Renfort
구에	Boîte
구오	Griller
구월	Septembre
구융	Auge
구을미	Rotation
구음	Prononciation
구음ᄒᆞ오	Prononcer
구제	Charité
구제ᄒᆞ오	Charitable
구지치오	Blâmer
구초	Dénonciation
구초ᄒᆞ는 사람	Dénonciateur
구초ᄒᆞ오	Dénoncer
구푸ᄒᆞ오	Délivrer
구품텬신	Séraphin

구피오	Prosterner(se)
구ᄒᆞ오	Exiger, Sauver
구ᄒᆡ쥬오	Secourir
구ᄒᆡ쥼	Sauvetage, Secours
국 [*國]	État, Nation
국 [*음식]	Bouillon, Potage, Soupe
국슈	Vermicelle
국왕	Roi
국이오	Froisser
국화	Chrysanthéme
군긔 것소	Désarmer
군긔 것음	Désarmement
군긔챵	Arsenal
군ᄃᆡ	Armée
군막	Tente
군법	Discipline
군복	Uniforme
군부ᄃᆡ신	Ministre (Ministre Guerre)
군소리ᄒᆞ오	Grogner, Marmotter
군ᄉᆞ	Soldat
군우	Sifflet
굴	Grotte
굴게 ᄒᆞ오	Grossir
굴네	Bride, Collier, Rêne
굴네 벽이오	Débrider
굴네 씨우오	Brider
굴니는 돌	Rouleau
굴니오	Rouler
굴뚝	Cheminée
굼소	Affamé, Affamer

굽소 [*구부리다]	Courber
굽소 [*불에]	Rôtir
굽어드리오	Recourber
굿게 ᄒᆞ오	Durcir
굿소	Ferme
궁	Château
궁ᄂᆡ부ᄃᆡ신	Ministre (Ministre Maison Impériale)
궁ᄃᆡᆼ이	Fesse
궁은	Rôti
궁인	Pauvre
궁진ᄒᆞ오	Épuiser
궁핍ᄒᆞᆷ	Pénurie
궁ᄒᆞ게	Pauvrement
궁ᄒᆞ오	Indigent, Pauvre
궁ᄒᆞᆷ	Indigence, Pauvreté
권 [*勸]	Conseil
권 [*卷]	Volume
권면ᄒᆞ오	Encourager, Exhorter, Stimuler
권세	Puissance
권셰	Influence, Juridiction
권셰잇소	Influent
권연 물부리	Porte-cigares
권졈ᄒᆞ오	Ponctuer
권ᄒᆞ는 말	Sermon
권ᄒᆞ오	Conseiller, Persuader
권ᄒᆞ지 안소	Deconseiller
권ᄒᆞᆷ	Persuasion
궐이 쥬는 것	Autorisation
궐이 쥬오	Autoriser
궐ᄌᆞ	Individu

궐ᄒᆞ오	Omettre
궐홈	Omission
꿩	Faisan
귀	Oreille
귀 맥힘	Surdité
귀 발금	Ouïe
귀고리	Pendant (Pendant d'oreille)
귀ᄭᅵ	Cure-oreille
귀머거리	Sourd
귀먹엇소	Sourd (Etes-vous sourd?)
귀먹은 벙어리	Sourd-muet
귀문	Tympan
귀신	Diable
귀ᄯᅵ	Entonnoir
귀유리	Avoine
귀절	Paragraphe, Phrase
귀향	Exil
귀향 간 사람	Exilé
귀향 보ᄂᆡ오	Exiler
귀ᄒᆞ오	Excellent
규모	Tempérance
규모 업소	Indiscipliné
규칙	Règlement
규칙 업소	Irrégulier
규칙 업슴	Irrégularité
귤	Orange
귤나무	Oranger
귤피	Écorce (Écorce d'orange)
귀찬게 ᄒᆞ오	Importuner
귀찬케	Importunément

그	Ce-cet-cette, Cet
그것	Ceci
그늘	Ombre
그늘지오	Ombrager
그늘진 데	Ombrage
그러나	Ainsi, Alors, Cependant, Mais, Malgré, Néanmoins, Or, Pourtant
그러잔소	Tout (Point du tout)
그러치	Vrai (C'est vrai)
그러치 안게	Nullement
그러치 안소	Nul
그러히도	Malgré
그런 쳬ᄒᆞ오	Feindre
그런고로	Donc
그런데	Pourtant
그럽게 ᄒᆞ오	Affliger
그럿소	Est (Est ce que?)
그럿치	Sans-doute
그럿치 안소	Nier
그럿치 안으면	Sinon
그롬	Suie
그롭게 ᄒᆞ오	Taquiner
그르게 ᄒᆞ오	Fausser
그르오	Fautif
그른 것	Tort
그릇	Pot, Terrine, Vaisselle, Vase
그릇 만드는 사람	Potier
그릇친 것	Erratum
그릇침	Erreur
그리오	Tracer
그림	Dessin, Gravure, Image, Peinture

그림 그리오	Dessiner, Peindre
그림 덧그리오	Calquer
그림자	Nombre
그림주	Ombre
그림틀에 넛소	Encadrer
그룻	Bassin
그만	Assez
그만두시오	Assez (C'est assez)
그물	Filet
그뭄날	Fin (Fin du mois)
그북ᄒᆞ게	Incommodément
그북ᄒᆞ오	Incommode
그쁜	Seulement
그임	Réticence
그져께	Avant-hier
그져요	Gratuit
그젼에	Auparavant
그짓말	Faux
그치오	Cesser
근	Livre (Livre poids)
근네	Balancoire
근네 쀠오	Balancer
근릐	Récemment
근본	Principe, Substance
근실이	Soigneusement
근실ᄒᆞ오	Soigneux
근심	Anxiété, Chagrin, Souci, Tristesse
근심으로	Tristement
근심ᄒᆞ오	Attrister, Chagriner, Geindre, Soucieux, Triste
글 모됨	Recueil

글거워ᄒᆞ오	Agréer
글귀	Vers
글뎨	Thème
글방	Salle d' étude
글시	Écriture
글시 쓰는 사람	Écrivain
글시 쓰오	Écrire, Rédiger
글씨	Littérature
글짓소	Composer
글ᄌᆞ	Caractère (écriture)
글켜 미오	Égratigner
글켜 미임	Égratignure
글픠	Surlendemain
긁소	Gratter, Racler
긁어먹소	Ronger
금	Or, Valeur
금 올니오	Dorer
금강셕	Diamant
금계랍	Quinine
금관	Couronne
금관 밧치는 날	Couronnement
금관 스오	Couronner
금단	Consigne
금단	Empêchement
금덩어리	Lingot (or)
금요일	Vendredi
금은징이	Orfèvre
금졍ᄒᆞ오	Coûter
금지	Défense
금질ᄒᆞᄂᆞᆫ 자	Doreur

금ᄑᆡ	Ambre
금ᄒᆞ오	Défendre, Empêcher, Interdire, Prohiber, Proscrire
금ᄒᆞᆷ	Prohibition, Proscription, Restriction
급졔	Docteur
급히	Rapidement, Vite, Vivement
급히 ᄒᆞ오	Surexciter
급히 ᄒᆞᆷ	Surexcitation
급ᄒᆞ게	Lestement, Précipitamment
급ᄒᆞ게 ᄒᆞ오	Précipiter
급ᄒᆞ게 ᄒᆞᆷ	Précipitation
급ᄒᆞ오	Leste, Rapide, Vif
급ᄒᆞᆫ	Urgent
급ᄒᆞᆷ	Rapidité, Vitesse, Vivacité
긔	Bannière, Drapeau, Oriflamme, Pavillon
긔 쇠짐	Pavois
긔 쏫소	Pavoiser
긔계	Instrument, Machine
긔계 만드는 쟁이	Armurier
긔계 쓰는 사람	Mécanicien
긔계로 만든 것	Mécanique (à la)
긔국 긔원	Dynastie
긔ᄃᆡ	Mât
긔록	Inscription
긔록할 만ᄒᆞ오	Notable
긔록ᄒᆞ오	Inscrire, Ressouvenir (se)
긔막이오	Étonner
긔묘ᄒᆞᆫ	Admirable
긔별	Message, Notice
긔별군	Messager
긔별ᄒᆞ오	Annoncer

긔병	Perdrix
긔신	Fantôme
긔심ᄒᆞ오	Déloyal
긔ᄯᅡ 백기	Potence
긔억ᄒᆞ오	Souvenir. (se)
긔억ᄒᆞᆯ 만ᄒᆞ오	Mémorable
긔억ᄒᆞᆷ	Réminiscence, Souvenir
긔여가오	Rampant
긔여단니오	Ramper
긔운	Air, Santé, Vigueur
긔운 됴흔	Vigoureux
긔운 만흔 사람	Hercule
긔운 셰게 ᄒᆞ오	Fortifier
긔이함	Merveille
긔이ᄒᆞ게	Singulièrement
긔이ᄒᆞ오	Merveilleux
긔이ᄒᆞᆫ 일	Phénomène
긔표	Signal
긔회	Cas, Occasion
긔회 웃소	Occasionner
긔회 타셔	Occasionnellement
기다리오	Attendre
기동	Colonne, Pilier, Poteau
기럭이	Oie Sauvage
기럭지	Longueur
기로오 [*양육하다]	Alimenter
기르오 [*높이다]	Élever
기르오 [*양육하다]	Nourrir
기를 만ᄒᆞ오	Nutritif
기름	Graisse, Huil

기름 겻소	Huile
기름 뭇소	Huileux
기름병	Huilier
기름지오	Oléagineux
기리	Longueur
기상	Prostituée
기ᄉᆞ	Ingénieur
기오	Long
기와	Tuile
기와쟁이	Couvreur
기우러지오	Incliner
기우러짐	Inclinaison, Pente
기우리오	Pencher
기졀	Excommunication
기지게 켜오	Étirer (s')
기침	Toux
기침ᄒᆞ오	Tousser
긴	Long
긴 졈	Virgule
긴요ᄒᆞᆫ	Essentiel
긴치 아니홈	Importunité
긴치 안소	Importun
긴히	Strictement
긴ᄒᆞ오	Important
길	Chemin, Rue, Voie
길 가르치는 사람	Guide
길 가르치오	Guider
길 ᄃᆡᆼ기오	Voyager
길가 장사	Colporteur
길가에서 장사ᄒᆞ오	Colporter

길게 우오	Hurler
길게 욺	Hurlement
길드리오	Apprivoiser
길디리는 사람	Dompteur
길디리오	Dompter
길마	Bât, Selle
김	Vapeur
김 나오	Évaporer (s')
깁게	Profondément
깁고 얏튼 것 지오	Sonder
깁소	Profond
깁히	Profondeur
깃드리오	Percher (se)
깃버ᄒᆞ오	Content, Plaire
깃버ᄒᆞ지 안소	Content(Vous n'êtes pas content), Mécontent, Mécontenter
ᄀᆞ득히	Pleinement
ᄀᆞ란치지 못ᄒᆞ면서	Implacablement
ᄀᆞ란치지 못ᄒᆞ오	Implacable
ᄀᆞᄅᆞ치오	Démontrer
ᄀᆞᆫ구ᄒᆞ오	Implorer
ᄀᆞᆫ쳥ᄒᆞ오	Solliciter
ᄀᆞᆫ쳥ᄒᆞᆷ	Sollicitation
ᄀᆞᆺ게	Également
ᄀᆞᆺ소	Égal, Égaler, Même, Semblable
ᄀᆞᆺ지 안소	Dissemblable, Inégal
ᄀᆞᆺ치 가오	Accompagner
ᄀᆞᆺᄒᆞᆫ 말	Synonyme
ᄀᆡ경	Modification
ᄀᆡ경ᄒᆞ오	Modifier
ᄀᆡ쳔	Canal, Rigole, Ruisseau

ᄀᆡ화	Civilisation
ᄀᆡ화ᄒᆞ는 사람	Civilisateur
ᄀᆡ화ᄒᆞ오	Civiliser
ᄀᆡ회	Séance
ᄀᆡᆨ	Hôte

나

나 [*1인칭]	Je, Moi, Mon
나 [*그러나]	Mais
나가시오	Sortir
나가오	Convalescent, Sortir
나귀	Âne
나도	Aussi
나라	Empire, État, Nation, Politique, Règne
나로비	Bateau
나롯	Barbe
나를	Me
나를 위ᄒᆞ야	Pour
나막신	Sabot
나무	Arbre, Bois
나무 벼뉘오	Abattre
나무 숫	Charbon (bois)
나무 접ᄒᆞ오	Greffer
나무 ᄒᆞᆫ 갑이	Bûche
나무간	Bûcher

나무겁질	Écorce
나무다리	Bequille
나무라지 못ᄒᆞ오	Irréprochable
나무로	En
나무밋	Tronc
나무바리	Bois (Charge de bois)
나무ᄇᆡ다리	Passerelle
나무에 올나가오	Grimper
나무장사	Marchand de bois
나물	Légume
나므룸	Réprobation
나발	Clairon, Trompette
나병	Fromage
나뷔	Papillon
나사 ᄲᅢ오	Dévisser
나삿	Vis
나삿 박소	Visser
나아감	Progrès
나오	Naître
나오는 곳	Sortie
나인	Femme (Femme de la cour)
나제	Midi
나죵에	Enfin, Finalement
나진ᄒᆞ게	Bas
나타내오	Révéler
나히	Âge
낙성	Chute
낙슈 홈통	Gouttière
낙시	Hameçon
낙시질	Pêche (Pêche à la ligne)

낙시질ᄒᆞ는 사람	Pêcheur
낙심ᄒᆞ오	Décourager
낙ᄐᆡ된	Avorton
낙ᄐᆡᄒᆞ오	Avorter
난간	Balcon, Garde-fou, Palissade, Rampe
난리	Sédition
난민	Rebelle
난오오	Séparer
난잡	Pêle-mêle
난터나오	Paraître
난편	Époux
난흔 것	Succursale
날	Jour, Soleil
날개	Plume (Plume d'oiseau)
날ᄀᆡ	Aile
날나가오	Voler
날나감	Vol (oiseau)
날낸	Leste
날너가오	Envoler (s')
날니	Persécution, Trouble
날니 만나오	Persécuter
날니나오	Révolter
날밤	Châtaigne
날버러지	Insecte
날엣	Diurne
날자	Date
날즘싱	Volaille
남	Sud
남극	Pôle
남기	Arbre

남녀 분별	Sexe
남문	Porte (Porte Sud)
남비	Poêle (Poêle à frire)
남산	Sud (Sud Montagne)
남소 [*넘어서다]	Surpasser
남소 [*있다]	Rester
남은 것	Surplus
남인의 의복	Habit (Habit d'homme)
남편	Sud
납	Plomb
납 올이오	Plomber
납작ᄒᆞ오	Plat
낫	Faucille
낫 후에	Tantôt
낫게 ᄒᆞ오	Guèrir
낫소 [*나은]	Mieux
낫소 [*낮은]	Bas, Meilleur
낫소 [*낳다]	Procréer
낫소 [*치료하다]	Guèrir
낫잠	Sieste
낫진	Inférieur
낭픠롭소	Pordigue
내	Ma, Mes, Moi, Mon
내 것	Mien (le)
내 ᄆᆞ음대로	Moi (Moi-même)
내 신들	Mes (Mes souliers)
내가	Je
내게	Je, Me
내게 잇소	Avoir
내관	Eunuque

내기ᄒᆞ오	Gager, Parier
내려가오	Descendre
내려감	Descente
내버려 두오	Laisser
내뵈오	Montrer
내암새	Odeur
내암새 맛소	Sentir
내암새 맛흠	Odorat
내여 ᄇᆞ리는 사람	Déchargeur
내여 ᄇᆞ리오	Décharger, Jeter
내여 ᄇᆞ림	Déchargement
내오 [*나가다]	Sortir
내오 [*나요]	Être (Je suis)
내음ᄉᆡ나오	Puant, Puer
내좇소	Chasser (mettre dehors), Congédier
낵이ᄒᆞ는 곳	Tripot
냄ᄉᆡ 맛소	Flairer
너구리	Blaireau
너그러옴	Générosité, Indulgence
너그러ᄋᆞᆫ	Indulgent
너그럽소	Généreux
너머트리오	Culbuter, Renverser
너무	Trop
너음	Emballage
넉넉이	Assez
넉넉지 못ᄒᆞ게	Insuffisamment
넉넉지 못ᄒᆞᆷ	Insuffisance
널비	Largeur
널소	Large
널짠지	Charpente, Planche

널싼지 쪽	Planchette
널어지오	Élargir
널피	Étendue
널피오	Élargir
널핌	Élargissement
넘소	Déborder
넘어가오	Franchir
넘어지오	Succomber, Tomber
넙적달이	Cuisse
넙치	Sole
넛소	Emballer
네	Ta, Toi, Ton, Tu
네 것	Tien (le)
네리오	Débarquer
네모	Carré
네모로 싹소	Équarrir
네발 가진 즘생	Quadrupède
녀교우	Chrértienne
녀름	Été
녀인의 의복	Habit (Habit de femme)
년	An, Année
념치 업슴	Impudence
녜편네	Femme
녯	Ancien
녯적에	Autrefois
노	Aviron, Rame
노 져소	Ramer
노는 곳	Spectacle
노닥다리	Rosse
노략ㅎ오	Piller, Ravager

노루	Chevreuil
노루 ᄉᆡᆨ이	Faon
노름	Jeu
노름군	Joueur
노름ᄒᆞ오	Jouer
노ᄅᆡ	Chant
노ᄅᆡᄒᆞᄂᆞᆫ 사람	Chanteur
노ᄅᆡᄒᆞ오	Chanter
노변 장사	Colporteur
노ᄉᆡ	Mulet
노ᄭᆞᆫ	Corde
노아보ᄂᆡ오	Congédier
노으오	Amuser
노정긔	Itinéraire
노질ᄒᆞ오	Godiller
노형	Vos, Votre, Vous
노형 마음ᄃᆡ로	Vous (Vous-même)
녹녹ᄒᆞ오	Suffire
녹두	Pois (vert)
녹지	Document
논	Riziere
논단이	Courtisane, Femme (Femme publique)
논어쥬오	Partager
논어즘	Partage
놀나게 ᄒᆞ오	Effrayer, Épouvanter
놀나씌서	Sursaut (en)
놀나오	Stupéfait
놀남	Stupéfaction, Terreur
놀ᄂᆡ	Étonnement
놀ᄂᆡ오	Étonner, Surprendre, Tressaillir

놀ᄂᆞᆷ	Soubresaut, Stupeur
놉게	Hautement
놉소	Haut
놉흔	Haut
놉히	Altitude, Élévation, Hauteur
놉히오	Exalter, Rehausser
놉힘	Exaltation
놋소	Lâcher, Mettre, Poser, Relâcher
농군	Agriculteur, Cultivateur
농낙	Réjouissance
농담	Plaisanterie
농담으로	Plaisamment
농담이오	Plaisant
농담ᄒᆞ오	Plaisanter
농부	Laboureur
농사	Culture
농사치 못ᄒᆞ오	Inculte
농사ᄒᆞ오	Cultiver
농상ᄃᆡ신	Ministre (Ministre Agriculture)
농ᄉᆞ	Agriculture
뇍이오	Fondre
누가	Qui
누구	Quelqu'un, Qui
누구시오	Qui est là
누구에	Duquel
누님	Soeur
누덕지	Guenille
누루오 [*壓]	Appuyer, Écraser, Jaune, Oppresser, Opprimer, Réprimer
누르는 사람	Oppresseur
누르오 [*黃]	Jaune

누셜	Révélation
누셜ᄒᆞ오	Divulguer
누습ᄒᆞ오	Humide
누에	Ver (à soie)
누에쏫치	Cocon
누의	Soeur
눅으러지오	Lent
눈 [*目]	Oeil
눈 [*雪]	Neige
눈 오오	Neiger
눈 작이오	Cligner
눈거불	Paupière
눈덩어리	Flocon
눈두덩	Paupière
눈들	Yeux
눈망울	Gloe (Gloe de l'oeil)
눈물	Larme
눈부시오	Éblouir
눈부시오	Éblouissant, Offusquer
눈셥	Sourcil
눈짓	Signe
눌녀 바수오	Écraser
눌늠	Oppression
눌이오	Comprimer
눕소	Coucher (se)
뉘시오	Qui est là (Qui êtes-vous)
뉘웃치오	Repentir (se)
뉘웃침	Repentir
느러놋소	Parsement
느져지오	Retarder

늑방	Côté
는	Quand
늙어 가오	Vieillir
늙어쓸 ᄣᆡ	Vieillesse
늙은	Vieux
늙은이	Vieillard
늣게	Retard, Tard
늣소	Tard
늣주오	Desserrer, Relaxer
늣추오	Desserrer
능 [*能]	Capacité
능 [*陵]	Tombe Royal
능 잇ᄂᆞᆫ	Puissant
능금	Pomme
능금나무	Pommier
능업슴	Impuissance
능욕	Ignominie
능이 가지 못ᄒᆞ오	Inabordable
능치 못ᄒᆞ오	Impossible, Incapable
능치 못ᄒᆞᆷ	Impossibilité, Incapacité
능히 잡지 못ᄒᆞ오	Imprenable
능ᄒᆞ오	Capable, Possible, Pouvoir
능ᄒᆞᆷ	Possibilité
니 [*기생충]	Pou
니 [*치아]	Dent
니르오	Arriver
니불	Couverture
니애기ᄒᆞ오	Conter
니야기	Histoire
니야기ᄒᆞ는 사람	Historien

니야기ᄒᆞ오	Raconter
닉음	Maturité
닉킴	Exercice
닌ᄉᆡᆨ	Avarice
닌ᄒᆞᆫ 사람	Avare
닐흔 된	Septuagénaire
님군	Roi
님군 드러ᄂᆡ오	Détrôner
님군 잇는 나라	Monarchie
님근 노릇ᄒᆞ오	Régner
님근나라	Royaume
님금	Souverain
ᄂᆞᆫ 곳	Natif
ᄂᆞᆫ옴	Division
ᄂᆞᆫ호오	Distraire, Diviser
ᄂᆞᆫ호지 못ᄒᆞ오	Indivisible
ᄂᆞᆫ화주는 사람	Distributeur
ᄂᆞᆫ화주오	Distribuer
ᄂᆞᆫ화줌	Distribution
ᄂᆞᆺ질ᄒᆞ오	Faucher
ᄂᆡ [*川]	Canal, Rivière
ᄂᆡ놋소	Exposer
ᄂᆡ둘너 쓰오	Griffonner
ᄂᆡ리는 약	Purgatif
ᄂᆡ리오	Rabaisser
ᄂᆡ리키오	Baisser
ᄂᆡ보ᄂᆡ오	Renvoyer
ᄂᆡ부ᄃᆡ신	Ministre (Ministre Intérieur)
ᄂᆡ실	Sérail
ᄂᆡ쫏소	Expulser

ᄂᆡ외 상반된	Équivoque
ᄂᆡ좇소	Répudier
ᄂᆡ지	Intérieur
ᄂᆡᆷᄉᆡ나오	Odoriférant
ᄂᆡᆼ슈	Froid (De l'eau froide)

다

다 되겟소	Perfectible
다 업서지오	Tarir
다 집어내오	Débarrasser
다 타오	Consumer
다니오	Marcher
다듬소	Éplucher
다듬이ᄒᆞ오	Battre
다라나오	Fuir
다라나오	Enfuir (s')
다람쥐	Écureuil
다러나오	Échapper
다러올니오	Hisser
다러올이오	Attirer
다렷소	User
다려오오	Mener
다르오	Différent
다르케	Autrement, Différemment
다른 것	Autre

다른 듸	Ailleurs
다른 사람	Prochain
다름	Différence
다름박질	Course
다름박질 ᄒᆞ오	Courir
다리	Jambe, Patte
다리 난간	Parapet
다리 오굼지	Jarret
다리고 가오	Amener
다림	Niveau
다림 보오	Ajuster
다만	Seulement
다만	Pourvu que
다사림	Régime
다스리오	Gouverner
다시	Nouveau (de nouveau)
다시 곳치오	Réformer
다시 곳침	Réforme
다시 나오	Régénérer
다시 나음	Régénération
다시 난호오	Subdiviser
다시 난홈	Subdivision
다시 낫소	Renaître
다시 놋소	Remettre
다시 ᄂᆞ오	Reproduire
다시 덥소	Recouvrir
다시 말ᄒᆞ오	Répéter
다시 미트리오	Repousser
다시 ᄆᆡ오	Rattacher, Relier, Renouer
다시 보오	Revoir

다시 불 켜오	Rallumer
다시 살아나오	Ressusciter
다시 살아남	Résurrection
다시 설시ᄒᆞ오	Rétablir
다시 설시ᄒᆞᆷ	Reprise
다시 ᄭᅮ미오	Repeindre
다시 ᄯᅥ러지오	Retomber
다시 안지오	Rasseoir (se)
다시 여오	Rouvrir
다시 읏소	Regagner
다시 인도ᄒᆞ오	Reconduire
다시 일으오	Redire
다시 읽소	Relire
다시 잘아오	Repousser
다시 잡소	Rattraper
다시 쟝가드오	Remarier (se)
다시 졉소	Replier
다시 조직ᄒᆞ오	Réorganiser
다시 조직ᄒᆞᆷ	Réorganisation
다시 지나오	Repasser
다시 짓소	Rebâtir
다시 챶소	Rechercher
다시 휘오	Recourber
다시 ᄒᆞ오	Reconnaître, Réitérer
다시르오	Administrer
다시마	Algue
다ᄉᆞ리오	Diriger, Régir
다오	Atteindre
다오 [*계량]	Peser
다오 [*맛]	Doux, Sucré

다오 [*매달다]	Suspendre
다음	Prochain
다음에	Après
다음이오	Postérieur
다ᄒᆞ오	Perpétrer
닥드리오	Heurter
닥소	Essuyer, Nettoyer
단	Frange
단것	Vinaigre
단님	Jarretière
단단이 ᄆᆡ오	Resserrer
단단ᄒᆞ오	Ferme, Raide
단단ᄒᆞᆫ	Fort
단추	Bouton
단추 ᄲᅦ오	Déboutonner
달	Lune, Mois
달게 ᄒᆞ오	Sucrer
달곡질	Sanglot
달나오	Demander
달녀드오	Élancer (s')
달년	Pratique
달년ᄒᆞ오	Pratiquer
달니	Autrement, Séparément
달니ᄒᆞ시오	Autrement (Faites autrement)
달아 둠	Suspension
달아보오	Pondérer
달아볼 만ᄒᆞ오	Pondérable
달아봄	Pondération
달어보오	Peser
달이 저오	Boiter

달이 찻소	Lune (Lune pleine)
달팽이	Escargot
닭	Coq, Poulet
닭 쎗	Crête
닭의 장	Poulailler
담	Mur
담 [*痰]	Gastrite, Rhumatisme, Vérole (grosse)
담 [*膽]	Humeur
담 넘소	Escalader
담 젹소	Pusillanime
담 젹음	Pusillanimité
담긔	Audace
담당	Obligation, Responsabilité
담당이오	Responsable
담대ᄒᆞ오	Intrépide
담ᄃᆡ	Courage
담ᄃᆡ	Hardiesse
담ᄃᆡᄒᆞ오	Ardent, Courageux, Hardi, Téméraire
담ᄃᆡᄒᆞᆷ	Témérité
담배쌈지	Blague (à tabac)
담복 알ᄂᆞᆫ 쟈	Hydropique
담비	Blaireau
담ᄇᆡ	Tabac
담ᄇᆡ 먹소	Fumer
담ᄇᆡ대	Pipe
담ᄇᆡ쌈지	Tabatière
담아 두오	Introduire
담아 둠	Introduction
담잇ᄂᆞᆫ	Audacieux
답답ᄒᆞ오	Inquiet, Inquiéter

답장	Réponse
닷소	Fermer
닷시 넛소	Remballer
닷시 엇소	Retrouver
닷쥴 감는 물네	Treuil
닷치오	Fermer
닷톰	Rixe
당	Parti, Partisan
당되오	Liguer (se)
당머리	Casquette
당버들	Peuplier
당신	Vous (Vous très-poli)
당이 질우	Boueux
당장	Syphilis
당치안소	Impropre
당할 만ᄒᆞ오	Supportable
당ᄒᆞ오	Fournir
대	Bambou
대개	Environ, Près (A peu près)
대단히	Excessivement
대단히 크오	Énorme
대단ᄒᆞ오	Véhément
대례	Solennité
대로	Fureur
대림이	Fer (Fer à repasser)
대머리	Calvitie
대신ᄒᆞ오	Suppléer
대암쟝이	Chaudronnier
대쟝간	Établi
대접ᄒᆞ오	Convier, Loger

대ᄌᆡ 직히오	Jeûner
대쳡ᄒᆞ오	Inviter
대초	Datte
대텬신	Archange
더	Plus, Puis
더 갓가이	Plus (Plus près)
더 늣게	Plus (Plus tard)
더 멀니	Plus (Plus loin)
더 멱이오	Nourrissant
더 일느게	Plus (Plus tôt)
더 잇다가	Ultérieurement
더 죠소	Préférable
더 죠아ᄒᆞ오	Préférer
더 죠아ᄒᆞᆷ	Préférence
더 주오	Munir
더 줌	Surcharge
더 쥬오	Augmenter
더듬소	Tâtonner
더듬어	Tâtons (à)
더듸	Lentement
더ᄃᆡ오	Tarder
더락더락 먹소	Dévorer
더러온	Sordide
더럽소	Sale
더리고 가오	Emmener
더우온	Chaud
더운 물	Chaud (De l'eau chaude)
더웁게 ᄒᆞ오	Chauffer
더위	Chaleur
더주오	Surcharger

더ᄒᆞ오	Ajouter, Redoubler, Suppléer, Surcharger
더 ᄒᆞᆷ	Surcharge
덕국	Allemagne
덕국 공사관	Allemagne (Légation d'Allemagne)
덕국 사람	Allemand
덕힝	Vertu
덕힝 잇소	Vertueux
던지오	Jeter, Lancer, Projeter
던짐	Projection
덜	Campagne, Moins
덜 주오	Retrancher
덜돳소	Imparfait
덜되오	Inachevé
덜됨	Imperfection
덜사람	Campagnard
덤풀	Taillis
덥게 ᄒᆞ오	Réchauffer
덥소	Chaud, Couvrir
덧	Piège, Trappe, Voile
덧문	Contrevent
덩어리	Morceau
뎌	Cet
뎌긔	Là
뎌긔로	Par l'à
뎌져이 올소	Précis
뎍당ᄒᆞ오	Opportun
뎍당ᄒᆞᆷ	Opportunité
뎍실ᄒᆞ오	Légitime
뎐당	Gage
뎐당국	Mont-de-piété

뎐면	Façade
뎐보	Dépêche, Télégramme
뎐보국	Télégraphe
뎐보ᄒᆞ오	Télégraphier
뎐수	Totalité
뎐쟝	Bataille
뎐ᄒᆞ오	Transmettre
뎐홈	Transmission
뎡강이	Tibia
뎡ᄇᆡ	Exil
뎡졀	Virginité
뎡치 못ᄒᆞ오	Indécis, Indéterminé
뎡치 못홈	Indécision, Indétermination
뎡한	Délai, Sursis
뎡ᄒᆞ오	Statuer
뎨ᄃᆡ	Autel
뎨목	Thèse
뎨일	Surtout
도	Aussi
도금	Émail
도라가오	Mort
도라오오	Retourner, Revenir
도랑	Rigole
도러가오	Détourner
도러다니오	Parcourir, Rôder
도러다님	Parcours
도러오오	Virer
도로 가져가오	Remporter
도로 가져오오	Rapporter
도로 구ᄒᆞ오	Redemander

도로 두오	Replacer, Reposer
도로 드러오오	Rentrer
도로 밧고오	Rechanger
도로 부르오	Rappeler
도로 부름	Rappel
도로 시작ᄒᆞ오	Recommencer
도로 ᄶᅥ러진 사람	Récidiviste
도로 ᄶᅥ러짐	Récidive
도로 ᄲᅢ앗소	Reprendre
도로 엇소	Récupérer
도로 ᄎᆞᆺ소	Réclamer
도로다니오	Circuler
도리개	Fléau
도망	Élan, Évasion, Fuite
도망군	Fugitif
도망ᄒᆞ오	Déserter, Élancer (s')
도모지	Jamais, Rien
도모지 모르오	Inconnu
도문	Litanies
도ᄇᆡ	Tapisserie
도ᄇᆡᄒᆞ오	Tapisser
도아주오	Subvenir
도아줌	Subvention
도야지 고두리	Groin
도와주오	Coopérer, Seconder
도와쥬오	Aider
도쟝	Sceau
도쟝 찍소	Signer
도적놈	Voleur
도적질	Vol

도적질ᄒᆞ오	Dérober, Voler
도적 졉주인	Recéleur
도적질ᄒᆞᆫ 물건 사오	Recéler
도쥬ᄒᆞ오	Évader (s')
도취	Collection
도취ᄒᆞ는 사람	Collectionneur
도취ᄒᆞ오	Collectionner
도투리	Gland
도합	Total, Totalité
도합헤서	Totalement
독	Venin, Virus
독 잇소	Vénéneux, Venimeux
독긔	Cognée, Hache
독긔질ᄒᆞ오	Hacher
독닙	Indépendance
독닙요	Indépendant
독샤	Vipère
독슈리	Vautour
독ᄒᆞ오	Fort
돈 [*獤]	Marte
돈 [*화폐]	Argent, Monnaie, Somme
돈 갑소	Rembourser
돈 갑을 ᄒᆞᆫ	Échéance
돈 거두오	Quêter
돈 밧듬	Recette
돈 버오	Garner
돈 별니	Rente
돈 쓰기 시려ᄒᆞ오	Lésiner
돈 쓸 만ᄒᆞ오	Pécuniaire
돈주머니	Bourse

돈피	Marte
돌 [*年]	Anniversaire
돌 [*石]	Pierre
돌 감	Pavé
돌 까오	Paver
돌녀보ᄂᆡ오	Rendre
돌니오	Remonter
돌멩이	Grés, Pierre
돌미	Rotation
돌보ᄂᆞᆫ	Favorable
돌보오	Favoriser
돌봄	Faveur
돌사람	Statue
돌져긔	Gond
돌젹위	Charnière
돌졈	Carriére
돌질ᄒᆞ오	Lapider
돕는 사람	Assistant
돕는 사람	Aide
돗ᄃᆡ	Mât, Mâture
돗자리	Natte
동 [*東]	Est
동	Galon
동 잘 못 누오	Constiper
동고라미	Cercle
동관	Collègue
동구ᄅᆡ미	Rond, Zéro
동굴게 ᄒᆞ오	Arrondir
동그오	Rond
동네	Arrondissement

동녹	Vert-de-gris
동녹	Rouille
동녹 벗기오	Dérouiller
동녹시오	Rouiller
동뉴	Égalité
동뉴	Race
동ᄃᆡ문	Porte (Porte De l' Est)
동모	Condisciple
동밍	Allié
동밍ᄒᆞ오	Allié
동산	Jardin
동산직이	Jardinier
동생	Frère
동ᄉᆞ	Verbe
동안	Pendant, Période
동안에	Tandis que
동의	Urne
동젼	Sou
동졍 살핌	Espionnage
동ᄌᆞ	Prunelle
동치 안음	Inertie
동편	Est, Orient
동편이오	Oriental
동힝	Compagnon
되강오리	Sarcelle
되문	Porte (Porte de derrière)
되불너옴	Rêvocation
되야지	Cochon, Porc, Pourceau
되야지 기름	Saindoux
되야지 다리	Jambon

되오	Devenir
됴션	Corée
됴션 녀편네	Coréenne
됴션 사람	Coréen
됴소	Bon, Bon (C'est bon)
됴슈	Marée
됴츌ᄒᆞ오	Méticuleux
됴치 못한 마음	Tourment
됴치 안소	Mauvais
됴치 안어 ᄒᆞ오	Tourmenter
됴흔 것 갓소	Sembler
두 가지	Sorte (Deux sortes)
두 번	Fois (Deux fois)
두겁	Tube
두겁이	Crapaud
두겹	Double
두골	Crâne
두더지	Taupe
두드리오	Frapper
두레박	Puisette
두루는	Tournant
두루막이	Jaquette, Manteau, Tunique
두루오	Percer, Tourner
두르막이	Pardessus
두목	Chef
두오	Mettre, Placer, Poser, Situer
둘녀싸오	Environner
둘누오	Entourer
둘소	Percer, Transpercer
둘으오	Voiler

둠	Situation
둣겁게ᄒᆞ오	Épaissir
둣겁소	Épais
둣게	Épaisseur
둥군 것	Sphère
둥싯둥싯홈	Tangage
뒤	Arrière, Dermer
뒤 싱각 업소	Imprévoyant
뒤 싱각 업슴	Imprévoyance
뒤간	Latrines
뒤닛는 자	Successeur
뒤동수	Occiput
뒤짬	Water-closet
뒤에	Ensuite
뒤잇소	Succéder
뒤즙어	Envers (à l'envers)
뒤즙소	Remuer
뒤집음	Inversion
뒤희	Derrière
뒴	Bond
드둠드둠ᄒᆞ오	Chanceler
드러가오	Pénétrer
드러내오	Oter
드러ᄂᆡ 뵈	Manifestation
드러ᄂᆡ 뵈면셔	Manifestement
드러ᄂᆡ 뵈오	Manifeste, Manifester
드러ᄂᆡ오	Enlever, Public
드러오시오	Entrer
드러오오	Entrer
드러온 계집	Salope

드러옴	Saleté
드러운 것	Immondice
드러운 놈	Canaille
드러운 말	Saloperie
드러운 사람	Saligaud
드럼	Tache
드럼 뭇소	Tacher
드레오	Barbouiller, Gâcher
드례오	Salir
드리오	Offrir, Présenter
드무오	Rare
드물게	Rarement
드물지 안케	Vulgairement
드뭄	Rareté
드오 [*가입하다]	Incorporer
드오 [*올리다]	Élever, Soulever
드오 [*투과시키다]	Perméable
들	Les, Mes, Nos, Ses
들보	Poutre, Solive
들지 안소	Imperméable
들키오	Surprendre
들킴	Surprise
듦	Soulèvement
듯기 실소	Taire (se) (Taisez-vous)
듯소	Démonter, Écouter, Entendre
등 [*燈]	Lanterne
등 [*等]	Degré
등 [*藤]	Jonc, Rotin
등 [*背]	Dos
등걸불	Braise

등고리	Gilet
등농	Lampion
등ᄲᅧ	Vertèbre
등아	Taon
등자	Étrier
등잔	Veilleuse
등탑	Phare
등피	Verre (de lampe)
듸오	Ceindre
디방	Région
디암	Fosse
ᄃᆞ러ᄂᆞ오	Sauver (se)
ᄃᆞ리 [*교각]	Pont
ᄃᆞ시 ᄒᆞ오	Refaire
ᄃᆞ오 [*맛]	Suave
ᄃᆞᆫᄃᆞᆫ이	Solidement
ᄃᆞᆫᄃᆞᆫᄒᆞ오	Dur, Solide
ᄃᆞᆯ력	Almanach
ᄃᆞᆰ걀	Oeuf
ᄃᆡ궐	Palais
ᄃᆡ단이	Trop
ᄃᆡ단이 크오	Immense, Spacieux
ᄃᆡ답	Réplique, Réponse
ᄃᆡ답ᄒᆞ시오	Réponse (Répondez-moi)
ᄃᆡ답ᄒᆞ오	Répliquer, Répondre
ᄃᆡ로	Selon
ᄃᆡ리	Dictateur
ᄃᆡ리 국졍	Régent
ᄃᆡ리미질ᄒᆞ오	Repasser
ᄃᆡ림	Mire

ᄃᆡ림 보오	Viser
ᄃᆡ문	Porte (Porte de devant)
ᄃᆡ물니오	Hériter
ᄃᆡ물닌 것	Héritage
ᄃᆡ신	Ministre
ᄃᆡ신ᄒᆞ오	Substituer
ᄃᆡ신ᄒᆞᆷ	Substitution
ᄃᆡ안구	Canon
ᄃᆡ여	Cuvette
ᄃᆡ원슈	Général
ᄃᆡ인	Monsieur (Monsieur très-poli)
ᄃᆡ장	Général
ᄃᆡ졉	Bol
ᄃᆡ졉 잘못ᄒᆞ오	Maltraiter
ᄃᆡ졍간	Forge
ᄃᆡ졍쟁이	Forgeron
ᄃᆡ츄	Jujube
ᄃᆡ츄나무	Jujubier
ᄃᆡ통녕	Président (Président République)
ᄃᆡ포	Canon
ᄃᆡ포 쳘환	Boulet
ᄃᆡ풍	Ouragan
ᄃᆡᄑᆡ	Rabot
ᄃᆡᄑᆡ밥	Copeau
ᄃᆡᄑᆡ질ᄒᆞ오	Raboter
ᄃᆡ하야	Face (En face)
ᄃᆡ한	Corée (nouveau)
ᄃᆡᄒᆡ셔	Contre
ᄃᆡᆨ	Château, Maison, Vous

라

량반	Noble
량션홈	Mansuétude
량싱ᄒᆞ는 것	Subsistance
렴치	Pudeur
령사	Consul
령사관	Consulat
례 안난	Civil
례답지 안소	Indécent
례답지 안음	Indécence
례모	Civilité, Urbanité
례물	Don
례식	Étiquette (Étiquette cérémonial)
례절	Rite
로	En, Par
롱담	Facétie
류	Genre
리	Kilomètre (1/2)
리익	Usure
릐일	Demain

마

마고	Indiscrètement
마구	Écurie
마군	Cavalier
마귀	Diable
마누라	Matrone
마늘	Ail
마늘 흔 돌	Ail (Gousse d'ail)
마는	Toutefois
마는 등불	Illumination
마는 등불 켜오	Illuminer
마니	Tant
마ᄂᆞᆫ	Mais
마다	Chaque
마당	Aire, Cour, Place
마당ᄒᆞ오	Devoir
마당ᄒᆞᆫ	Digne
마데	Mot
마려두오	Négliger

마련ᄒᆞ오	Préoccuper
마련홈	Préoccupation
마루	Parquet
마루	Plancher
마루 노오	Parqueter
마루 놋소	Planchéier
마름	Métayer
마리	Pièce
마마	Vérole (petite)
마부	Conducteur (du cheval)
마시오	Boire
마오	Enrouler, Rouler
마음	Coeur
마음으로	Coeur (Avec coeur)
마음이 갈니오	Distraire
마졍징이	Blanchisseuse
마조막	Finalement
마쥬치오	Rejoindre
마즈막	Extrémité
마차	Voiture
마치오	Finir
막대	Bâton
막ᄃᆡ	Canne
막소	Boucher, Exclure, Obstruer
막음	Exclusion
막음	Obstacle
막ᄋᆡ	Bouchon
만	Myriade, Seulement
만 ᄒᆞ오	Égaler
만다오	Former

만드는 곳	Usine
만드는 집	Manufacture
만만코	Certainement (Très-certainement)
만삭되오	Grossesse
만소	Pluriel
만음	Pluralité
만일	Si
만지오	Atteindre, Toucher
만짐	Atteinte
만히	Beaucoup
말 [*단위]	Boisseau
말 [*馬]	Cheval
말 [*言]	Langage, Mot, Parole, Propos
말 마시오	Taire (se) (Taisez-vous)
말 끈소	Interrompre
말 끈음	Interruption
말 아니ᄒᆞ오	Taire (se)
말 아니ᄒᆞᆷ	Mutisme
말 조케 ᄒᆞ는 사람	Optimiste
말 헛나감	Lapsus
말갈기	Crinière
말고	Hors, Indépendamment, Sauf
말넛소	Sec
말노 싸호오	Disputer
말노 ᄒᆞ오	Oral
말느오	Tarir
말니오 [*건조]	Sécher
말니오 [*싸움 -]	Apaiser
말다툼	Discussion
말동	Crottin

말벌	Guêpe
말숙ᄒᆞ오	Transparent
말숙홈	Transparence
말뚝	Piquet
말아오	Dire
말으오	Sécher
말장	Pieu, Piquet
말죽	Fourrage
말지	Extrême
말총	Crin
말편자	Fer (Fer à cheval)
말편자 장사	Maréchal
말ᄒᆞ는 법	Expression, Locution
말ᄒᆞ오	Parler
맛	Appétit, Goût
맛 죠소	Succulent
맛기오	Confier, Fier (se)
맛김	Confiance
맛남	Rencontre
맛ᄂᆞ오	Rencontrer
맛보오	Goûter
맛찬가지로	Pareillement
맛찬가지오	Autant, Pareil, Semblable
맛쳣소	Fin (C'est la fin)
맛치	Marteau
맛치오	Accomplir, Achever, Périmer, Terminer
맛치질 ᄒᆞ오	Marteler
맛침	Accomplissement, Fin
맛침네	Enfin
망건	Serre-tête

망ᄃᆡ	Tour
망신	Déshonneur
망신식이오	Diffamer
망신ᄒᆞ오	Deshonorer
망아지	Poulain
망함	Faillite
망ᄒᆞ오	Faillir, Ruiner
망ᄒᆞᆷ	Ruine
매돌	Meule
매오 [*채우다]	Combler
매오 [*김-]	Sarcler
매화	Rosier
머리	Tête
머리 단장	Coiffure
머리 단장ᄒᆞ는 사람	Coiffeur
머리 몟소	Chauve
머리 빗소	Peigner
머리골	Cerveau
머리수건	Turban
머리ᄯᆡ	Pellicule
머리털	Chevelure
머무르오	Rester, Stationner
머무름	Station
머오	Loin
먹	Encre
먹고 살 돈 주오	Retraiter
먹는 사람	Mangeur
먹소	Boire, Manger
먹어라	Boire
먹으시오	Boire

먹을 만ᄒᆞᆫ	Potable
먹이오	Nourrir
먹장 가러 부니 갓소	Livide
먹통	Écritoire, Encrier
먼	Lointain
먼져 가오	Précéder
먼져 보지 못ᄒᆞ오	Imprévu
먼져요	Précédent
먼지	Poussière
멀니	Loin
멀니ᄒᆞ오	Éloigner, Prolonger
멀니홈	Éloignement, Prolongement
메공이	Pilon
메궝이	Maillet
메독이	Sauterelle
메두리	Sandale
며나리	Belle-fille, Bru
며ᄂᆞ리발톱	Éperon
면 [*만일]	Si
면 [*面]	Face, Surface
면관썩이오	Révoquer
면당햇소	Verbalement
면둘네	Chicorée, Laitue, Pissenlit
면류관	Tiare
면부득이오	Imminent, Obligatoire
면역	Effort
면치 못홀	Inévitable
면투	Pain
면화나무	Cotonnier
몃	Quelque

몃 ᄀᆡ	Quelqu'un (Quelques-uns)
명	Vie, Vitalité
명 보젼ᄒᆞ오	Vivre
명경	Glace (Glace miroir), Miroir
명녕	Ordre
명ᄇᆡᆨᄒᆞ오	Net
명ᄇᆡᆨᄒᆞᆷ	Intelligence
명셩	Réputation
명오	Esprit
명오 밝은	Intelligent
명일 [*明日]	Lendemain
명일 [*名日]	Fête
명절	Fête
명찰ᄒᆞ오	Perspicace
명찰ᄒᆞᆷ	Perspicacité
명텹	Carte (de visite)
명함갑	Portefeuille
명ᄒᆞ오	Impératif
모과	Coing
모군	Coolie, Ouvrier
모군군	Journalier, Manoeuvre
모긔	Cousin (moustique), Moustique
모긔쟝	Moustiquaire
모도	Tout (Tout-à-fait)
모두 허오	Saccager
모뒤오	Rassembler, Recueillir
모뒤오	Amasser
모됨	Collection
모든	Tout, Universel
모든 량반	Noblesse

모래무지	Goujon
모레	Après (Après-demain)
모루	Enclume
모르오	Inconscient
모릐	Gravier
모릐 펴오	Sabler
모릐사장	Désert
모릐흑	Sable
모밀	Sarrazin
모시오	Escorter
모양	Apparence, Forme, Type
모의ᄒᆞ는 사람	Complice
모의ᄒᆞ오	Comploter
모이오	Réunir
모젼	Fruiterie
모친	Mère
모친예	Maternel
모퉁이	Coin (extérieur)
모함	Calomnie
모함ᄒᆞ오	Calomnier
모호이 싱각ᄒᆞ오	Imaginer
모호ᄒᆞᆫ 싱각	Imagination
모히오	Assembler, Entasser
목	Cou, Gosier, Portion, Ration
목 비는 긔계칼	Échafaud
목 비오	Décapiter
목 잘늠	Strangulation
목구멍	Gorge
목녹	Table (Index)
목닥	Tam-tam

목단화	Pivoine
목덜미	Nuque
목도리	Col, Cravate
목도ᄒᆞ는 사람	Témoin
목도ᄒᆞ오	Témoigner
목도ᄒᆞᆷ	Témoignage
목도ᄒᆡᆺ소	Oculaire
목동	Berger, Pasteur
목마름	Soif
목물쟁이	Ébéniste
목ᄆᆡ다오	Pendre
목ᄆᆡ담	Pendaison
목ᄆᆡ오	Étrangler, Pendre
목비는 틀	Guillotine
목소ᄅᆡ	Ton
목슈	Charpentier
목슘	Vitalité
목요일	Jeudi
목욕	Bain
목욕통	Baignoire
목욕ᄒᆞ는 ᄌᆞ	Baigneur
목욕ᄒᆞ오	Baigner, Nager
목을 슈	Moyen de manger
목젹	Base
목졋	Larynx
목판	Plateau
목화	Botte
몬져	D'abord
몬져 시작ᄒᆞ오	Entamer
몬지 터오	Épousseter

몰나	Savoir (Je ne sais pas (popul.))
몰닉	Furtif
몰으계	Furtivement
몸	Corps
몸 괴로옴	Malaise
몸갑	Rançon
몸긔운	Tempérament
몹슬 사람	Polisson
몹시	Excessivement
몹시 쓰오	Abuser
못 [*건축]	Clou, Pointe (clou)
못 [*구렁]	Gouffre, Précipice
못 [*연못]	Étang
못 먹을 것	Immangeable
못 보앗소	Voir (Je ne l'ai pas vu)
못 쓰게 ᄒᆞ오	Déformer
못 쓰게ᄒᆞ오	Défaire
못바늘	Épingle
못바늘노 박소	Épingler
못싱긴 놈	Ganache, Sot
못젼	Clouterie
묘막	Mausolée
무	Navet, Rave
무갑시오	Inappréciable
무거리	Son (de blé)
무겁게	Lourdement
무겁소	Lourd, Peser
무게	Pesanteur, Poids
무관	Militaire
무관학교	Militaire (Militaire école)

무궁무진ᄒᆞ게	Infiniment
무궁무진ᄒᆞ오	Infini
무당	Sorcier
무덤	Cimetière, Sépulcre, Tombe
무덤의 비문	Épitaphe
무데기	Tas
무덱이	Entassement
무랑마	Hongre
무러보오	Consulter, Demander
무러봄	Interrogation
무러쥬오	Dédommager
무력	Impuissance
무력ᄒᆞ오	Impuissant
무례	Grossièreté
무례ᄒᆞ게	Incivilement
무례ᄒᆞ오	Grossier, Impoli, Incivil
무례ᄒᆞᆷ	Impolitesse, Incivilité
무뢰지ᄇᆡ	Malfaiteur
무르게 ᄒᆞ오	Macérer
무르오	Tendre
무릅	Genou
무릅 구오	Agenouiller (s')
무릅 숢	Génuflexion
무리	Foule, Quantité
무리ᄆᆡ	Fronde
무명지	Mineur
무법	Désordre
무변	Immensité
무병ᄒᆞ오	Sain, Valide
무복	Malheur

무복ᄒᆞ오	Malheureux
무서온	Redoutable, Terrible
무서워ᄒᆞ오	Appréhender, Redouter
무서워ᄒᆞᆷ	Terreur
무셥소	Effrayé, Peur
무쇠	Fonte
무슈ᄒᆞ오	Innombrable
무식ᄒᆞ오	Ignare, Ignorant, Ignorer
무식ᄒᆞᆫ 사람	Illettré
무식ᄒᆞᆷ	Ignorance
무심	Inadvertance
무어 엇지	Hein !
무엇	Que, Quel, Quoi
무역ᄒᆞ오	Accaparer
무오	Mordre
무우밧	Navet Champ de
무익ᄒᆞ오	Futile, Superflu
무익ᄒᆞᆷ	Futilité
무자위	Pompe
무죄	Innocence
무죄ᄒᆞ오	Innocent
무지게	Arc-en-ciel
무직이	Jupon
무푸레나무	Frêne
무형	Adjectif
무형무쳬ᄒᆞ오	Immatériel
무형ᄒᆞ오	Spirituel
무화과	Figue
무화목	Figuier
무ᄒᆞᆫᄒᆞ오	Illimité

묵샹	Méditation
묵샹ᄒᆞ오	Méditer
문	Porte
문 다더라	Ferme la porte
문 은혈	Loquet
문 자리	Piqûre
문 직히는 병정	Sentinelle
문 ᄒᆞᆫ작	Porte (battant de porte)
문간	Entrée
문갑	Case
문갑에 너오	Caser
문과	Examen (Examen littéraire)
문ᄂᆞᆫ 말	Question
문답	Dialogue, Question
문답ᄒᆞ오	Questionner
문둥이	Lépreux
문둥이병	Lèpre
문박	Faubourg
문법	Grammaire
문빗장	Verrou
문빗쟝	Targette
문셔	Bail, Certificat, Document, Écrit, Inventaire
문씨방	Seuil
문젼	Entrée
문제	Problème
문지르오	Frictionner, Frotter
문지름	Friction
문직이	Portier
문허쓰리오	Détruire
물	Eau

물 나오	Jaillir
물 솟소	Répandre
물 써러지오	Égoutter, Ruisseler
물 쎄는 긔계	Passoire
물 쥬는 통	Arrosoir
물 쥬오	Arroser
물가품 거지오	Écumer
물거품	Écume
물건	Article, Marchandise, Objet
물것	Rivage
물결	Courant, Lame (Lame de la mer), Vague
물고기	Poisson
물그릇	Pot a eau
물깃소	Puiser
물나오	Ternir
물너가오	Reculer
물니지오	Reléguer
물니짐	Relégation
물니침	Répulsion
물독	Cruche
물드리오	Teindre
물명	Substantif
물방울	Goutte (eau)
물병	Carafe
물셩	Digue
물속 바위	Écueil
물싸	Côte (rivage)
물싹춍	Seringue
물언덕	Rivage
물에 덧소	Surnager

물에 싸지오	Plonger
물에 잠그오	Submerger
물에 잠금	Submersion
물오리	Canard
물올음	Sève
물이 나오	Déteindre
물장사	Porteur (Porteur d' eau)
물통	Seau
묽은 것	Liquide
뭇	Fagot
뭇는 사름	Interrogateur
뭇소	Inhumer, Interroger
뭇질너 죽이오	Exterminer
뭉둥구리오	Gâcher (Gâcher mélanger)
뭉치	Boule
뮈워ᄒᆞ오	Haineux
미구망	Anus
미구에	Bientôt
미국	Amérique
미국 사름	Américain
미나리	Céleri (corèen)
미련ᄒᆞ게	Stupidement
미련ᄒᆞ오	Stupide
미련ᄒᆞᆫ	Nigaud
미련ᄒᆞᆷ	Imprudence, Stupidité
미리	Auparavant
미리 뎡ᄒᆞ오	Prédestiner
미리 뎡ᄒᆞᆷ	Prédestination
미리 말ᄒᆞ오	Prédire
미리 말ᄒᆞᆷ	Oracle, Prédiction

미리 보는 사람이오	Prévoyant
미리 보오	Prévoir
미리 이르오	Menacer
미리 이름	Menace
미리 조심ᄒᆞᆷ	Précaution
미모	Sourcil
미셩	Comète
미쇼한	Exigu
미싁	Joli (Jolie fille)
미ᄭᅳ러지오	Glisser
미오	Racler
미워ᄒᆞ오	Détestable, Détester
미쟝이	Maçon
미치오	Enrager
미투리	Soulier (Soulier Corde de papier)
미화ᄒᆞ오	Abhorrer
민난	Révolte
민어	Morue, Saumon
민쥬국	République
민쳡ᄒᆞ오	Adroit
민쳡ᄒᆞ지 안소	Maladroit
밀 [*곡식]	Blé, Froment
밀 [*蜜]	Cire
밀가로	Farine (Farine de blé)
밀국슈	Macaroni
밀기름	Pommade
밀뭇	Gerbe (de blé)
밀밧	Champ (champ deblé)
밀우오	Tergiverser
밀움	Tergiversation

밀위오	Différer
밀침	Impulsion
밀화	Ambre
밉게	Odieusement
밉소	Odieux
밋	Et
밋기	Appât
밋동	Tronçon
밋드리오	Pousser
밋들 만흔	Croyable
밋바다	Fond
밋분	Foi
밋소	Croire
밋지 못ᄒᆞ오	Croire (Je ne vous crois pas), Inadmissible, Incroyable
밋지 안소	Incrédule
밋지 안음	Incrédulité
밋친 계집	Folle
밋친 사람	Fou
밋친기병	Hydrophobie
밋칭병	Rage
밋히	Dèssous
ᄆᆞ음 뎡흠	Résolution
ᄆᆞ음 뎡힛소	Résolu
ᄆᆞ음에 박소	Impressionner
ᄆᆞ음에 업소	Involontaire
ᄆᆞ음에 업시	Involontairement
ᄆᆞᆫ드는 사람	Fabricant
ᄆᆞᆫ드오	Fabriquer, Façonner
ᄆᆞᆰ소	Épurer, Limpide, Pur
ᄆᆞᆰ음	Limpidité

ᄆᆡ	Épervier, Faucon, Milan
ᄆᆡ돌	Moulin
ᄆᆡ돌질ᄒᆞ오	Moudre
ᄆᆡ듭	Attache, Noeud
ᄆᆡ듭 푸오	Dénouer
ᄆᆡᄆᆡᄒᆞ오	Trafiquer
ᄆᆡᄆᆡᄒᆞᆷ	Trafic
ᄆᆡ부	Beau-frère
ᄆᆡ씨	Soeur
ᄆᆡ암이	Cigale
ᄆᆡ오 [*묶다]	Attacher, Nouer
ᄆᆡ오 작소 [*매우]	Moindre
ᄆᆡ우	Très
ᄆᆡ우 괴이ᄒᆞ오	Surnaturel
ᄆᆡ우 됴소	Bon (Très-bon), Meilleur
ᄆᆡ우 됴치 못ᄒᆞ오	Pire
ᄆᆡ우 드럽소	Immonde
ᄆᆡ우 목마르오	Altérer
ᄆᆡ우 볼만ᄒᆞ오	Ravissant
ᄆᆡ우 어엿븜	Vénus
ᄆᆡ우 요긴ᄒᆞᆷ	Urgence
ᄆᆡ우 인ᄒᆞ오	Rapace
ᄆᆡ우 인ᄒᆞᆷ	Rapacité
ᄆᆡ우 작소	Insignifiant
ᄆᆡ일	Quotidien
ᄆᆡᆨ	Pouls
ᄆᆡᆨ슈	Pulsation
ᄆᆡᆨ쥬	Bière
ᄆᆡᆸ소	Acre
ᄆᆡᆼ세	Serment

ᄆᆡᆼ약	Pacte
ᄆᆡᆼ약ᄒᆞ오	Pactiser

바

바구니	Corbeille, Panier
바누질징이	Tailleur
바눌 쒸오	Enfiler
바느질 ᄶᅳᆺ소	Découdre
바느질ᄒᆞ오	Coudre
바늘	Aiguille
바늘통	Étui
바ᄂᆞᆯ실젼	Mercerie
바다	Mer
바다버셧	Éponge
바둑호랑이	Léopard
바든 표	Reçu
바라보오	Apercevoir, Entrevoir
바라오	Espérer
바람 [*공기]	Vent
바람 [*희망]	Espérance, Espoir
바람 쎄오	Dégonfler
바람 한 ᄣᅦ	Rafale

바랑이	Ivraie
바로	Droit
바르게 곳치오	Rectifier
바르게 곳침	Rectification
바르계	Justement
바르오	Juste
바르지 안소	Indirect, Injuste, Malhonnête
바르지 안음	Injustice
바르지 안케	Indirectement
바른 양심	Honnêteté
바른편	Droite
바름	Rectitude
바리	Charge (de boeuf)
바리경	Paris
바리오	Délaisser
바삭이	Idiot
바수오	Briser, Piler
바슈오	Broyer
바싹	Ras
바에	Dont
바외	Roche, Rocher
바외옷	Mousse
바지	Pantalon
바퀴	Poulie
바탕	Substance
박	Gourde
박구면셔	Changement
박구오	Changer
박남회	Exposition
박남회ᄒᆞ오	Exposer

박소	Enfoncer
박ᄉᆞ	Docteur
박아지	Sébile
박음	Impression
박쥐	Chauve-souris
박학ᄉᆞ	Littérateur
박휘	Roue
박휘도리	Essieu
박휘통	Moyeu
반	Demi, Moitié
반갑소	Content
반구	Hémisphère
반다시	Nécessairement
반방어리	Bégue
반복ᄒᆞ오	Inconséquent
반복홈	Inconséquence
반분히	Partiellement
반셕	Roc
반시	Heure
반신불슈 되오	Paralyser
반신불슈병	Paralysie
반신불슈요	Paralytique
반찜 여오	Entr'ouvrir
반자	Plafond
반졀	Alphabet
반쥭	Roseau
반지	Bague
반질반질ᄒᆞ오	Lisse, Uni
반찬	Mets
반포ᄒᆞ오	Promulger

반포ᄒᆞᆷ	Promulgation
반형	Profil
반후과	Dessert
반ᄒᆞᆫ 사람	Fanatique
발 [*簾]	Store
발 [*足]	Pied
발가락	Orteil
발근 사람	Débrouillard
발긔	Liste
발꿈치	Talon
발노 차오	Frapper (Frapper du pied), Ruer
발노 참	Ruade
발뎡	Départ
발명ᄒᆞ오	Justifier
발명ᄒᆡ ᄂᆡ는 사람	Inventeur
발명ᄒᆡ ᄂᆡ오	Inventer
발명ᄒᆡ ᄂᆡᆷ	Invention
발목	Cheville (du pied)
발바닥	Pied
발병	Expédition
발사마	Beaume
발키오	Éclairer
발톱	Griffe, Ongle
밝소	Rationnel
밝이 증거ᄒᆞᆷ	Protestation
밟소	Fouler, Piétiner
밤 [*栗]	Châtaigne
밤나무	Châtaigner
밤나무 밧	Châtaignerie
밤즁	Minuit

밥	Riz (Riz Cuit)
밥 짓는 사람	Cuisinier
밥 짓소	Cuisiner
밥집	Restaurant
밧	Champ, Jardin, Pâturage
밧 가는 사람	Laboureur
밧 가오	Labourer
밧 갊	Labourage
밧게	Hors
밧겻	Dehors
밧고오	Commuer
밧구오	Échanger
밧굼	Échange
밧궈 놓소	Remplacer
밧긔	Dehors
밧두둑	Sillon
밧복이	Hâte
밧부오	Presser
밧분	Urgent
밧븜	Empressement
밧비 얼는	Vite
밧비 오오	Accourir
밧소 [*당하다]	Subir
밧소 [*受]	Accueillir, Recevoir
밧치오	Offrir, Présenter
밧침	Consonne, Offre
방 [*房]	Chambre, Salle
방 [*榜]	Affiche, Annonce
방갓	Chapeau (Chapeau deuil)
방귀	Pet

방귀 뀌오	Peter
방맹이	Battoir
방ᄆᆡ	Liquidation
방ᄆᆡᄒᆞ오	Liquider
방바닥	Parquet
방비ᄒᆞ오	Défendre
방셕	Coussin, Paillasson, Tapis
방아	Moulin
방울	Grelot, Sonnette
방쟝	Rideau
방축	Étang
방탕ᄒᆞ오	Lascif
방탕ᄒᆞᆷ	Lascivité
방패	Bouclier
배 [*과일]	Poire
배 [*신체]	Ventre
배나무	Poirier
버드나무	Saule
버릇	Vice
버릇 업소	Insolent
버릇 업슴	Insolence
버리	Orge
버리오	Abandonner, Réprouver
버림	Abandon
버소	Officiel
버서ᄂᆞ오	Quitter
버섯소	Découvert
버션	Bas, Chaussette
버섯	Champignon
버이오	Dépouiller

번	Coup, Fois
번갈님	Vicissitude
번게	Éclair
번고	Vomissement
번역	Traduction
번역관	Interprète écrivain, Traducteur
번역ᄒᆞ오	Traduire
번역ᄒᆞᆯ 슈 업소	Intraduisible
번적번적ᄒᆞ오	Scintiller
번젼번젼ᄒᆞ오	Étinceler
번형	Transformation
벌 [*곤충]	Abeille
벌 [*罰]	Châtiment, Pénitence, Punition
벌금	Amende
벌네	Insecte
벌셔	Déjà
벌주오	Infliger
벌집	Guêpier
벌통	Abeille (Ruche d'abeilles), Essaim, Ruche
벌할 만ᄒᆞ오	Passible
벌ᄒᆞ오	Châtier, Punir
범홈	Violation
법	Façon, Justice, Loi, Manière, Tenue
법 셰우는 사람	Législateur
법 셰움	Législation
법 어긔면서	Illégalement
법 어긔오	Illégal
법국	France
법국 공사관	France (Légation de France)
법국 사람	Français

법국 셔울	Paris
법국교당	Église (Église française)
법국에	En
법답개	Régulièrement
법답게	Légalement
법답게 ᄒᆞ오	Légaliser
법답게 ᄒᆞᆷ	Légalisation
법답소	Légal, Régulier
법부ᄃᆡ신	Ministre (Ministre Justice)
법식	Méthode
법에 틀니오	Illégitime
벗기오	Découvrir, Oter
벗됨	Étai
벗소	Quitter
벗틔오	Soutenir
벗틤	Soutien
벗티는 것	Support
벗티오	Étayer, Supporter
벙거지	Képi
벙어리	Muet
베	Chanvre
베 입사귀	Feuille (Feuille de chanvre)
베힘	Incision
벼개	Chevet
벼ᄀᆡ	Oreiller
벼락	Foudre
벼락덧	Trappe
벼락치오	Foudroyer
벼란간 나오오	Surgir
벼란간에	Tout (Tout-à-coup)

벼록	Puce
벼슬	Charge (fonction), Fonction
벼슬ᄒᆞ오	Nommer
벼슬홈	Nomination
벽	Mur
벽기는 사람	Copiste
벽기오	Copier
벽돌	Brique
벽돌젼	Briqueterie
벽돌징이	Briquetier
변덕징이	Volage
변박ᄒᆞ오	Réfuter
변박홈	Réfutation
변변치 안소	Médiocre
변변치 안음	Médiocrité
변변치 안케	Médiocrement
변셩	Incognito
변이	Taux
변치 안소	Valable
변치 안이ᄒᆞ오	Invariable
변치 안케	Invariablement
변ᄒᆞ오	Transformer, Varier
변홀 만ᄒᆞ오	Variable
변홈	Mutation, Variété
별	Étoile
별노이	Particulièrement, Spécialement
별니	Intérêt
별실	Concubine
볏	Lumière (Lumière du soleil)
볏소	Vide

병 [*瓶]	Bouteille
병 [*病]	Mal, Maladie
병 다시 남	Rechute
병 만ᄒᆞ오	Malingre
병 목아지	Goulot
병긔	Arme
병뎡	Soldat
병드럿소	Infirme
병들엇소	Malade
병듬	Infirmité
병마개 ᄲᆡ는 것	Tir-bouchon
병법	Tactique
병선	Vaisseau
병신	Estropié, Idiot
병신 ᄆᆞᆫ드오	Mutiler
병신 ᄆᆞᆫ듦	Mutilation
병아리	Poussin
병안ᄒᆞ시오	Bonjour (très poli)
병원	Hôpital, Hospice
병정 두루마기	Capote
병정 파수간	Guérite
병지	Soie
베기오	Transcrire
베힘	Section
보고	Rapport
보교	Chaise
보내미	Envoi
보내오	Envoyer
보ᄂᆡ오	Expédier
보다	Que

보두오	Assurer
보라 가오	Visiter
보라요	Violet
보람	Étiquette
보료	Tapis
보ᄅᆞᆷ [*보람]	Symbole
보롬 [*보름]	Quinzaine
보배	Bijou
보병	Infanterie
보ᄇᆡ	Trésor
보ᄇᆡ롭소	Précieux
보살피오	Procurer
보살핌	Procuration
보셔오	Garantir
보셕	Bijou, Diamant, Pierreries
보셕장사	Bijoutier
보셕젼	Bijouterie
보습	Charrue (Soc de charrue)
보시오	Voci
보ᄉᆞᆯ피오	Surveiller
보오	Voir
보은	Gratitude
보젼	Conservation
보젼ᄒᆞ는 사람	Conservateur
보젼ᄒᆞ오	Conserver, Préserver
보젼ᄒᆞᆷ	Préservation
보졍	Garantie
보졍인	Garant, Répondant
보지 안소	Inaperçu
보촌ᄒᆞ오	Garder

보탑	Citadelle, Tour
보호	Protection
보호병	Escorte
보호ᄒᆞ는 사람	Protecteur
보호ᄒᆞ오	Protéger
보환	Restitution
보환ᄒᆞ오	Restituer
보ᄒᆞ오	Référer
보힝군	Messager
복	Bonheur
복병	Embuscade
복숑아	Pêche (fruit)
복숑아나무	Pêcher
복약	Purgation
복자	Litre
복쟝	Uniforme
복통	Colique
본	Moule
본국	Patrie
본국 것시오	National
본문	Texte
본문으로	Textuellement
본밧소	Imiter
본밧을 만ᄒᆞ오	Imitable
본밧음	Imitation
본분	Devoir, Obligation, Oeuvre
본싀	Échantillon, Modèle
본젼	Mise
본집	Domicile
볼만ᄒᆞ오	Admirable

볼만ᄒᆞᆫ 것	Admiration, Curiosité
볼일 ᄂᆡ로	Incessamment
봄 [*계절]	Printemps
봄 [*시각]	Vue
봉급	Appointements, Traitement
봉도리	Pic
봉욕	Flétrissure
봉지	Paquet
봉지 ᄲᅦ오	Décacheter
봉투	Enveloppe
봉ᄒᆞ오	Envelopper
뵈이게	Visiblement
뵈이지 안소	Invisible
뵈일 만ᄒᆞ오	Visible
뵈임	Vision
볽잇ᄶᅣᆨ	Fesse
부감독	Sous-Directeur
부국 ᄒᆞᆯ ᄉᆡᆼ각	Patriotisme
부국 ᄒᆞᆯ ᄉᆡᆼ각 잇는 사람	Patriote
부귀	Opulence
부는 것	Sifflet
부닥ᄒᆞ오	Recommander
부두	Quai
부드러온	Flexible
부드러움	Souplesse
부드럽게 ᄒᆞ오	Ramollir
부드럽소	Souple, Velouté
부ᄃᆡ	Surtout
부러	Exprès
부르시오	Appeler

부르오	Appeler
부르틈	Pustule
부름	Vocation
부모	Parents
부모 업는 계집아희	Orpheline
부모 업는 아희	Orphelin
부모 업는 아희 기르는 집	Orphelinat
부모 죽임	Parricide
부비	Dépense
부삽	Bêche, Pelle à charbon
부샹	Colporteur (de vases)
부스럼	Furoncle
부언	Exagération
부언ᄒᆞ오	Exagérer
부엉이	Hibou
부엌	Cuisine
부엌세간	Ustensile
부영ᄉᆞ	Vice-consul
부오	Souffler
부인	Madame
부자 되오	Enrichir (s')
부자 만드오	Enrichir
부쟈	Riche
부족ᄒᆞᆫ	Insuffisant
부죡되오	Manquer, Priver
부죡병	Poitrinaire
부죡ᄒᆞᆷ	Privation
부즈런이 ᄒᆞ오	Zélé
부즈런ᄒᆞᆷ	Zèle
부지런치 안소	Inactif

부지런ᄒᆞ게	Activement
부지런ᄒᆞ오	Actif, Studieux
부지불각에	Improviste (à l')
부징병	Hydropisie
부ᄌᆞ런ᄒᆞᆫ	Laborieux
부ᄌᆞ른ᄒᆞ오	Diligent
부쳐 [*부처모양]	Idole
부쳐 [*석가모니]	Bouddha
부쳐 [*식물]	Échalote
부치오	Appartenir
부터	Depuis, Dès
부헝	Chat-huant
부활ᄒᆞ오	Ressusciter
부ᄒᆞ게	Richement
부ᄒᆞ오	Gras, Opulent
북 [*악기]	Tambour
북 [*北]	Nord
북경	Péking
북극	Pôle
북두셩	Polaire (étoile)
북문	Porte (Porte du Nord)
북을 향ᄒᆞ서	Vers (Vers le nord)
북편	Nord
분 [*分]	Minute
분 [*粉]	Céruse, Poudre de riz
분 [*사람]	Personnage
분 것	Grosseur
분 바르오	Farder
분계	Frontière
분국	Succursale

분국 사람	Indigène
분급	Distribution
분긔	Colère
분로	Fureur
분명	Évidence
분명이	Clairement, Évidemment, Incontestablement
분명ᄒᆞ오	Clair, Incontestable
분법	Division
분별	Différence, Organisation
분별 아니함	Désorganisation
분별 업소	Indifférent
분별 업슴	Indifférence
분별 업시	Indifféremment
분별지 안소	Désorganiser
분별ᄒᆞ오	Discerner, Distinguer, Organiser
분부	Ordre
분부ᄒᆞ면서	Impérativement
분부ᄒᆞ오	Ordonner
분부홈	Prescription
분심	Distraction
분주ᄒᆞ오	Occuper
분주홈	Occupation
분필	Craie
분ᄒᆞ게	Indignement
분ᄒᆞ게 ᄒᆞ오	Indigner
분ᄒᆞ오	Fâcher, Indigne
분ᄒᆞᆫ	Furieux, Irrité
분홈	Indignation
불	Feu
불 잡소	Éteindre

불 켜오	Allumer
불가ᄒᆞ오	Illicite
불난셔	France
불니오	Gonfler
불덩어리	Tison
불도 ᄒᆞ는 사람	Idolâtre
불도 ᄒᆞᆷ	Idolâtrie
불목	Désaccord
불민ᄒᆞᆷ	Maladresse
불상ᄒᆞ오	Malheureux, Misérable
불샹ᄒᆞᆷ	Pitié
불슌ᄒᆞ오	Inclément, Indocile
불슌ᄒᆞᆷ	Inclémence
불쏫	Flamme
불쏫 니러나오	Enflammer
불똥	Étincelle
불안ᄒᆞ오	Déplaire
불지르는 사람	Incendiaire
불집게	Mouchettes
불타오	Brûler
불합ᄒᆞ오	Répugner
불효ᄒᆞ오	Impie
불효ᄒᆞᆷ	Impiété
불ᄒᆞᆸᄒᆞᆷ	Répugnance
불ᄒᆡᆼᄒᆞᆫ	Funeste
붉과ᄒᆞᆫ	Vermeil
붉소	Rouge
붉으스럼ᄒᆞ오	Rougeâtre
붉은 빗	Rouge (Rouge Couleur)
붊	Souffle

붓	Pinceau
붓그러온	Ignominieux
붓그러옴	Honte
붓그러운 짓	Scandale
붓그럽게	Honteusement
붓그럽소	Honteux
붓ᄂᆞᆫ 병	Tumeur
붓두겁	Pinceau (Etui du pinceau)
붓드오	Retenir
붓소	Enfler, Gonfler (se), Souder
붓잡소	Attraper, Tenir
붓잡어 오오	Ramener
붓잡을 만ᄒᆞ오	Palpable
붓잡을 슈 업ᄂᆞᆫ	Insaisissable
붓촉	Plume
붓치	Éventail
붓치오	Coller, Joindre, Livrer
붓ᄎᆡ질ᄒᆞ오	Éventer
붕어	Carpe
뷘	Vide
비 [*碑]	Monument
비 [*기상]	Pluie
비 [*빗자루]	Balai
비 마니 오오	Pluvieux
비 맛소	Mouiller
비 오	Pleuvoir
비게	Graisse (Graisse de porc)
비게질ᄒᆞ오	Graisser
비계	Échafaudage, Lard
비계ᄆᆡ오	Échafauder

비눌	Écaille
비눌 긁소	Écailler
비단	Soie
비단이오	Soyeux
비들거리오	Tituber
비들기장	Pigeonnier
비듥이	Colombe
비듥이쟝	Colombier
비러 가는 사람	Emprunteur
비러 오오	Emprunter
비러 옴	Emprunt
비러먹소	Mendier
비렁방이	Mendiant
비로소	Commencement
비록	Quoique
비밀이	Secrètement
비밀ᄒᆞ오	Secret
비밀ᄒᆞᆫ 말	Confidence
비밀ᄒᆞᆫ 일	Secret
비봉	Enveloppe
비상	Arsenic
비상ᄒᆞ게 특별이	Extraordinairement
비상ᄒᆞ오	Extraordinaire
비셕	Monument
비소흠	Raillerie
비싸오	Cher
비앗소	Rejeter
비오 [*자르다]	Couper, Inciser, Tailler, Trancher
비오 [*기원]	Frotter, Prier
비오 [*빈]	Vacant

비우	Exemple
비웃	Hareng
비웃소	Moquer (se), Narguer, Ridiculiser
비위	Estomac, Rate
비유	Comparaison, Parabole, Supposition
비유ᄒᆞ오	Comparer, Supposer
비졉	Orgelet
비질ᄒᆞ오	Balayer
비창이	Lugubrement
비쳔ᄒᆞ오	Ignoble
비취옥	Saphir
비컨대	Par (Par exemple)
비켜시오	Écarter (Écartez-vous)
비켜오	Écarter
비키오	Garer (se)
비킴	Écart
비ᄒᆞ야	Relativemet
비ᄒᆞ지 못ᄒᆞ오	Incomparable
빈궁	Princesse
빈ᄃᆡ	Punaise
빈우	Savon
빈우질ᄒᆞ오	Savonner
빌니는 사람	Prêteur
빌니오	Prêter
빗 [*도구]	Peigne
빗 [*빚]	Dette
빗 [*光]	Lumière
빗 [*色]	Couleur
빗 갑소	Payer
빗나게 ᄒᆞ오	Luire

빗두러지오	Obliquer
빗둑ᄒᆞ오	Trébucher
빗ᄃᆡ여 말ᄒᆞᆫ 것	Insinuation
빗쟝	Fermeture
빗지오	Endetter
빗최오	Briller
빗친	Lumineux
빗침	Transparence
빙대	Osier
빙판	Verglas
ᄇᆞᆰ게 ᄒᆞ오	Rougir
ᄇᆞᆰ이	Évidemment
ᄇᆞᆷ	Nuit
ᄇᆡ [*船]	Bateau, Navire, Vaisseau
ᄇᆡ 가온ᄃᆡ 사람	Passager
ᄇᆡ 닷	Ancre
ᄇᆡ 뒤	Poupe
ᄇᆡ 부리오	Naviguer
ᄇᆡ 부림	Navigation
ᄇᆡ 앞	Proue
ᄇᆡ 인도ᄒᆞ는 사람	Pilote
ᄇᆡ 인도ᄒᆞ오	Piloter
ᄇᆡ 타오	Embarquer
ᄇᆡ곱후오	Faim
ᄇᆡ교	Hérésie
ᄇᆡ교ᄒᆞ오	Apostasier
ᄇᆡᄃᆡᄭᅳᆫ	Souventrière
ᄇᆡ반ᄒᆞ오	Renier
ᄇᆡ부릅	Satiété
ᄇᆡ불너오오	Grossesse

ᄇᆡ불눅이	Embonpoint
ᄇᆡ사공	Batelier, Matelot
ᄇᆡ상밧듬	Indemnité
ᄇᆡ상밧소	Indemniser
ᄇᆡ솝	Nombril
ᄇᆡ암	Reptile, Serpent
ᄇᆡ암장아	Anguille
ᄇᆡ오 [*倍]	Massif
ᄇᆡ오 [*빼다]	Enlever
ᄇᆡ우오	Apprendre, Étudier, Évacuer
ᄇᆡ은	Ingratitude
ᄇᆡ은ᄒᆞᆫ 사람	Ingrat
ᄇᆡ추	Chou
ᄇᆡᆨ년	Siècle
ᄇᆡᆨ년이나 됫소	Séculaire
ᄇᆡᆨ노	Cigogne
ᄇᆡᆨ동	Cuivre (blanc)
ᄇᆡᆨ반	Alun
ᄇᆡᆨ셩	Peuple, Sujet
ᄇᆡᆨ셩들 살게 ᄒᆞ오	Peupler
ᄇᆡᆨ셩이 ᄒᆞᆫᄒᆞ오	Impopulaire
ᄇᆡᆨ셩이 ᄒᆞᆫᄒᆞᆷ	Impopularité
ᄇᆡᆨ세 된 것	Centenaire
ᄇᆡᆨ연	Zinc
ᄇᆡᆨ쟝	Boucher
ᄇᆡᆨ쵸	Bougie
ᄇᆡᆨ토	Kaolin
ᄇᆡᆺ소	Ravir

사

사	Gaze
사겟소	Acheter (J'achéterai)
사관	Officier
사귈 만ᄒᆞ오	Sociable
사긔	Porcelaine
사나운	Féroce
사납게	Rudement, Terriblement
사납게 ᄒᆞ오	Rudoyer, Terrifier
사납소	Méchant, Rude, Terrible
사는 사람	Acheteur
사ᄂᆞᆫ ᄃᆡ	Domicile
사닥ᄃᆞ리	Échelle
사등의 �	Vertèbre
사람	Homme, On, Personnage
사람이	Le..la (L'homme)
사람 몃 명	Groupe
사람 살 슈 업소	Malsain
사람 홈몰식키오	Massacrer

사람 홈몰식킴	Massacre
사람들	Gens, Les (Les hommes)
사랑	Amour, Salon
사랑방	Parloir
사랑시럽소	Aimable
사랑ᄒᆞ오	Aimer, Chérir
사린ᄒᆞ오	Égorger
사마귀	Verrue
사발	Bol, Écuelle
사방	Losange
사사로	Particulièrement
사사요	Particulier
사손	Héritier
사슬	Chaîne
사슴	Cerf
사시오	Acheter
사신	Ambassadeur
사신일잉	Ambassade
사실	Vérification
사실ᄒᆞ는 사람	Vérificateur
사실ᄒᆞ오	Vérifier
사약 [*賜藥]	Empoisonnement
사약 [*死藥]	Poison
사약을 금ᄒᆞ는 약	Contrepoison
사약ᄒᆞ는 사람	Empoisonneur
사약ᄒᆞ오	Empoisonner
사양ᄒᆞ오	Refuser
사양홈	Refus
사오 [*구입하다]	Acheter
사오 [*살다]	Demeurer, Habiter, Vivre

사옴	Pugilat
사월	Avril
사위	Gendre
사이	Espace
사자	Brosse, Lion
사자 식이	Lionceau
사졍슴	Partialité
사졍의	Àpropos de
사졍이오	Partial
사죄	Impunité
사쥬젼ᄒᆞ는 사람	Faux-monnayeur
사지	Membre
사직	Démission
사직ᄒᆞ는 사람	Démissionnaire
사직ᄒᆞ오	Démissionner
사진	Photographie
사촌	Cousin
사촌 뉘	Cousine
사탕	Sucre
사탕 그릇	Sucrier
사탕 넛소	Sucrer
사탕 물	Sirop
사토리	Dialecte
사투리	Idiome
사팔눈이	Louche
삭	Gage, Salaire
삭 주오	Solder
삭군	Ouvrier, Porteur
산 [*山]	Montagne
산 [*生]	Vital, Vivant

산 쏘랑	Ravin
산계	Manoeuvre
산골작이	Vallée
산냥흔 짐셩	Gibier
산녁군	Fossoyeur
산되야지	Sanglier
산두	Comique
산두도감	Comédie
산봉도리	Sommet Montagne
산비듥이	Tourterelle
산소	Cimetière
산수	Arithmétique
산쌀기	Framboise
산쌀기나무	Framboisier
산양	Chasse
산양군	Chasseur
산양ᄒᆞ오	Chasser
산에	Sauvage
산졍	Kiosque
산학	Mathématique
산해	Garçon
산호	Corail
살	Chair
살 겁질 벗기는 사람	Écorcheur
살 겁질 벗기오	Écorcher
살 만흔	Habitable
살 비오	Amputer
살 빔	Amputation
살가지	Chacal, Fouine
살구	Abricot

살구나무	Abricotier
살녀 줍시오	Grâce (Grâce! Grâce!)
살모샤	Vipère
살비오	Considérer, Examiner
살쪗소	Gras (animaux)
살찌오	Engraisser
살엇소	Vivant
살육	Massacre
살인	Meurtre
살인ᄒᆞ오	Assassiner
살인ᄒᆞᆫ 사람	Assassin, Homicide
살임 맛흔 사람	Intendant
살지 못ᄒᆞ오	Inhabité
살지 못ᄒᆞᆯ	Inhabitable
살펴보오	Contempler, Regarder
살펴봄	Regard
살핌	Observation
살피는 사람	Observateur
살피오	Observer
살핌	Revue, Vérification
삷혀보오	Explorer
삼	Chanvre, Lin
삼가오	Prudent
삼가지 아님	Imprudence
삼가지 안소	Imprudent
삼감	Prudence
삼분에 일	Tiers
삼ᄉᆡᆨ이오	Tricolore
삼월	Mars
삼촌	Oncle

삼판쥬	Champagne
상	Table
상거	Zone
상고	Contrôle, Recherche
상고ᄒᆞ는 사람	Contrôleur
상고ᄒᆞ오	Contrôler, Rechercher
상급	Gratification
상급ᄒᆞ오	Gratifier
상두군	Croque-mort
상미	Riz (Riz 1ere qualité)
상반	Rebours
상반ᄒᆞ오	Équivalent
상보	Nappe
상봉	Rencontre
상쇼	Supplication
상쇼ᄒᆞ오	Supplier
상ᄉᆞ	Deuil
상아	Ivoire
상여	Catafalque, Corbillard
상죠	Flux, Marée Haute
상쳐	Blessure, Écorchure
상치	Salade
상쾌ᄒᆞ오	Prompt
상투	Chignon
상환	Permutation
상환ᄒᆞ는 사람	Permutant
상환ᄒᆞ오	Croiser, Permuter
상회	Société
상ᄒᆞ오	Blesser, Léser
새 [*新]	Nouveau

새 [*鳥]	Oiseau
새로	Nouveau (de nouveau)
새벽	Aube, Aurore
새벽에	Jour (Au point du jour)
새양쥐	Souris
새우	Crevette
새ᄋᆞᆷ	Source
새ᄒᆡ	Année (Nouvelle année)
생	Gingembre
생것	Cru
생선	Poisson
생와	Métier
샤립학교	École (École privée)
샤정업슴	Impartialité
샤졍업소	Impartial
샹	Récompense
샹거	Distance
샹관되오	Relatif
샹급	Pourboire
샹뎍ᄒᆞᆷ	Opposition
샹말	Proverbe
샹반	Contradiction
샹반ᄒᆞ오	Contraire
샹소	Pétition
샹소ᄒᆞ는 사람	Pétitionnaire
샹젼	Prime
샹죵ᄒᆞ오	Fréquenter
샹주오	Récompenser, Rémunérer, Rétribuer
샹줌	Rémunération, Rétribution
샹쳐	Plaie

샹ᄒᆞᆫ 것	Blessure
서	Halte!
서고ᄒᆞ오	Vouer
서로 맛남	Entrevue
서방	Monsieur
서방인	Monsieur
서오	Debout
서자	Bâtard
서편	Occident
서편이오	Occidental
석소	Gâter
석유등	Lampe
석탄	Charbon (de terre), Houille
성가시게 ᄒᆞ오	Incommoder
성가시오	Importuner
성냥 약	Phosphore
성ᄂᆡ오	Susceptible
세 [*洗]	Baptême
세 [*稅]	Impôt
세 물지 안는 사람	Contrebandier
세 물지 안소	Contrebande
세 밧는 사람	Percepteur
세 밧듬	Perception
세 밧소	Percevoir
세 시오	Montre (Il est trois heures)
세모진 ᄌᆞ	Équerre
세무사	Douane (Douane commissaire)
세슈그ᄅᆞᆺ	Cuvette
세슈ᄒᆞ오	Dêbarbouiller (se)
세ᄲᅢ닥	Langue

세우오	Instituer
세움	Institution
세주는 사람	Loueur
세주오	Baptiser, Louer
셋돈	Loyer
셔 [*西]	Ouest
셔 [*에서]	De
셔늘ᄒᆞ오	Rafraîchissant
셔늘홈	Rafraîchissement
셔당	Collège
셔랍	Tiroir
셔랍 잇는 쟝	Commode
셔로	Mutuellement, Réciproquement
셔리 [*기상현상]	Gelée (blanche), Rosée Blanche
셔리 [*署理]	Intérim
셔리 [*胥吏]	Gérant
셔문	Préface
셔방질	Adultère
셔양	Europe
셔양쳘	Fer (Fer blanc)
셔울	Capitale, Séoul
셔취	Dictée
셔취ᄒᆞ오	Dicter
셔투루오	Naïf
셔편	Ouest
셕	Pierre
셕 달	Trimestre
셕 달 됏소	Trimestriel
셕뉴	Grenade
셕뉴목	Grenadier

셕샹	Statue
셕소	Mélanger, Mêler
셕쇠	Gril
셕수쟁이	Statuaire
셕숌	Mélange
셕유	Pétrole
셕탄졈	Mine (Mine de charbon)
셕판	Ardoïse
션 실과	Vert (pas mûr)
션긱	Passager
션딕	Traitement
션범	Attaque
션범ᄒᆞ오	Attaquer
션싱	Maître (Maître d'école), Professeur
션장	Capitaine (de navire)
션죠	Patriarche
션지쟈	Prophète
션창	Quai
셜명	Explication
셜명	Harangue
셜명ᄒᆞ오	Explication, Harangue
셜샤	Diarrhée
셜소	Vert (pas mûr)
셜시	Établissement
셜시ᄒᆞ는 사람	Fondateur
셜시ᄒᆞ오	Établir
셜엇소	Vert (pas mûr)
셤 [*島]	Ile
셤 [*자루]	Sac (en paille)
셤기오	Servir

섭섭	Contrariété
섭섭ᄒᆞ오	Contrarier, Regretter
섭섭홈	Regret
셩	Muraille
셩 직히는 병정	Garnison
셩가시게 ᄒᆞ오	Embêter
셩가시게 ᄒᆞ오	Obséder
셩가신	Désagréable
셩가심	Obsession
셩경	Écriture (Écriture Sainte), Évangile
셩내	Ville
셩낸	Furieux
셩녀	Sainte
셩ᄂᆡ오	Fâcher (se)
셩당	Église
셩명	Nom De baptême
셩모	Vierge (Sainte Vierge)
셩물 욕홈	Sacrilège
셩미	Caractère
셩비득	Pétersbourg (St)
셩삼	Trinité
셩슈	Eau (eau bénite)
셩슈그릇	Bénitier
셩ᄉᆞ	Succès
셩양	Allumette
셩양통	Boîte (Boîte d'allumettes)
셩에 올음	Assaut
셩인	Saint
셩치 못ᄒᆞ오	Invalide
셩톄	Eucharistie

셩품	Humeur
셩품 조ᄒᆞᆫ	Irascible
셩ᄒᆞᆫ	Frais, Sain
셩ᄒᆞᆷ	Santé
셩ᄒᆡ	Givre
셰	Octroi
셰 더 님	Surtaxe
셰 뎡ᄒᆞ오	Taxer
셰 든 사람	Locataire
셰 잇ᄂᆞᆫ	Puissant
셰간	Meuble
셰간 놋소	Meubler
셰계	Monde
셰모진 것	Triangle
셰상	Ici
셰스랑이	Fourche
셰시오	Compter
셰오	Compter
셰우오	Ériger
셰음조	Compte
셰젼	Loyer
셰ᄒᆞᆷ	Jalousie
셋돈	Location
소견	Opinion
소곰	Sel
소곰그릇	Salière
소기름	Beurre
소나무	Sapin
소로 맛남	Rendez-vous
소리	Bruit

소ᄅᆡ	Cri, Son (bruit)
소ᄅᆡ 나오	Sonore
소ᄅᆡ 업는 방귀	Vesse
소ᄅᆡ 지르오	Crier
소ᄅᆡᄂᆡ오	Vibrer
소ᄆᆡ	Manche
소박	Divorce
소박ᄒᆞ오	Divorcer
소반	Table
소산	Origine
소산으로 나오	Produire
소산이오	Originaire
소셜	Roman
소식	Digestion
소식되오	Digérer
소ᄉᆡᆼ	Origine
소챵ᄒᆞᆷ	Recréation
소츌	Production
소츌 나는	Fructueux
소츌 나오	Fructifier, Produire
소츌 마니 나오	Lucratif
소츌 잇게	Fructueusement
소풍	Promenade
소풍ᄒᆞ는 사람	Promeneur
소풍ᄒᆞ오	Promener (se)
속국	Colonie
속는 사람	Dupe
속담	Maxime
속소	Tromper (se)
속애	Dans

속에	Dedans
속여 희롱ᄒᆞ는 사람	Farceur
속운속운ᄒᆞ오	Chuchoter
속이는 사람	Imposteur, Trompeur
속이오	Frauder, Mystifier, Tromper
속임	Fraude, Mystification, Tromperie
속ᄒᆞ오	Appartenir
손	Main
손 다름	Engelure
손 ᄃᆡ졉	Réception
손 ᄃᆡ졉 잘ᄒᆞ오	Hospitalier
손 버임	Coupure
손 ᄎᆡᆨ	Manuel
손가락	Doigt
손가락 둉긔	Panaris
손녀	Petite-fille
손님	Hôte, Invité, Visiteur
손님 쳥ᄒᆞ오	Inviter
손바닥	Paume (de la main)
손벽 치오	Appiaudir
손샹지 못ᄒᆞ오	Inviolable
손아래	Subordonné
손위	Aîné
손으로 쓴 ᄎᆡᆨ	Manuscrit
손으로 잡소	Empoigner
손이	Le..la (La main)
손자	Petit-fils
손재비	Anse
손톱	Ongle
솔	Brosse

솔ᄀᆡ	Aigle
솔ᄀᆡ 쇡기	Aiglon
솔나무	Pin
솔매	Patin
솔방울	Pomme de pin
솔질ᄒᆞ오	Brosser
솜	Coton, Ouate
솜 두오	Ouater
솟	Chaudière, Chaudron, Marmite
송곳	Alène, Vrille
송ᄉᆞ	Procès
송진	Résine
쇠	Fer, Métal, Minéral, Rail
쇠 의는ᄒᆞᄂᆞᆫ 칙	Minéralogie
쇠 졋통	Pis
쇠수문	Porte (Petite Porte)
쇠ᄯᅩᆼ	Bouse
쇠잔	Gobelet
쇠젼	Quincaillerie
쇠진ᄒᆞ오	Épuiser
쇡여 쎗소	Tricher
쇡이오	Simuler
쇡일 계칙	Subterfuge
쇡임	Simulacre
쇼	Boeuf, Taureau
쇼 ᄒᆞᆫ 필	Boeuf
쇼가리	Truite
쇼경	Aveugle
쇼로	Passage
쇼멸ᄒᆞᆷ	Extinction

쇼목쟝이	Menuisier
쇼문	Nouvelle
쇼피보오	Pisser
쇽낭ᄒᆞ오	Affranchir
쇽냥	Émancipation
쇽냥ᄒᆞ오	Émanciper
쇽눈셥	Cil
쇽담	Proverbe
쇽담으로	Proverbialement
쇽여 희롱홈	Farce
쇽젼	Amende
송ᄉᆞᄒᆞ오	Plaider
송아지	Veau
송진	Poix
송츙이	Chenille
수	Nombre
수 글자	Chiffre
수고시럽게	Vainement
수레	Charrette, Voiture
수령	Mandarin Province
수리	Réparation
수림	Forêt
수만소	Nombreux
수법	Arithmétique
수세ᄒᆞ오	Imposer
수션 써는 사람	Perturbateur
수션 써음	Perturbation
수심ᄒᆞ오	Pensif
수염 아니 낫소	Imberbe
수욕	Flétrissure

수일간	Jour (Dans quelques jours)
수침	Opprobre
수컷	Masculin
숙어짐	Inclination
순	Germe
순ᄃᆡ	Saucisse
순명 아니ᄒᆞ오	Mutiner (se)
순종	Subordination
순찰	Patrouille
순포막	Guérite (Police)
순ᄒᆞ오	Propice
순ᄒᆞᆫ	Favorable
순힝	Veilleur (de nuit)
술	Vin
술 취ᄒᆞᆷ	Ivresse, Ivrognerie
술갑	Pourboire
술에	Du
술이법	Hydrographie
술잔	Verre (à boire)
술잔 서로 ᄃᆡ오	Trinquer
숨	Respiration
숨막소	Suffoquer
숨막음	Suffocation
숨쉬오	Respirer
숨지오	Expirer
숨차오	Essouffler
숫돌	Pierre (Pierre à aiguiser)
숫시악씨	Vierge
숫장사	Charbonnier
쉬	Bientôt, Incessamment, Prochainement

쉬바람 부오	Siffler
쉬오	Reposer (se)
쉬옴	Facilité
쉬움	Repos
쉽게	Facilement
쉽소	Facile, Simple
슈 [*手]	Moyen
슈 [*數]	Numéro
슈 믝히오	Numéroter
슈가락	Cuillère
슈갓	Cresson
슈건	Serviette
슈것	Mâle
슈결	Signature
슈결 두오	Signer
슈고롭소	Laborieux
슈군	Marin
슈군 졔독	Amiral
슈논 것	Broderie
슈놈	Ours
슈놓소	Broder
슈다ᄒᆞ오	Loquace
슈다홈	Loquacité
슈달비	Loutre
슈달피	Castor
슈뎍	Pirate
슈령	Magistrat
슈림가	Lisière
슈만은 편	Majorité
슈반셕	Agate

슈법	Numération
슈셰	Taxe
슈셰ᄒᆞ오	Percevoir
슈양	Bélier
슈여자	Botte
슈염 만ᄒᆞᆫ	Barbu
슈염 싹는 사람	Barbier
슈염 싹는 칼	Rasoir
슈염 싹소	Raser
슈염소	Bouc
슈요일	Mercredi
슈욕	Humiliation
슈운ᄒᆞ오	Transporter
슈유	Congé, Vacances
슈은	Mercure, Recette
슈자	Numéro
슈작	Narration
슈작ᄒᆞ오	Causer, Converser, Entretenir (s'), Narrer
슈쟉	Conversation, Entretien
슈젼	Quête
슈졍	Cristal
슈직	Vigilance
슈토	Climat
슈ᄐᆡ 못ᄒᆞ오	Stérile
슈ᄐᆡ 못ᄒᆞᆷ	Stérilité
슈환	Bracelet
슉슈	Cuisinier, Restaurateur
슉친ᄒᆞ오	Familiariser, Familier
슌검	Agent (de police)
슌령ᄒᆞ게	Docilement

슌령ᄒᆞ오	Docile
슌령홈	Docilité
슌명 아니ᄒᆞ오	Désobéir
슌명치 ᄒᆞ니ᄒᆞ오	Désobéissant
슌명ᄒᆞ오	Obéir, Obéissant
슌명홈	Obéissance
슌호홈	Perfection
슐	Liqueur
슐 취ᄒᆞ오	Enivrer
슘 ᄆᆡᆨ혀 쥭소	Étouffer
슒소	Disparaître
스늘ᄒᆞᆫ	Frais
스무 살 후	Majeur
슬긔	Prudence
슬긔시럽게	Prudemment
슬ᄃᆡ업는 ᄉᆡᆼ각	Illusion
슬ᄃᆡ업는 ᄉᆡᆼ각요	Illusoire
슬컷	Satiété
슬피	Amèrement
슬허 움	Désolation
슬허ᄒᆞ오	Désoler
습관	Défaut, Vice
습관에	Vicieux
습긔	Humidité
습다리	Goutte (eau)
승	Multiplication
승가	Chanson
승강	Raisonnement
승강ᄒᆞ오	Discuter, Raisonner
승낫소	Maussade

승녀	Bonzesse, Religieuse
승법	Multiplication
승젼	Triomphe, Victoire
승젼ᄒᆞ오	Triompher, Victorieux
승차	Avancement
승ᄒᆞ오	Multiplier
싀골	Province
싀골집	Maison (Maison de campagne)
싀근치	Épinard
싀싀오오	Rival
싀엉	Oseille
시 [*時]	Heure
시 [*詩]	Poésie
시 [*주격조사]	Le..la
시 짐	Versification
시 짓는 사람	Poète
시계	Montre
시계쟁이	Horloger
시긔	Jalousie
시긔ᄒᆞ오	Jaloux
시랑이	Loup
시랑이 싀이	Louveteau
시룽시룽	Bavardage
시방	Maintenant
시부오	Désirer
시비	Dispute, Querelle
시비ᄒᆞ는 사람	Querelleur
시비ᄒᆞ오	Disputer, Quereller
시악시	Demoiselle
시악씨	Mademoiselle

시오	Aigre
시우	Torrent
시운	Rime
시원ᄒᆞ오	Rafraîchir, Soulager
시원흠	Soulagement
시위	Inondation
시장ᄒᆞ오	Faim
시쟉	Commencement, Début
시쟉ᄒᆞ는 사람	Commençant
시쟉ᄒᆞ오	Commencer
시표	Montre
시험	Essai, Tentative
시험ᄒᆞ오	Éprouver, Essayer, Expérimenter
시혐	Examen
시혐ᄒᆞ오	Examiner
시힝	Exécution
시힝ᄒᆞ오	Effectuer, Exécuter
식골 사람	Paysan
식구	Famille
식물	Victuaille, Vivres
식방	Réfectoire, Salle à manger
식이는 사람	Commandant
식이오	Commander
식이지 안소	Décommander
식쳥	Salle à manger
식탐	Voracité
식탐 엄소	Sobre
식탐 엄슴	Sobriété
식탐 잇소	Vorace
식히오	Intimer

신 [*信]	Foi
신 [*신발]	Soulier
신 벗소	Déchausser
신 신쏘	Chausser
신 져바리면셔	Perfidement
신 져바리오	Perfide
신 져바림	Perfidie
신거온	Insipide
신긔ᄒᆞᆫ 사람	Génie
신낭	Fiancé
신ᄂᆡ	Torrent
신문 ᄇᆡᆨ이오	Éditer
신문지	Journal
신문쟁이	Éditeur
신바닥	Semelle
신부 [*新婦]	Fiancée
신부 [*神父]	Prêtre
신ᄭᅳᆫ	Lacet
신ᄭᅳᆫ ᄆᆡ오	Lacer
신약	Cirage
신쟁이	Cordonnier
신쟝이	Savetier
신통이 넉이오	Émerveiller
실	Fil
실 ᄆᆞᆫ드오	Filer
실 ᄶᅡᆺ는 사람	Filateur
실 ᄶᅣᆺ는 곳	Filature
실과	Fruit
실과나무	Arbre (Arbre fruitier), Fruitier
실과씨	Pépin

실긔	Sagesse
실긔시럽게	Sagement
실긔시럽소	Gentil
실녜	Incongruité
실녜ᄒᆞ오	Incongru
실다히	Effectivement
실망ᄒᆞ오	Désespérer
실망홈	Désespoir
실물	Perte
실샹	Vérité
실슈 [*失手]	Erreur, Faute
실슈 [*實數]	Effectif
실슈ᄒᆞ오	Égarer
실쌍이오	Loyal
실어옴	Transport
실업소	Bavarder
실업신 사람	Bavard
심 [*心]	Vigueur
심 [*힘]	Force
심 더ᄒᆞ오	Renforcer
심 업소	Impotent
심 업슴	Impotence
심녀	Mélancolie
심녀ᄒᆞ면서	Mélancoliquement
심녀ᄒᆞ오	Mélancolique
심녁	Energie
심녁 잇소	Energique
심방	Visite
심방ᄒᆞ오	Visiter
심부럼	Commission

심부럼ᄒᆞ는 사람	Commissionnaire
심세오	Fort+B4346
심스오	Efforcer (s')
심심	Ennui
심심ᄒᆞ오	Ennuyeux
심을 때	Semaille
심이	Excessivement, Tellement
심쥴	Veine
심지	Mèche
심쳐보오	Récapituler
심쳐봄	Récapitulation
심판ᄒᆞ는 곳	Magistrature
십분 요긴이	Essentiellement
십샹 됴소	Meilleur (le meilleur)
십소	Vouloir
십월	Octobre
십이월	Décembre
십일월	Novembre
십자가	Croix
ᄉᆞ ᄇᆡ요	Quadruple
ᄉᆞ귀	Fantôme
ᄉᆞ랑ᄒᆞ오	Affectionner
ᄉᆞ령	Satellite
ᄉᆞ막	Désert
ᄉᆞ뭇 둘소	Perforer
ᄉᆞ방에	Partout
ᄉᆞ분에 일	Quart
ᄉᆞ신	Représentant
ᄉᆞᄉᆞ로온	Privé
ᄉᆞ양ᄒᆞ오	Récuser

ᄉᆞ양홈	Récusation
ᄉᆞ욕	Passion
ᄉᆞ욕 잇소	Passionné
ᄉᆞ인교	Chaise (chaise à 4 chaise)
ᄉᆞ절	Saison (4 saisons)
ᄉᆞᆯ찌오	Obèse
ᄉᆞᆯ찜	Obésité
ᄉᆡ 것	Nouveauté
ᄉᆡ 병정	Recrue
ᄉᆡ ᄉᆡᆨ이	Oisillon
ᄉᆡ 옷	Plumage
ᄉᆡ것시오	Neuf
ᄉᆡ곰ᄒᆞ오	Acide, Âpre
ᄉᆡ로 ᄒᆞ오	Renouveler
ᄉᆡ로잡인	Captif
ᄉᆡ면바리	Vermine
ᄉᆡ문	Porte (Porte De l' Ouest)
ᄉᆡ암	Fontaine
ᄉᆡ입	Bec
ᄉᆡ집	Nid
ᄉᆡᆨ슈장이	Sculpteur
ᄉᆡᆨ욕	Hystérie
ᄉᆡᆨ욕 잇소	Hystérique
ᄉᆡᆨ이는 사람	Graveur, Sculpteur
ᄉᆡᆨ이손가락	Auriculaire
ᄉᆡᆨ이오	Graver, Sculpter
ᄉᆡᆨ임	Sculpture
ᄉᆡᆷ	Fontaine
ᄉᆡᆷᄂᆡ오	Rival, Rivaliser
ᄉᆡᆷᄂᆡᆷ	Rivalité

ᄉᆡᆼ각	Envie, Fantaisie, Intention, Pensée
ᄉᆡᆼ각ᄂᆞ오	Inspirer
ᄉᆡᆼ각놈	Inspiration
ᄉᆡᆼ각지 못ᄒᆞ오	Inconcevable
ᄉᆡᆼ각지 안코	Mégarde (par)
ᄉᆡᆼ각ᄒᆞ는 ᄆᆞ음	Sollicitude
ᄉᆡᆼ각ᄒᆞ오	Croire, Envier, Opiner, Penser, Songer
ᄉᆡᆼ글ᄉᆡᆼ글 웃소	Sourire
ᄉᆡᆼ니	Spéculation
ᄉᆡᆼ니ᄒᆞ오	Spéculer
ᄉᆡᆼ리ᄒᆞ오	Fructifier
ᄉᆡᆼ명 업소	Inanimé
ᄉᆡᆼ목	Coton (Coton étoffe)
ᄉᆡᆼ션가시	Arête
ᄉᆡᆼ업	Profession
ᄉᆡᆼ일	Anniversaire, Naissance
ᄉᆡᆼ질	Neveu
ᄉᆡᆼ쳘	Tôle
ᄉᆡᆼ키오	Avaler
ᄉᆡᆼ피 붓튼 놈	Inceste
ᄭᅡ닭으로	Parce que
ᄭᅡ치	Pie
ᄭᅡᆼᄭᅡᆼ이	Violon
ᄭᅥ림	Scrupule
ᄭᅥ림면소	Scrupuleusement
ᄭᅥ지오	Éteindre (s')
ᄭᅥᆨ으오	Rompre
ᄭᅥᆸ질	Coquille
ᄭᅥᆸ질 긁어 벗기오	Râper
ᄭᅥᆸ질 벗기오	Écorcer

ᄭᅥᆸ질 업는 달팽이	Limace
ᄭᅩ리	Queue
ᄭᅩ부러지오	Voûter
ᄭᅩ오	Tresser
ᄭᅩ칭이	Pique
ᄭᅩᆨ	Ponctualité
ᄭᅩᆨ 쟉정ᄒᆞ오	Spécifier
ᄭᅩᆨ닥기	Tour
ᄭᅩᆨ닥이	Sommet
ᄭᅩᆫ 것	Tresse
ᄭᅩᆸ사동이	Bossu
ᄭᅩᆾ	Fleur
ᄭᅩᆾ농ᄉᆞ	Horticulture
ᄭᅩᆾ뭉텡이	Bouquet
ᄭᅩᆾ방울	Bouton (de fleur)
ᄭᅩᆾ병	Potiche
ᄭᅩᆾ봉우리	Bourgeon
ᄭᅩᆾᄭᅩᆾᄒᆞ오	Droit, Perpendiculaire, Vertical
ᄭᅩᆾ피오	Épanouir, Fleurir
ᄭᅪ애	Torche
ᄭᅬ	Ruse
ᄭᅬᄭᅩ리	Loriot, Rossignol
ᄭᅬ오	Persuader
ᄭᅬ이는 사람	Séducteur
ᄭᅬ이오	Tenter
ᄭᅬ임	Persuasion, Tentation
ᄭᅬ잇소	Rusé
ᄭᅬ집소	Pincer
ᄭᅮ며 논 것	Ornement
ᄭᅮ며 놋소	Orner

ᄭᅮ이오 Prêter
ᄭᅮ인 돈 Prêt
ᄭᅮ지지오 Gronder
ᄭᅮ짓소 Maudire
ᄭᅮᆯ Miel
ᄭᅮᆯ벌 Abeille
ᄭᅮᆯᄭᅮᆯ거리오 Grogner (cochon)
ᄭᅮᆯ어안소 Agenouiller (s')
ᄭᅮᆷ Rêve, Songe
ᄭᅮᆷᄭᅮ는 사람 Rêveur
ᄭᅮᆷᄭᅮ오 Rêver, Songer
ᄭᅮᆷ이오 Garnir
ᄭᅮᆷ이지 안소 Dégarnir
ᄭᅮᆷ임 Garniture
ᄭᅳ내오 Déballer
ᄭᅳᄂᆡ오 Extraire
ᄭᅳᄂᆡᆷ Extraction
ᄭᅳ리오 Bouillir
ᄭᅳ린 물 Eau (eau bouillie)
ᄭᅳ실느오 Griller
ᄭᅳ오 [*당기다] Tirer, Traîner
ᄭᅳ오 [*불을 -] Éteindre
ᄭᅳ집어ᄂᆡ오 Retirer
ᄭᅳᆫ소 Rompre
ᄭᅳᆫᄭᅳᆫᄒᆞ오 Collant
ᄭᅳᆫ아불 Cordon
ᄭᅳᆫ타불 Ruban
ᄭᅳᆫ허 ᄇᆞ리오 Renoncer
ᄭᅳᆫ허 ᄇᆞ림 Renonciation
ᄭᅳᆫ허짐 Rupture

ᄭᅳᆯ	Ciseau
ᄭᅳᆯ음	Effervescence
ᄭᅳᆺ	Bout, Pointe
ᄭᅳᆺ ᄲᅭᆨ죽ᄒᆞᆫ 돌기동	Pyramide
ᄭᅳᆺ치ᄂᆞᆫ	Final
ᄭᅳᆺ치오	Finir, Terminer
ᄭᅳᆺ트머리	Extrémité
ᄭᆞ지	Jusque
ᄭᆡ닷소	Éprouver
ᄭᆡ닷지 못ᄒᆞ게	Insensiblement
ᄭᆡ닷지 못ᄒᆞ오	Insensible
ᄭᆡᄃᆞ르오	Sensible
ᄭᆡᄃᆞ롬	Sensation
ᄭᆡ우오	Éveiller
ᄭᆡ진 것	Dégât
ᄭᆡ트리오	Briser, Casser
ᄭᆡ트린 것	Cassure
ᄯᅡ로	Séparément
ᄯᅡ르오 [*뒤따르다]	Suivre
ᄯᅡ르오 [*붓다]	Verser
ᄯᅡ오	Cueillir
ᄯᅡᆨ총	Pétard
ᄯᅡᆯ기	Fraise
ᄯᅡᆯ기나무	Fraisier
ᄯᅡᆷ납	Étain
ᄯᅡᆼ	Sol
ᄯᅡᆼ속길	Souterrain
ᄯᅡᆼ에셔 ᄭᅳᄂᆡ오	Déterrer
ᄯᅢ 뭇치오	Maculer
ᄯᅢ갓치	Geai

ᄯᅢ나무	Roseau
ᄯᅢ에	Quand
ᄯᅥ나오	Partir
ᄯᅥ남	Pérégrination
ᄯᅥ도라ᄃᆞᆫ이오	Errer
ᄯᅥ러지오	Tomber
ᄯᅥ러트리오	Précipiter
ᄯᅥᆨ	Gâteau, Pain
ᄯᅥᆨ 반쥭	Pâte
ᄯᅥᆨ메	Maillet
ᄯᅥᆨ장사	Boulanger
ᄯᅧᆯ기	Taillis
ᄯᅧᆯ니오	Frémir, Tremblant, Trembler
ᄯᅧᆯ님	Frémissement, Secousse, Tremblement
ᄯᅦ	Masse, Nuée
ᄯᅦ벌	Abeille (Essaim d'abeilles)
ᄯᅦ여 내지 못ᄒᆞ오	Inséparable
ᄯᅦ여노오	Disjoindre
ᄯᅩ	Davantage, Encore, Et
ᄯᅩ 뵙시다	Bonsoir, Bonsoir (Au revoir)
ᄯᅩ랑	Fossé, Torrent
ᄯᅩᆨᄯᅩᆨ이	Exactement
ᄯᅩᆨᄯᅩᆨ함	Exactitude
ᄯᅩᆨᄯᅩᆨᄒᆞ오	Exact
ᄯᅩᆼ	Excrément, Ordure
ᄯᅮ감	Galop
ᄯᅮ겅	Couvercle
ᄯᅮᄀᆡ	Couverture
ᄯᅮ오	Trouer
ᄯᅮ임	Galop, Saut

쒸여가오	Galoper
쒸오	Bondir, Sauter, Trotter
쒸임	Trot
ᄯᅳ오	Flotter, Puiser
ᄯᅳᆯ 안 화초	Plate-bande
ᄯᅳᆷ	Cautérisation
ᄯᅳᆷ노오	Cautériser
ᄯᅳᆺ	Sentiment
ᄯᅳᆺ 푸오	Signifier
ᄯᅳᆺ 풀어는 것	Signification
ᄯᅳᆺ박게	Accident
ᄯᅳᆺ밧게 일	Incident
ᄯᆞᆯ	Fille
ᄯᆞᆷ	Sueur, Transpiration
ᄯᆞᆷ 흘니오	Transpirer
ᄯᆞᆷ나오	Suer
ᄯᆡ [*時]	Moment, Temps
ᄯᆡ [*滓]	Maculation, Salive
ᄯᆡ 맛취셔	Opportunément
ᄯᆡ곱	Crasse
ᄯᆡ곱쟁이	Crasseux
ᄯᆡ리오	Frapper
ᄯᆡ에	Lorsque
ᄯᆡ오	Chauffer
ᄲᅡ름	Agilité
ᄲᅡ른	Agile, Dégourdi
ᄲᅡ오 [*세탁]	Laver
ᄲᅡ오 [*흡입]	Sucer
ᄲᅡ져 죽소	Noyer (se)
ᄲᅡ지오	Enfoncer

ᄲᅡ짐	Immersion
ᄲᆞᆯᄂᆡ	Blanchissage, Lessive
ᄲᆞᆯᄂᆡ징이	Blanchisseur
ᄲᆞᆯᄂᆡᄒᆞ오	Blanchir, Lessiver
ᄲᅢ셔가오	Confisquer
ᄲᅣᆷ	Joue
ᄲᅣᆷ치오	Souffleter
ᄲᅥ국ᄉᆡ	Coucou
ᄲᅥ히오	Couper
ᄲᅧᆨ다귀	Squelette
ᄲᅥᆫᄒᆞ오	Faillir
ᄲᅥᆺᄲᅥᆺᄒᆞ오	Raide
ᄲᅧ	Carcasse, Os, Ossements
ᄲᅧ를 ᄲᆡ오	Désosser
ᄲᅩᆸ는 사람	Délégué
ᄲᅩᆸ소	Arracher, Déraciner
ᄲᅩᆸ음	Extraction
ᄲᅩᆼ나무	Mûrier
ᄲᅬ루지	Bouton (abcès)
ᄲᅭ죡ᄒᆞ오	Pointu
ᄲᅮ리 ᄇᆡ기오	Enraciner
ᄲᅮ리오	Secouer
ᄲᅮᆯ	Corne
ᄲᅮᆯ 부러드리오	Écorner
ᄲᅮᆯ억이	Racine
ᄲᆡ앗김	Spoliation
ᄲᆡ앗소	Spolier
ᄲᆡ오	Déboucher, Soustraire
ᄲᆡᆺ소	Extorquer
싸 놋소	Entasser, Tasser

싸논 것	Entassement
싸두오	Amonceler
싸오 [*저렴한]	Bon (Bon marché), Modique
싸오 [*포장]	Envelopper
싸우오	Battre (se)
싸움	Lutte
싸이에	Entre
싸호오	Lutter
싹	Germe
싹나오	Germer
쌀	Riz
쌀가로	Poudre de riz
쌈	Lutte
쌋소	Bâtir
쌍	Paire
쌍둥이	Jumeau
썩소	Pourrir
썩어가오	Putride
썩엇소	Pourri
썩음	Pourriture
썩임	Putréfaction
썩지 않소	Incorruptible
쎡소	Périr
쏫소	Vider
쑤시오	Piquer
쓰시오	Écrire
쓰오 [*고용하다]	Employer
쓰오 [*맛]	Amer
쓰오 [*소비하다]	Dépenser, User
쓰오 [*쓸다]	Balayer

쓰오 [*이용하다] Servir

쓰오 [*적다] Écrire, Mettre

쓴 것 Écriture

쓸ᄀᆡ Fiel

쓸대업ᄂᆞᆫ Inutile

쓸ᄃᆡ 잇소 Nécessaire, Utile

쓸ᄃᆡ 잇슴 Utilité

씀 Usure (user)

씨 Amande, Graine, Semence

씨 덥는 긔계 Herse

씨 덥소 Herser

씨 ᄲᅮ리오 Ensemencer, Semer

씨므오 Ensemencer

씨소 Essuyer, Laver

씨앗 Semence

씨우오 Servir (se)

씨임 Emploi

씹소 Mâcher

ᄊᆞ움 Duel

ᄶᅡ는 사람 Tisseur

ᄶᅡᄂᆡ오 Extraire

ᄶᅡ오 Tisser, Tordre

ᄶᅡᆨ 맛지 안소 Impair

ᄶᅡᆫ Textile

ᄶᅧᆨ에 Lorsque, Tandis que

ᄶᅩᄀᆡ오 Fendre

ᄶᅩ아먹소 Becqueter

ᄶᅩ차가오 Poursuivre

ᄶᅩ차감 Poursuite

ᄶᅩᆨ Page

찌소	Déchirer
찍게기	Rebut
찍게기 닝기오	Rebuter
찍케기	Résidu
찔느오	Piquant, Piquer
찟소	Piler
ᄍᆞ르게 ᄒᆞ오	Raccourcir

아

아	Ah!
아가리	Gueule, Museau, Orifice
아가위나무	Aubépine
아궁이	Foyer
아기	Bébé
아니	Ne, Ni
아니오	Non, Pas, Point
아니ᄒᆞ오	Abstenir (s')
아달	Fils
아라듯소	Comprendre
아라보오	Souvenir
아라보지 못ᄒᆞ게	Illisiblement
아라보지 못ᄒᆞ오	Illisible
아라사 공사관	Russie (Légation de Russie)
아라ᄉᆞ 사람	Russe
아라ᄉᆞ국	Russie
아람다게 함	Embellissement
아람다게 ᄒᆞ오	Embellir

아래	Dèssous
아래에	Sous
아래톡	Mâchoire
아름다온	Beau, Beauté
아리ᄯᅡ옵소	Superbe
아ᄅᆡ	Bas, Base, Inférieur
아ᄅᆡᄇᆡ	Bas-ventre
아마	Environ, Peut-être
아모	Quelqu'un, Tel
아모나	Quiconque
아모데서도 못	Nul (Nulle part)
아모도 업소	Personne
아무것도	Rien
아문	Ministère
아버니	Père
아버지	Papa, Père
아비 편	Paternité
아비 편이오	Paternel
아시아	Asie
아시아 것	Asiatique
아ᄶᅡ	Tout (Tout-à-l'heure)
아숖	Colle (forte)
아얌	Bonnet (fourré)
아연ᄒᆞ오	Pitoyable
아오	Connaître, Savoir
아오르오	Réunir
아옥	Guimauve
아옥	Mauve
아쥬	Absolument, Sûrement
아쥬 고약ᄒᆞ오	Affreux

아쥬 요긴ᄒᆞᆫ	Indispensable
아직	Encore
아참	Matin, Matinée
아참 먹소	Déjeuner
아참밥	Déjeuner
아참ᄒᆞ오	Aduler
아쳠ᄒᆞ오	Flatter
아침 후에	Après (Après-déjeuner)
아편연	Opium
아희	Enfant
아희 밧는 녀편네	Sage-femme
아희ᄇᆡ오	Enceinte
아ᄒᆡ	Épouse
아ᄒᆡ 낫소	Accoucher
아ᄒᆡ 밧는 녀편네	Accoucheuse
악담	Imprécation, Malédiction
악음니	Dent (Dent molaire)
악ᄒᆞ게 ᄒᆞ오	Tyranniser
악ᄒᆞ오	Méchant
악ᄒᆞᆫ 사람	Tyran
악ᄒᆞᆷ	Méchanceté, Tyrannie
안경	Binocle, Lunette
안경징이	Opticien
안ᄀᆡ	Brouillard, Brume
안ᄀᆡ 씨오	Nébuleux
안ᄀᆡ겻소	Brumeux
안녕ᄒᆞᆷ	Sûreté
안민ᄒᆞ오	Pacifier
안민ᄒᆞᆫ 사람	Pacificateur
안민ᄒᆞᆷ	Pacification

안방	Chambre
안석	Dossier
안소	Asseoir, Percher (se)
안심육	Filet (Filet de viande)
안에	Dans, Dedans, Inclus, Interne
안에 넛소	Renfermer
안으로	Inclusivement
안쟝	Selle
안쟝 짓소	Harnacher, Seller
안쟝졔구	Harnais
안졍ᄒᆞᆫ	Fixe
안즈시오	Asseoir (Asseyez-vous)
안즌방이	Cul-de-jatte
안질	Chassie, Ophtalmie
안쳥	Vue
알 가오	Couver
알 낫소	Pondre
알게 ᄒᆞ오	Informer, Signifier
알게 ᄒᆞᆷ	Notification
알니오	Notifier
알님	Notice
알망이	Amande
알맹이	Grain, Noyau
알맹이 나오	Égrainer
알소	Malade
알아ᄂᆡ오	Deviner
알아듯지 못ᄒᆞ오	Incompréhensible
알아보게	Lisiblement
알아보오	Constater
알어낼 슈 업소	Méconnaissable

앒	Notion
앒음	Doléance
앒ᄒᆞ하지 안소	Impassible
앒ᄒᆞ하지 안음	Impassibilité
암	Femelle, Féminin
암나귀	Ânesse, Bourrique
암노ᄉᆡ	Mule
암단추	Boutonnière
암닭	Poule
암되야지	Truie
암말	Jument
암밧곳	Pivoine
암사슴	Biche
암사자	Lionne
암소	Vache
암송아지	Génisse
암슈	PIège
암시랑이	Louve
암양	Brebis
암염소	Chèvre
암오리	Canne (femelle)
암잠납이	Guenon
암치	Morue (Morue sèche)
암칙범	Tigresse
암호	Signal
압니	Dent (Dent incisive)
압셔오	Avancer
압으오	Douloureux, Malade
압졔ᄒᆞ오	Exiger, Forcer
압품	Mal

압하	Douleur
압헤	Avant, En (En avant)
압헤 갓소	Précéder
압헤 잇든 사람	Prédécesseur
압흐오	Souffrir
압희	Devant
앗기오	Épargner
앙화	Collier
애	Dans
야단	Vociférations
야단치오	Vociférer
야만	Barbare, Sauvage
야만요	Farouche
야소교인	Protestant
야웅 거리오	Miauler
야쳥	Bleu
약	Médicament, Médecine, Remède
약 먹소	Purger
약국	Pharmacie
약되오	Médicinal
약듸	Chameau
약방문 닉오	Prescrire
약소	Malin
약식	Sucrerie
약음	Malice
약장사	Pharmacien
약조	Contrat
약죠	Traité
약죠 물느오	Résilier
약주	Vin

약칠ᄒᆞ오	Cirer
약회	Rendez-vous
약ᄒᆞ오	Faible, Fragile
약ᄒᆞᆷ	Faiblesse, Fragilité
약ᄒᆡ지오	Péricliter
얄소	Mince
얌젼ᄒᆞ오	Aimable, Joli
양	Mouton
양 소리 ᄒᆞ오	Bêler
양각	Corne (de mouton)
양고기	Mouton Viande
양국	Europe
양국 사람	Européen
양국회	Ciment
양념	Épice
양다리	Gigot
양모	Laine
양무	Radis
양심	Conscience
양심 바르오	Honnête
양심 바른 사람	Consciencieux
양심 바름	Probité
양ᄉᆡᆨ기	Agneau
양유	Suif
양의 털	Toison
양의 톨	Laine
양인	Européen
양자	Adoption
양자한 아달	Adoptif
양자ᄒᆞ오	Adopter

양쥭소	Ferme
양추질 ᄒᆞ오	Gargariser (se)
양축장	Métairie
어귀	Embouchure
어긔임	Rebours
어긔ᄒᆞ오	Enfreindre
어나 ᄢᅦ	Quand
어두옴	Ténèbres
어둑어둑	Crépuscule
어둠	Obscurité
어둡게	Obscurément
어둡소	Obscur, Obscurcir
어ᄃᆡ [*어디에]	Où
어ᄃᆡ [*오디]	Mûre
어ᄃᆡ셔	Où
어란	Oeuf (Oeuf de poisson)
어렵게	Difficilement
어렵소	Difficile
어렵지 안케	Simplement
어루럭이	Dartre
어루만지오	Caresser
어름	Adulte, Glace
어름 지치는 사람	Patineur
어름 지치오	Patiner
어름수레	Traineau
어름장	Glaçon
어리셕게	Bêtement
어리셕소	Bête, Sot
어리셕은 짓	Bêtise
어리셕음	Sottise

어리오	Puéril
어린	Puérilité
어린 아ᄒᆡ	Gamin
어림	Repaire
어림업는 사람	Imbécile
어림업슴	Imbécilité
어림에	Environ
어머니	Maman, Mère
어부	Pêcheur
어사	Censeur
어셔	Vite
어오	Geler
어인	Sceau impérial
어적긔	Hier
어제	Hier
어좌	Trône
어지럽게 ᄒᆞ오	Troubler
어지오	Humain
어질게	Humainement
어짐	Humanité
억ᄭᅵ부둘기	Omoplate
억졔ᄒᆞ오	Réprimer
억지로 식히오	Obliger
언냑	Rendez-vous
언덕	Colline
언문	Écriture (Écriture coréenne)
언약ᄒᆞ오	Stipuler
언약홈	Stipulation
언제	Quand
언쳥이	Bec-de-lièvre

얼거ᄆᆡ오	Ficeler
얼겨 죽이오	Étrangler
얼골	Figure, Visage
얼나가오	Surmonter
얼네빗	Déméloir
얼는	Promptement
얼마	Combien, Quantité
얼망이	Crible
얽소	Grêlé
엄미	Rigoureusement
엄숙홈	Rigueur, Sévérité
엄지발	Ergot
엄지손가락	Pouce
엄히	Sévèrement
엄ᄒᆞ게	Sévèrement
엄ᄒᆞ오	Rigoureux, Sévère
업소	Absent, Avoir (Il n'y en pas)
업시	Sans, Sauf
업시ᄒᆞ오	Abolir, Anéantir
업신역이오	Mépriser
업신역일 만하오	Méprisable
업ᄉᆡ버리오	Oblitérer
엇ᄀᆡ	Épaule
엇더케	Comment
엇더ᄒᆞ시오	Bonjour
엇던	Quel, Quelconque
엇던 것	Lequel
엇던 사람	Quelqu'un
엇소	Acquérir
엇지	Comment

엇지ᄒᆞ야	Pourquoi
엇지ᄒᆞᆯ 줄 모르오	Perplexe
엇지ᄒᆞᆯ 줄 모름	Perplexité
엉얼거리오	Murmurer
엉얼거림	Murmure
엉크오	Embrouiller
엉키오	Déranger
엉킨 것	Dérangement
엎드러지오	Tomber (Tomber en avant)
에	Du, En
에둘너	Obliquement
에워싸오	Assiéger
여긔	Ici
여긔로	Ici
여긔셔	Ici
여ᄃᆞᆲᄌᆡ	Octave
여러	Plusieurs
여러 번	Plusieurs (Plusieurs fois)
여러 안ᄒᆡ	Polygamie
여물	Foin
여보	Holà!, Ohé! (vulg.)
여봅시오	Ohé! (vulg.)
여섯 달	Semestre
여송년	Cigare
여숙슈	Cuisinière
여오	Ouvrir
여외예	Outre
여호	Renard
역	Relais
역신	Vérole (petite)

역적	Conspirateur, Sédition
역적 놈	Lâche
역적되오	Insurger (s')
역적질	Complot, Conspiration, Lâcheté
역적질ᄒᆞ오	Conspirer
역촌	Relais
연	Cerf-volant
연고로	Car, Parce que
연긔	Fumée
연못	Marais, Marécage, Réservoir
연분	Sympathie
연셜	Discours
연셜군	Orateur
연속홈	Suite
연습	Pratique
연유	Motif
연쥬창	Goitre
연통	Tuyau
연필	Crayon
연ᄒᆞ게	Tendrement
연ᄒᆞ시오	Continuer
연ᄒᆞ오	Consécutif, Continuer, Mou, Successif, Suivre, Tendre
연ᄒᆞᆫ	Suivant
연ᄒᆞᆷ	Succession
연히셔	Continuellement, Propos (à), Suivant
연힛셔	Successivement
열녓소	Ouvert
열님	Ouverture
열쇠	Clef, Passe-partout
열으시오	Ouvrir

염녀ᄒᆞ오	Redouter
염녜	Crainte
염녜ᄒᆞ오	Craindre, Craintif
염병	Épidémie, Peste, Typhus
염병 알는 사람	Pestiféré
염소 삭이	Chevreau
염습	Linceul
염삭	Peinture, Teinture
염삭쟝이	Teinturier
염삭ᄒᆞ는 집	Teinturerie
염삭ᄒᆞ오	Teindre
염의오	Boutonner
염쥬	Chapelet
염초	Salpêtre
염쵸	Nitre
염치	Réserve
염탐군	Mouchard
염통	Coeur
엽헤셔	Auprés
엽히	Près
엿	Nougat
엿보오	Espionner, Guetter
영건	Foulard
영광	Gloire
영광시럽소	Glorieux
영광으로	Glorieusement
영국	Angleterre
영국 공사관	Angleterre (Légation d' Angleterre)
영국 사람	Anglais
영국 셔울	Londres

영니ᄒᆞ오	Précoce
영문	Caserne
영문에 드러가오	Caserner
영영이	Perpétuellement
영영이 변치안소	Inaltérable
영영이오	Perpétuel
영예ᄒᆞ오	Malin
영예ᄒᆞᆷ	Malice
영웅	Héros
영원	Éternel, Perpétuité
영화	Gloire
예	Oui
예모	Politesse
예모업게	Impoliment
예모업소	Impoli
예모잇게	Poliment
예모잇소	Poli
예물	Dot
예비ᄒᆞ오	Apprêter, Disposer, Préparer
예비ᄒᆞᆷ	Préparatif, Préparation
예비힛소	Prêt
예사로	Ordinairement
예사요	Ordinaire
예산	Budjet
예순된	Sexagénaire
예ᄉᆞ로	Passivement
예절	Cérèmonie
옌장	Outil
오	Être
오공이	Statuette

오관	Sens
오국	Autriche
오국 사람	Autrichien
오날	Aujourd'hui
오랑캐곳	Violette
오랑캐	Barbare
오래	Longtemps
오래 삼	Longévité
오래됨	Vétuste
오래지오	Durer
오른쪽	Droite
오리	Canard
오ᄅᆡ 산 사람	Patriarche
오ᄅᆡ 잇소	Stable
오ᄅᆡ지 안소	Récent
오림	Stabilité
오목	Ébène
오목ᄒᆞ오	Creux
오셔	Faute
오시	Midi
오심 부리오	Enorgueillir (s')
오양간	Écurie
오오	Venir, Provenance
오월	Mai
오입	Prostitution
오입장이	Vagabond
오입ᄒᆞ오	Prostituer
오자	Faute
오장륙부	Intestin
오쟝	Viscère

오쟝보	Panse
오쟝육부	Tripe
오좀	Urine
오좀누오	Uriner
오즘누오	Pisser
오즘통	Vessie
오지리	Autriche
오직	Pourvu que
오허	Hélas !
오후에	Après (Après-midi)
오히려	Encore
오힝	Élément
옥 [*獄]	Cellule, Prison
옥 [*玉]	Jade
옥돌	Marbre
옥슈슈	Maïs, Millet
옥슈슈 가로	Gruau
옥ᄉᆞ장이	Geôlier
옥ᄉᆡ	Sceptre
옥에 ᄀᆞ두오	Incarcérer
옥직이	Geôlier
옥좀화	Lis
온젼이	Complètement, Entièrement, Tout
온젼치 안소	Incomplet
온젼ᄒᆞ오	Complet, Intact
온젼ᄒᆞᆫ	Entier
온화ᄒᆞ오	Tiède
올ᄀᆡ미	Noeud Coulant
올나가오	Monter
올너가오	Gravir

올니키오	Hausser
올소	Correct, Raison, Vrai
올은 것	Raison
올은손	Main (Main droite)
올음	Correction
올창이	Têtard
올치	Assurément, Vrai
올치 안소	Soi (Soi-disant), Vrai (Ce n'est pas vrai)
옴 [*오다]	Provenance, Venue
옴 [*피부병]	Gale
옴겨 심으오	Transplanter
옴겨 심음	Transplantation
옴김	Transportation
옴는 병	Maladie Contagieuse
옴쟝이	Galeux
옷	Habillement, Habit, Linge, Vêtement
옷 닙소	Revêtir, Vêtir (se)
옷 단조	Agrafe
옷 박궈 입소	Déguiser
옷 벗기오	Déshabiller
옷 입히오	Habiller
옷가	Bordure
옷거리	Portemanteau
옷밤이	Chouette
옹기오	Déménager
옹셩	Écho
와	Et, Feu
완고	Réaction
완고당	Réactionnaire (Parti réactionnaire)
완고ᄒᆞ는 사람	Réactionnaire

완완ᄒᆞ오	Lent
완경	Détermination
완경ᄒᆞ오	Déterminer
왕굴	Paillasson
왕굴신	Babouche
왕새	Grue
왕셩ᄒᆞ오	Prospérer
왕셩홈	Prospérité
왕위	Royauté
왕통벌	Frelon
왕후	Reine
왜가리	Héron
외	Concombre, Unique
외국 것	Étranger (chose)
외국 사람	Étranger
외국말	Langue étrangère
외국으로 물건 보니는 자	Exportateur
외다로	Seul
외다로 잇소	Isolé
외롭소	Isolé
외면	Extérieur, Superficie
외부ᄃᆡ신	Ministre (Ministre Affaires Etrangères)
외샹	Crédit
외슈	Fraude
외슈 부치오	Frauder
외슈ᄒᆞ면서	Frauduleusement
외슈ᄒᆞᆫ	Frauduleux
외얏	Prune
외얏나무	Prunier
외에	Ailleurs

외오	Réciter
외옴	Récitation
외인교졔과원	Agent diplomatique
외지ᄒᆞ오	Appuyer
외치의원	Chirurgien
외팔징이	Manchot
외편이요	Maternel
왼손	Main (Main gauche)
왼손ᄌᆡ비	Gaucher
왼쪽	Gauche
왼통	Entièrement
왼편	Gauche
요	Matelas, Tapis
요강	Crachoir, Vase (de nuit)
요긴	Besoin
요긴찬소	Besoin (Je n'en ai pas besoin)
요긴ᄒᆞ오	Besoin (J'en ai besoin), Nécessaire
요긴ᄒᆞᆷ	Importance, Nécessité
요란	Émeute
요란시럽소	Turbulent
요란ᄒᆞ오	Séditieux, Tumultueux
요란ᄒᆞᆷ	Tumulte
요령	Clochette
요ᄉᆞ이	Dèrnierement, Jour (Ces jours-ci)
요ᄉᆡ	Récemment
요힝	Hasard
요힝ᄒᆞ오	Hasarder
욕	Injure, Insulte, Offense, Outrage
욕되ᄂᆞᆫ	Injurieux, Outrageant
욕심	Ambition

욕심 잇는 사ᄅᆞᆷ	Ambitieux
욕ᄒᆞᄂᆞᆫ 사람	Insulteur
욕ᄒᆞ오	Humiliant, Humilier, Injurier, Insulter, Offensant, Offenser, Outrager
용	Dragon
용녁	Effort
용모파긔	Signalement
용모파긔ᄒᆞ오	Signaler
용ᄆᆡᆼ 줌	Encouragement
용ᄆᆡᆼ을 주오	Encourager
용ᄆᆡᆼᄒᆞ오	Vaillant
용ᄆᆡᆼᄒᆞᆷ	Vaillance
용서	Pardon
용서치 못할 만ᄒᆞ오	Impardonnable
용서ᄒᆞ오	Pardonner
용셔할 만ᄒᆞ오	Excusable
용셔ᄒᆞ오	Excuser
용트림	Spirale
우단	Velours
우두	Vaccin
우레	Appeau
우리	Nos, Nous, Notre
우리 ᄆᆞ음ᄃᆡ로	Nous (Nous-mêmes)
우리간	Étable
우몽ᄒᆞᆫ	Niais
우물	Puits
우물물	Eau (eau de puit)
우박	Grêle
우박ᄒᆞ오	Grêler
우산	Parapluie
우숩게	Ridiculement

우숩소	Ridicule
우슴	Hilarité
우연이 만나오	Survenir
우오	Pleurer
우유	Lait
우인	Soussigné
우체사장	Directeur (Directeur des postes)
우톄사령	Facteur
우편국	Poste
우표	Timbre-poste
우표 붓치오	Timbrer
운동	Gymnastique
운수	Fatalité
운수요	Fatal
운쟈	Rime
울곡ᄒᆞ오	Gémir, Lamenter (se)
울지 마시오	Pleurer (Ne pleurez pas)
울타리	Barriére, Haie, Palissade
움작이오	Remuer
움즉이오	Mouvoir
웃	Supérieur
웃날	Lendemain
웃니	Dent (Dent incisive)
웃사람	Supérieur
웃소	Rire, Trouver
웃슈염	Moustache
웃슬 만ᄒᆞ오	Risible
웃지 못ᄒᆞ오	Introuvable
원 [*員]	Magistrat, Mandarin Province
원 [*화폐]	Dollar, Piastre

원고	Plaignant
원망	Reproche
원망ᄒᆞ오	Reprocher
원수 갑흠	Revanche
원숭이	Singe
원슈	Ennemi
원슈시러움	Hostilité
원슈요	Hostile
원시 못ᄒᆞ는 사람	Myope
원시ᄒᆞ는 사람	Presbyte
원의	Désir
원졍	Recours
원통ᄒᆞ오	Regretter
원ᄒᆞ시오	Vouloir (Voulez-vous?)
원ᄒᆞ오	Désirer, Souhaiter, Vouloir
원홈	Envie
월	Mois
월계 나무	Rosier
월계꼿	Rose
월급	Salaire
월셩ᄒᆞ오	Franchir
월식	Éclipse lune
월석	Lumière (Lumière de la lune)
월요일	Lundi
웨	Pourquoi
웬슈 갑소	Venger
웬슈 갑흠	Vengeance
위	Dessus
위 것	Supériorité
위도	Latitude

위로치 못ᄒᆞ오 Inconsolable

위로ᄒᆞ오 Consoler, Rassurer

위롱ᄒᆞ오 Plaisanter

위롱ᄒᆞᆷ Moquerie

위사람 Personne

위싱에 유익ᄒᆞᆫ Salutaire

위싱에 ᄒᆡ롭소 Malsain

위엄시럽소 Majestueux

위에 Dessus, Sur

위연이 Hasard (Par hasard)

위연ᄒᆞᆫ 일 Événement

위죠ᄒᆞ오 Falsifier

위ᄐᆡ Danger

위ᄐᆡᄒᆞ게 Dangereusement

위ᄐᆡᄒᆞ오 Dangereux, Périlleux

위ᄐᆡᄒᆞᆷ Péril

위ᄒᆞ야 Pour

위ᄒᆡ셔 Pour

유 Race, Sorte

유공ᄒᆞ오 Mériter

유랑마 Étalon

유리 Verre

유리쪽 Vitre

유리잔 Verre (à boire)

유명 Célèbre

유명ᄒᆞ오 Fameux, Illustrer

유명ᄒᆞᆫ Illustre

유모 Nourrice

유복ᄒᆞ오 Heureux

유삼 Manteau de pluie

유식ᄒᆞᆫ	Scientifique
유식ᄒᆞᆫ 사람	Savant
유아	Nourrisson
유언	Testament
유언ᄒᆞ오	Léguer
유익	Avantage
유익ᄒᆞ오	Avantageux, Utile (C'est utile), Utile, Utiliser
유익ᄒᆞᆷ	Utilité
유인	Séduction
유인ᄒᆞ는 사람	Séducteur
유인ᄒᆞ오	Séduire
유진ᄒᆞ오	Camper
유ᄌᆞ	Citron
유ᄌᆞ나무	Citronnier
유치금	Retraite
유치ᄒᆞ오	Déposer, Réserver
유치ᄒᆞᆷ	Réserve
유향	Encens
육월	Juin
육혈포	Revolver
육쵸	Chandelle
윤치나오	Poli
으더먹으로 단인는 사람	Parasite
으로	En, Par
은	Argent
은 올이오	Argenter
은 ᄒᆞᆫ 냥	Tael
은고	Trésor royal
은근이	Secrètement
은덩어리	Lingot (argent)

은어	Éperlan
은쟌	Timbale
은젼	Monnaie (Monnaie en argent)
은젼궤	Cassette, Coffre-fort
은혜	Bienfait, Bontè, Grâce
은혜 씨치는 ᄌᆞ	Bienfaiteur
은혜로온	Bienfaisant
은혜를 감사함	Reconnaissance
은혜주오	Gracier
은힝쇼	Banque
음ᄂᆞᆫ	Impudicité
음ᄂᆞᆫᄒᆞ오	Impudique, Obscène
음ᄂᆞᆫ흠	Obscénité
음셩	Voix
음셩 나오	Vocal
음식	Aliment, Mets, Nourriture, Repas
음식 차례 적은 것	Menu
음식갑 님	Pension
읍	Canton
읍내	Ville
읍내셩	Fortification, Rempart
읍인	Bourgeois, Villageois
읏듬되오	Principal
읏듬으로	Principalement
응그리오	Frémir
의	De
의견	Parti
의관	Habit
의논	Délibération, Transaction, Vote
의논ᄒᆞ오	Délibérer, Discuter, Voter

의덕	Justice
의명	Adjectif
의병	Rebelle
의복	Costume, Habillement, Vêtement
의셔	De
의심	Défiance, Doute, Hésitation, Soupçon, Suspicion
의심 만소	Soupçonneux
의심 업시	Sans-doute
의심나ᄂᆞᆫ	Défiant
의심ᄒᆞ오	Douter, Douteux, Méfier (Se), Soupçonner, Hésiter
의ᄉᆞ	Idée, Intention, Opinion
의외화	Accident
의원	Docteur, Médecin
의장	Armoire, Garde-robe
의ᄌᆞ	Fauteuil
의합ᄒᆞ오	Consentir
의혹ᄒᆞ오	Suspecter
의혹ᄒᆞᆷ	Suspect
의ᄒᆞ야	Suivant
이 [*利]	Bénéfice, Gain
이 [*주격조사]	Le..la
이 [*지시형용사]	Ce-cet-cette , Cet
이 남소	Bénéficier, Profitable
이 만니 남소	Lucratif
이 ᄶᅡ달그로	Voilà (Voilà pourquoi)
이 여송년	Ce-cet-cette (Ce cigare-ci)
이거슬 ᄒᆞ시오	Faites cela
이것	Ceci, Celui-ci ... celle-ci
이것 보시오	Voilà
이것시	Chose

이긔오	Vaincre
이긔지 못ᄒᆞ오	Invincible
이나	Ainsi
이년	Vilain
이놈	Coquin
이니	Ou
이단	Diablerie
이단이오	Superstitieux
이단질	Superstition
이던날 젼	Avant-veille
이러케	Comme (Comme ceci)
이럼으로	Donc
이르오 [*도착하다]	Parvenir
이르오 [*알리다]	Avertir, Dire
이리	Manière
이리로	Ici
이리져리 감	Zigzag
이마	Front
이삭	Épi
이샹이 넉이오	Admirer
이샹ᄒᆞ게	Curieusement
이샹ᄒᆞ오	Curieux
이슬	Rosée
이ᄉᆞ	Émigration
이ᄉᆞᄒᆞ오	Déloger, Émigrant, Émigrer
이ᄭᅵ	Mousse
이쁘오	Joli
이쑤시ᄀᆡ	Cure-dent
이야기	Description, Légende
이야기ᄒᆞ오	Causer

이웃 녜편네	Voisine
이웃 동닉	Voisinage
이웃 사람	Voisin
이웃집	Voisin
이월	Février
이져버렷소	Oublier (J'ai oublié)
이져버리오	Oublier
이져버림	Oubli
이젼	Ancien, Gain, Profit
이젼에	Jadis
이지러쓰리오	Ébrécher
이질	Dyssenterie
익달ᄒᆞ오	Expert
익소	Cuit, Mûr, Mûrir
익엿소	Vaincu
익인 사람	Vainqueur
익지 온은 것	Cru
익히오	Cuire
인	Sceau
인 고기 목는 놈	Anthropophage
인가가 총총ᄒᆞ오	Populeux
인구	Habitant, Population
인도고	Gomme
인도ᄒᆞ는 사람	Conducteur
인도ᄒᆞ오	Amener, Conduire, Diriger, Mener
인분	Excrément
인사	Connaissance, Présentation
인사 식이오	Présenter
인삼	Genseng
인ᄉᆞ	Salut, Salutation

인ᄉᆞᄒᆞ오	Saluer
인찍소	Sceller
인외	Patience
인ᄋᆡᄒᆞᆫ	Affectueux, Bienveillant
인자	Bontè, Douceur
인자ᄒᆞᆫ 사람	Philanthrope
인쟈ᄒᆞ오	Doux
인종 ᄉᆡ오	Dépeupler
인ᄌᆞ	Bénignité
인ᄌᆞᄒᆞ오	Miséricordieux
인ᄌᆞᄒᆞᆫ	Affabilité, Affable, Bénin, Compatissant, Miséricorde
인쳔	Chemulpo
인ᄒᆞᆫ 놈	Égoïste
일 [*노동]	Affaire, Ouvrage, Travail (manuel)
일 [*日]	Jour
일가	Parents
일과	Tâche
일군	Ouvrier, Travailleur
일긔	Temps
일긔가 고루지 못ᄒᆞ오	Orageux
일긔부죠	Orage
일너주오	Mentionner
일너줌	Mention
일녁거	Pousse-pousse
일년감	Tomate
일느오	Tôt
일뎡	Certainement, Certes
일뎡 안이오	Incertain
일뎡치 안음	Incertitude
일뎡치 안케	Incertainement

일ᄃᆡ	Troupe
일본	Japon
일본 공사관	Japon (Légation du Japon)
일본 사람	Japonais
일산	Parasol
일식	Éclipse (soleil)
일어버림	Perte
일요일	Dimanche
일월	Janvier
일으오	Annoncer
일이	Loup
일졍	Assurément
일졍이오	Sûr
일쥭이	Heure (de bonne heure)
일ᄌᆞ로	Aligner
일판 말ᄒᆞ오	Relater
일허바리오	Perdre
일허ᄇᆞ린	Perdu
일홈	Nom
일홈 갓튼 사람	Homonyme
일홈 둠	Signature
일홈 썻소	Soussigné
일홈 지소	Surnommer
일후	Avenir, Aventure
일후에	Dorénavant
일흠 젹소	Immatriculer
일ᄒᆞ오	Opérer, Travailler
일홈	Opération
읽소	Lire
읽은 만ᄒᆞ오	Lisible

임군 죽인 놈	Régicide
임념	Gencive, Mâchoire
임의	Déjà, Puisque
임쟈	Propriétaire
임줄	Muscle
입	Bouche
입 ᄌᆡ쥬 잇는 사람	Orateur
입긔운	Haleine
입나무	Broussailles
입마추오	Embrasser
입사귀	Feuille
입사귀 싸오	Effeuiller
입사귀들	Feuillage
입젹	Naturalisation
입젹ᄒᆞ오	Naturaliser
잇그오	Entraîner
잇다가	Tout (Tout-à-l'heure)
잇소	Avoir, Avoir (Il y en a), Exister, Ici (Il est là), Présent Subsister
잇소?	Avoir (Il y en a-t-il?)
잇슴	Existence, Présence
잇ᄉᆞ	Migration
잇조	Bénéfice
잇치 밧기오	Illogique
잉어	Carpe
ᄋᆞᆯ는 데	Souffrance
ᄋᆡ ᄇᆡ오	Concevoir
ᄋᆡ고	Hélas !
ᄋᆡ고	Cri (Cri de douieur)
ᄋᆡ구눈이	Borgne
ᄋᆡ졍	Tendresse

ᄋᆡ통ᄒᆞ오	Lugubre
ᄋᆡ외로	Sus (en)
잉도	Cerise
잉도나무	Cerisier
잉무ᄉᆡ	Perroquet

자

자	Mètre, Règle
자개	Nacre
자개 박소	Incruster
자게 박음	Incrustation
자결ᄒᆞ오	Suicider (se)
자근 병	Fiole
자근병	Flacon
자두	Prune
자두나무	Prunier
자라	Tortue
자라오	Grandir, Pousser
자랑ᄒᆞ는 사람	Vantard
자랑ᄒᆞ오	Vanter (se)
자로 큰 낫	Faux
자루	Besace
자루	Besace, Sac (coton)
자른 것	Rognure
자리	Place, Position

자리 젹삼	Chemise (chemise de nuit)
자리잡소	Placer
자물쇠	Serrure
자물쇠징이	Serrurier
자셔치 안소	Inexact
자셔훈 말	Renseignement
자시	Minuit
자오	Dormir
자졍	Minuit
자쵹	Empreinte
자쥬 [*自主]	Indépendance
자쥬 [*종종]	Souvent
자쥬 변ᄒᆞ오	Instable
자쥬 변홈	Instabilité
자쥬요	Indépendant
자쵹 닉오	Imprégner
자최	Vestige
자휘	Vocabulaire
자힝거	Bicyclette
작난감	Quille
작난ᄒᆞ오	Recréer
작문	Composition
작별	Adieu
작소	Petit
작어지오	Rapetisser
작은	Petit
작은 가지	Rameau
작은 길	Sentier
작은 나무	Arbuste
작은 바람	Zéphire

작은 사람	Nain
작은 칼	Stylet
작폐	Malversation
잔디	Gazon
잔디 입히오	Gazonner
잔소리ᄒᆞ오	Rabâcher, Radoter
잔ᄶᅨ	Soucoupe
잔쓱	Pleinement
잘	Bien
잘 갈희시오	Choisir (Choisissez-bien)
잘 노으시오	Amuser (Amusez-vous bien)
잘 셔오	Aligner
잘 슴	Orthographe
잘 쓰시오	Bien (Ecrivez bien)
잘 주무시오	Dormir (Dormez bien)
잘느오	Ras
잘되오	Réussir
잘됨	Réussite
잠감 머무르오	Séourner
잠감 머무름	Séjour
잠시	Laps, Provisoirement, Temporairement
잠시 졍지	Pause
잠시오	Provisoire, Temporel
잠깜	Réveil
잠ᄭᆡ오	Réveiller
잠오오	Endormir (S')
잡 짓	Scandale
잡 짓 ᄒᆞ오	Scandaliser
잡소	Saisir
잡슈시오	Manger (Manger très-poli)

잡슐	Sortilège
잡슐ᄒᆞ는 사람	Escamoteur
잡슐ᄒᆞ오	Escamoter
잡빠지오	Tomber (Tomber en arrière)
잡씨럽게	Impudiquement
잡어단기오	Retenir
잡음	Saisie
잣나무	Pin
잣소	Fréquent
잣즘	Fréquentation
장	Armoire
장가 아니 든 사람	Célibataire
장가락	Majeur (doigt)
장감	Coryza, Grippe
장긔	Échecs
장기	Charrue
장난	Jeu
장난감	Joujou
장난ᄒᆞ오	Jouer
장님	Sorcier
장모 비	Plumeau
장부	Époux
장사 [*사업]	Commerce
장사 [*상인]	Marchand
장사 [*葬事]	Funérailles
장시	Établissement
장심	Paume (de la main)
장ᄉᆞ셰	Patente
장옷	Mante
장원	Mur

장인 [*(匠人]	Artisan
장경 셰오	Régler
장판지	Papier parquet
재가	Sanction
재가 ᄂᆡ리오	Sanctionner
재미잇게 ᄒᆞ오	Intéresser
재미잇소	Intéressant
쟁기	Outil
쟁단지	Mollet
쟉뎡ᄒᆞ오	Décider
쟉만홈	Provision
잘ᄒᆞ오	Rajuster
쟘간	Instant
쟘쟘ᄒᆞ게	Paisiblement
쟘쟘ᄒᆞ오	Paisible
쟙됨	Impudicité
쟝	Marché
쟝가드오	Marier
쟝갑	Gant
쟝갑 씨오	Ganter (se)
쟝갑 장사	Gantier
쟝긔	Facture
쟝님	Aveugle
쟝닭	Coq
쟝ᄅᆡ	Futur
쟝마	Saison (Saison des pluies)
쟝모	Belle-mère
쟝부	Mari
쟝사 [*葬事]	Enterrement
쟝사 지ᄂᆡ오	Enterrer

쟝셩홈	Puberté
쟝슈	Longévité
쟝식	Charnière, Ferrure
쟝ᄉ [*葬事]	Sépulture
쟝옷	Voile (Voile de f'emme)
쟝인	Beau-père
쟝정	Système
쟝터	Halle
저것	Cela, Celui-là ... celle-là
저녁밥	Dîner
저리오	Engourdir
저의들	Eux
저의들 ᄆᆞ암ᄃᆡ로	Eux (Eux-mêmes)
전	Drap
절	Bonzerie
절둑발이	Boiteux
정결치 안소	Malpropre
정자	Pavillon
정ᄒᆞ게	Proprement
정ᄒᆞ오	Propre
정홈	Propreté
제	Il, Son
제 ᄆᆞ음ᄃᆡ로	Lui (Lui-même)
제가	Il
제목	Sujet
제비	Hirondelle
제우오	Combler
져	Elle, Lui
져가락	Bâtonnets
져구리	Veston

져녁	Soir
져녁때에	Soir
져룡	Économie
져룡으로	Économiquenent
져룡ᄒᆞ는 사람	Économe
져룡ᄒᆞ오	Économiser
져울	Balance
져울대	Fléau (Fléau balance)
져울바탕	Plateau de balance
져이들	Elles
져자	Marché
져잠ᄒᆞ오	Exécuter
젹당ᄒᆞ오	Résister
젹당홈	Résistance
젹삼	Chemise
젹신	Humide, Nudité
젹신이오	Nu
젹실이	Véritablement
젹실ᄒᆞ오	Véritable
젹은 수레	Brouette
젹은 지물	Pécule
젹젹ᄒᆞ오	Solitaire
젹젹홈	Solitude
젼	Magasin
젼거	Désignation
젼거ᄒᆞ오	Désigner
젼골	Ragoût
젼관	Prédécesseur
젼교사	Missionnaire
젼교회	Mission

젼구지도	Mappemonde
젼권	Plénipotentiaire
젼긔	Électricité
젼날	Veille
젼녁밥 먹소	Souper
젼능	Omnipotence
젼당	Engagement
젼당 잡히오	Engager
젼당 찻소	Racheter
젼되	Valise
젼딕	Besace
젼량	Subside
젼번	Autre (Une autre fois)
젼어긔	Téléphone
젼어통	Téléphone
젼에	Devant, Naguère
젼역 후에	Après (Aprés-souper)
젼운 학도	Novice
젼위	Abdication
젼위ᄒᆞ오	Abdiquer
젼염	Contagion
젼염ᄒᆞ오	Contagieux
젼쟝	Guerre
젼파	Divulgation, Révélation
젼파ᄒᆞ오	Divulguer, Révéler
젼ᄒᆞ오	Communiquer, Propager
젼홈	Propagation
졀 [*물결]	Onde
졀 [*사찰]	Monastère, Temple
졀 [*節]	Saison

졀구	Mortier
졀노	Naturellement
졀머쓸 쎡	Jeunesse
졀문 사람	Mineur
졀시	Saison, Temps
졀용ᄒᆞ오	Ménager
졀ᄒᆞ오	Prosterner(se)
졈 [*店]	Mine
졈 [*點]	Apostrophe, Point
졈 빅엿소	Tacheter
졈소	Jeûne
졈심 후에	Après (Après-dîner)
졈씩소	Pointiller
졈에 잇는 사람	Mineur
졈잔소	Sérieux
졈잔케	Sérieusement
졈졈	Progressivement
졉소	Plier, Ployer
졉시	Assiette
졉젼	Combat
졉젼ᄒᆞ오	Combattre
졉펴엇소	Pliant
졉핀 것	Pli
졋	Lait
졋 먹이오	Allaiter
졋 빠오	Téter
졋 짜오	Traire
졋가삼	Mamelle
졋ᄃᆡ	Flûte
졋소	Mouiller, Remuer, Tremper

졋떡	Fromage
졋쩨오	Sevrer
졋통	Sein, Téton
경거졍	Gare
졍경	Président
졍덕	Chasteté
졍물ᄒᆞ오	Confisquer
졍물홈	Confiscation
졍부	Gouvernement
졍빅이	Tête
졍셩	Sincérité
졍셩것	Sincèrement
졍신	Mémoire
졍신 잇소	Avoir (Avoir de l'esprit)
졍신 죠소	Spirituel
졍신업슴	Mollesse
졍영	Colonel
졍욕	Passion
졍쟝	Recours
졍절ᄒᆞ오	Immaculé
졍지ᄒᆞ시오	Arrêter (s') (Arrêtez vous !)
졍지ᄒᆞ오	Arrêter (s')
졍치	Politique
졍함	Verdict
졍ᄒᆞ오	Fixer
졔	Sa, Ses
졔 것	Sien (le)
졔금 [*提琴]	Tam-tam
졔금 [*提金]	Cymbale
졔도	Structure

졔렷소	Salé
졔리오	Saler
졔림	Salaison
졔목	Thème, Titre
졔물 [*財物]	Richesse
졔물 [*祭物]	Offrande
졔병	Hostie
졔ᄉᆞ	Sacrifice
졔ᄉᆞ지ᄂᆡ오	Sacrifier
졔어ᄒᆞ오	Subjuguer
졔육	Porc
졔자리에 놋소	Ranger
졔자리에 ᄒᆞᆼ상 잇소	Stationnaire
졔죠	Fabrique
졔죠소	Usine
졔죠젼	Fabrique
졔헌ᄒᆞ오	Immoler
졔헌ᄒᆞᆷ	Immolation
조고만 길	Allée
조고만 산골작이	Vallon
조곰	Guère, Laps, Peu
조곰 적시오	Humecter
조곰도 아니오	Minime
조곰만 셤	Îlot
조공	Tribut
조공ᄒᆞ오	Tributaire
조기	Gilet
조ᄀᆡ	Coquillage, Huître
조례	Soin
조례식이오	Soigner

조례ᄒᆞ오	Soigner (se)
조모	Aïeule, Grand-mère
조부	Aïeul, Grand-père
조심	Attention
조심 업소	Inattentif, Irréfléchi
조심 업슴	Inattention
조심히	Attentivement
조심ᄒᆞ시오	Attention (Faites attention)
조심ᄒᆞ오	Attentif
조오	Assoupir
조와하지 안소	Taciturne
조잘ᄒᆞᆫ	Chaste
조쟉ᄒᆞ는 쟈	Fabricant
조찬는 약	Drogue
조찬소	Vilain
조찬은	Vilain
조찰케 ᄒᆞ오	Purifier
조찰케 ᄒᆞᆷ	Purification
조찰ᄒᆞ오	Pur
조칙	Édit
조칵	Débris
조흔	Beau
조흔 졋	Créme
족보	Généalogie
족제비	Belette
존졀ᄒᆞᆷ	Parcimonie, Tempérance
졸음	Assoupissement
좀 [*동물]	Mite
좀 [*조금 더]	Peu
좀 더	Plus (Un peu plus)

좁소	Étroit
좃소	Suivre
종	Esclave
종긔	Abcès
종용이 ᄒᆞ오	Modérer
종의	Papier
종의 만드는 집	Papeterie
종의 칼	Coupe-papier
종의 파는 사ᄅᆞᆷ	Papetier
종의 ᄒᆞᆫ 장	Feuille (Feuille de papier)
종잘ᄉᆡ	Alouette
좌처	Emplacement
죄	Crime, Péché
죄 범ᄒᆞ오	Commettre
죄를 벗겨 쥬오	Justifier
죄를 벗겨 쥼	Justification
죄양이	Épervier
죄오	Serrer
죄인	Coupable, Criminel, Scélérat
죄쵸	Adresse
죠각	Tranche
죠각ᄂᆡ오	Trancher
죠갈	Pépie
죠게	Concession
죠관	Dignitaire
죠련	Exercice
죠련ᄒᆞ오	Exercer
죠롬	Sommeil
죠상	Ancêtres, Condoleance
죠셩ᄒᆞ오	Créer

죠신	Courtisan
죠심	Gare!
죠을니오	Sommeiller
죠춍	Pistolet
죠칙	Décret
죠케 ᄒᆞ오	Radoucir (se)
죠회	Note
죠회ᄒᆞ오	Noter
죠흔 일홈	Renommée
죡하	Neveu
죡하ᄯᆞᆯ	Nièce
죡히	Suffisamment
죡히 쓰오	Suffire
죡ᄒᆞ오	Suffisant
죤안ᄒᆞ오	Enregistrer
죰도젹질	Larcin
죱ᄊᆞᆯ	Millet
죵	Cloche
죵 치오	Sonner
죵긔	Bouton (abcès), Furoncle, Ulcère
죵두	Vaccin
죵두 넛소	Vacciner
죵류	Espèce, Genre
죵션	Nacelle
죵용	Modération
죵용ᄒᆞ게	Modérément
죵젹	Trace
죵치는 사람	Sonneur
죵파	Tribu
주교	Évêque

주교집	Évêché
주롬	Ride
주롬 지피오	Rider
주롬잡소	Plisser
주름진	Rugueux
주리오	Diminuer, Rétrécir
주막	Hôtel
주막쟁이	Hôtelier
주머니	Poche
주무르오	Manipuler, Tripoter
주션	Entreprise
주션ᄒᆞ는 사람	Entrepreneur
주션ᄒᆞ오	Entreprendre
주식	Volupté
주야평균	Équinoxe
주오	Donner, Pourvoir
주인	Patron
주저안소	Écrouler (s')
주졈쇼	Halte
주지 못ᄒᆞ오	Incessible
주회	Zone
죽소	Décéder, Mort, Mourir
죽에	Mortellement
죽을 것	Mortel
죽음	Mort
죽이오	Tuer
죽지 아늠	Immortalité
죽지 안소	Immortaliser, Immortel
줄	Ruban
줄 만ᄒᆞ오	Payable

줌 [*움큼]	Poignée
줌 [*전함]	Tradition
중	Religieux
중되장	Capitaine
쥐	Rat
쥐덧	Ratière, Souricière
쥬고밧는 구망	Guichet
쥬막	Auberge
쥬막징이	Aubergiste
쥬머니칼	Canif
쥬먹	Poing
쥬셕	Cuivre (jaune), Laiton
쥬션ᄒᆞ오	Arranger
쥬오	Léguer
쥬의 잇게 ᄒᆞ오	Proposer
쥬의 잇게 ᄒᆞᆷ	Proposition
쥬인	Maître, Seigneur
쥬일 동안	Semaine
쥬자ᄒᆞ는 집	Imprimerie
쥬쟝ᄒᆞ오	Dominer
쥬정군	Ivrogne
쥬즙어ᄒᆞ면셔	Timidement
쥬즙어ᄒᆞ오	Intimider, Timide
쥬즙어ᄒᆞᆷ	Timidité
쥬ᄌᆞ	Caractère (imprimerie)
쥬회	Autour, Enceinte (Enceinte Muraille)
쥭	Purée
쥭계	Perdrix
쥰비ᄒᆞᆷ	Provision
쥰쥬	Perle

쥴 [*띠] Ressort

쥴 [*선] Trait

쥴 [*연장] Lime

쥴거리 Tige

쥴것소 Rayer, Souligner, Tracer

쥴기 쌧소 Jaillir

쥴질ᄒᆞ오 Limer

즁 Bonze, Moine

즁간 Intermédiaire, Intervalle

즁문 Portail

즁에 Parmi

즁추원 Conseil (Conseil Privé)

즁칙ᄒᆞ오 Sévir

즁ᄒᆞ오 Onéreux

즉시 Aussitot, Immédiat, Immédiatement, Tout (Tout de suite)

즐거온 Plaisant

즐거옴 Consolation, Gaieté, Hilarité, Joie, Plaisant, Plaisir

즐거워ᄒᆞ오 Contenter, Jouir, Joyeux

즐거워ᄒᆞᆷ Jubilation

즐겁게 Gaiement

즐겁게ᄒᆞ는 사람 Consolateur

즐겁소 Gai

즐겁지 안케 ᄒᆞ오 Dédaigner

즐겨 노오 Réjouir

즐겨 놂 Réjouissance

즐겨서 Volontiers

즐겨ᄒᆞ오 Daigner

즐고온 Allégre

즐고ᄒᆞᆷ이 Allégresse

즐기게ᄒᆞ오	Consoler
즘생의원	Vétérinaire
즘싱	Animal
즘싱 털 벗는 ᄯᆡ	Mue
즘싱의 ᄂᆞᆫᄒᆞᄂᆞᆫ 책	Zoologie
즙	Jus, Sauce, Suc
즙그릇	Saucière
증가ᄒᆞ오	Augmenter
증거	Preuve
증거ᄒᆞ오	Témoigner
증그러옴	Horreur
증그럽게	Horriblement
증그럽소	Horrible
증조	Présage, Pronostic
지각	Expérience, Instinct, Sensibilité, Tact
지각 업슴	Inexpérience
지게 [*집게]	Pincettes, Pince
지게 [*운반기구]	Hotte
지게군	Porteur
지경	Frontière
지경 츌송ᄒᆞ오	Proscrire
지고	Cave
지구	Gloe
지권연	Cigarette
지극히 놉소	Suprême
지극히 됴흔	Magnifique
지극히 큰	Colossal
지근거리오	Provoquer
지근거림	Provocation
지금	Maintenant, Présentement

지금부터	Désormais
지금이오	Moderne
지나가오	Écouler (s')
지나감	Écoulement
지나오	Passer
지난	Dermer
지남쳘	Aimant
지네	Cent-pieds
지누렙이	Nageoire
지닉오	Subir
지도	Carte (geographie), Plan
지도리	Gond
지동	Tremblement De terre
지렁이	Ver (de terre)
지리	Géographie
지리학	Géométrie
지방	Pays
지슐 ᄒᆞ는 사람	Géomètre
지식	Science
지어내소	Découvrir
지어내오	Inventer
지오 [*들다]	Porter
지오 [*패하다]	Succomber
지옥	Enfer
지은 일홈	Surnom
지음	Perpétration
지임	Effacement
지젼	Monnaie (Monnaie en papier)
지진	Tremblement
지취ᄒᆞ오	Tarder

지혜	Sagesse
지혜로오	Prudent
지혜시럽소	Sage
지휘ᄒᆞ오	Suggérer
지휘홈	Suggestion
직 한는 사람	Titulaire
직게	Tenaille
직무	Emploi
직분	Devoir
직업	Situation
직제손	Index
직함	Titre
직히는 사람	Gardien
직히오	Garder, Observer, Veiller
직힘	Garde
진	Bitume
진는 사람	Constructeur
진다웅빗	Minium
진ᄆᆡᆨᄒᆞ오	Tâter
진ᄇᆡ	Fourniture
진ᄇᆡ하오	Pourvoir
진ᄇᆡᄒᆞ는 사람	Fournisseur
진ᄇᆡᄒᆞ오	Fournir
진셔	Caractère (chinois)
진실이	Fidèlement
진실치 안소	Infidèle
진실치 안음	Infidélité
진실함	Véracité
진실ᄒᆞ게	Fidèlement
진실ᄒᆞ오	Loyal, Probe, Sincère, Candide, Fidèle

진실ᄒᆞᆷ	Fidélité, Sincérité
진심	Loyauté
진언	Formule, Maléfice
진져리나오	Effrayant
진젹ᄒᆞ오	Réel
진졍	Vraiment
진즁	Camp
진흙	Boue, Fange, Limon
질 만ᄒᆞ오	Effaçable
질겨ᄒᆞ오	Égayer
질그릇	Poterie, Faïence
질기오	Divertir
질녀	Nièce
질솟	Chaudière (chaudière d'argile)
질알	Épilepsie
질알장이	Épileptique
질투	Envie
질투ᄒᆞ오	Jalouser, Envieux
질화로	Réchaud
짉	Argile
짐	Bagage, Charge (de boeuf), Fardeau
짐 싯소	Charger
짐군	Portefaix
짐노ᄒᆞ오	Agacer
짐시	Autruche
집	Batiment, Maison, Paille, Tube
집 도양 ᄂᆡ논 ᄌᆞ	Architecte
집 압희	Devant (Devant la maison)
집비들기	Pigeon
집소	Prendre, Ramasser

집신	Soulier (Soulier de paille)
집어 올니오	Relever
집어 주오	Prélever
집에	Chez
집웅	Toit
집죠	Sauf-conduit
집흐로 ᄎᆡ우오	Empailler
집힝이	Canne
짓 것	Construction
짓소 [*건축하다]	Bâtir, Construire, Édifier
짓소 [*저지르다]	Perpétrer
짓소 [*지우다]	Effacer
짓소 [*짖다]	Aboyer
징그림	Grimace
징력	Travailleur (Travaux forcés)
징력군	Forçat
징셰	Symptôme
징찬ᄒᆞ오	Louanger
ᄌᆞ긔	Soi
ᄌᆞ긔 ᄆᆞ음ᄃᆡ로	Soi (Soi-même)
ᄌᆞ랑	Ostentation
ᄌᆞ루	Manche (d'outil)
ᄌᆞ루 박소	Emmancher
ᄌᆞ명죵	Pendule
ᄌᆞ셰히	Exactement
ᄌᆞ셰히 ᄎᆞᆺ소	Requérir
ᄌᆞ연ᄒᆞᆫ 이치	Nature
ᄌᆞ연ᄒᆞᆫ 이치로	Naturellement
ᄌᆞ연ᄒᆞᆫ 이치오	Naturel
ᄌᆞ원	Volonté

ᄌᆞ원으로	Spontanément, Volontairement
ᄌᆞ원ᄒᆞ오	Spontané, Volontaire
ᄌᆞ지빗	Violet
ᄌᆞ휘	Dictionnaire
ᄌᆡ	Cendre
ᄌᆡ갈	Mors
ᄌᆡ료	Matériaux, Matière
ᄌᆡ물	Fortune
ᄌᆡ물 모두오	Thésauriser
ᄌᆡ미잇소	Admirable
ᄌᆡ보오	Toiser
ᄌᆡ써리	Cendrier
ᄌᆡ우오	Endormir
ᄌᆡ잘거리오	Bégayer
ᄌᆡ조	Habileté
ᄌᆡ조 잇소	Habile, Industrieux
ᄌᆡ쥬	Intelligence
ᄌᆡ쥬 업소	Inhabile
ᄌᆡ쥬 잇는 사람	Artiste
ᄌᆡ쥬 잇소	Intelligent
ᄌᆡ촉	Hâte
ᄌᆡ촉ᄒᆞ오	Dépêcher, Hâter, Stimuler
ᄌᆡ쵹흠	Stimulation
ᄌᆡ칙이	Éternuement
ᄌᆡ칙이ᄒᆞ오	Éternuer
ᄌᆡ판	Jugement
ᄌᆡ판관	Administrateur, Juge
ᄌᆡ판소	Tribunal
ᄌᆡ판ᄒᆞ오	Juger
징가비	Casserole (fer)

차

차	Thé
차 그릇	Théière
차게 ᄒᆞ오	Refroidir
차관	Théière
차는 연필	Porte-crayon
차도 덥도 안소	Tempéré
차돌	Silex
차레로 싸오	Empiler
차례 밧구오	Intervertir
차례로	Graduellement
차르오	Court
차리 밧구오	Déplacer
차ᄅᆡ	Emprunt
차문	Longanimité
차셔	Série
차오	Froid
차져ᄂᆡ오	Fouiller
차죵	Tasse

차지ᄒᆞ오	Emparer (s')
차차	Petit (Petit à petit), Peu (Peu à peu)
차한	Honorifique
착난ᄒᆞ오	Badiner
착실치 안소	Négliger, Négligent
착실치 안이ᄒᆞᆷ	Négligence
착ᄒᆞ오	Probe
착ᄒᆞᆷ	Probité
찬뎡	Conseiller (conseiller d'Etat)
찬물	Froid (De l'eau froide)
찬미	Éloge
찬미ᄒᆞ오	Louable, Louer
찬쟝	Garde-manger
찬존	Compliment
찬존ᄒᆞ오	Complimenter
찬채	Repas
찬치	Festin
찰난ᄒᆞ오	Remarquable
찰못	Mal
찰소	Court
참	Réellement, Vraiment
참교	Sergent
참녜	Participation
참녜ᄒᆞ오	Participer
참서관	Secrétaire
참서쳥	Secrétariat
참소	Patient, Patienter, Supporter
참ᄉᆡ	Moineau
참ᄭᆡ	Sésame
참아 밧소	Endurer

참영	Commandant
참예ᄒᆞ오	Assister
참위	Sous-Lieutenant
참으면서	Patiemment
참음	Patience
참의	Melon
참지 못ᄒᆞ오	Impatient, Impatienter, Insupportable
참지 못흠	Impatience
찻소	Chercher, Plein
창	Lance
창문	Fenêtre
창셜ᄒᆞ오	Établir
창시	Fourchette
창자	Boyau, Entrailles
채오오	Emplir
채우오	Compléter
챙	Abat-Jour
챵실	Étourderie
척량	Dimension
철갑선	Cuirassé
철니경 보오	Lorgner
철샤 ᄆᆡ오	Enchainer
철쟝	Rail
쳐남	Beau-frère
쳐련	Semblant
쳐음으로 ᄒᆞ오	Inaugurer
쳐할 만ᄒᆞ오	Condamnable
쳐ᄒᆞ오	Condamné
척냥	Mesure
척냥ᄒᆞ오	Mesurer

쳔	Mille
쳔거	Suffrage, Recommandation
쳔거ᄒᆞ오	Recommander
쳔동	Tonnerre
쳔동ᄒᆞ오	Tonner
쳔ᄃᆡ	Mépris
쳔쟝	Palais Bouche
쳔지ᄀᆡ벽	Néant
쳔쳔이	Doucement, Lentement
쳔쳔이 죵치오	Tinter
쳔쳔이 ᄒᆞ오	Ralentir
쳔ᄒᆞ오	Vil, Vulgaire
쳘	Expérience
쳘 일ᄒᆞ오	Forger
쳘노	Tramway
쳘리경	Longue-vue
쳘망	Grillage
쳘사	Fer (Fil de fer)
쳘ᄉᆞ	Laiton
쳘필ᄃᆡ	Porte-plume
쳘환	Cartouche
쳘환쥬머니	Cartouchière
쳠	Flatterie, Platitude
쳠군	Flatteur
쳠아	Rebord
쳠쳠	Petit (Petit à petit)
쳡 [*妾]	Concubine
쳡 [*貼]	Potion
쳣재	Premier
쳣재로	Premièrement

쳣지 것	Sujet
청강셕	Emeraude
청구서	Supplique
청국	Chine
청국 공사관	Chinois (Légation de Chine)
청국 사람	Chinois
청군	Intrigant
청금셕	Mica
청단	Liste
청명	Soumission
청명ᄒᆞ오	Éclaircir, Soumis
청좌	Convive
청직이	Page
청텬	Firmament
청쳡	Invitation (carte d'invitation)
청촉	Demande
청ᄒᆞ오	Convier, Demander, Réclamer
청ᄒᆞᆫ	Invité
청ᄒᆞᆫ ᄃᆡ로 됫소	Obtenir
청ᄒᆞᆫ ᄃᆡ로 됨	Obtention
청ᄒᆞᆷ	Invitation, Réclamation
쳬 [*여과기]	Crible
쳬 [*겉치레]	Semblant
쳬징	Indigestion
쳬ᄒᆞ오	Indigeste, Prétendre
초	Vinaigre
초가집	Paille (Toit de paille)
초등ᄒᆞ오	Surpasser
초롱	Lanterne
초막	Maison (Maison de bonze)

초목	Végétation
초목 나오	Végéter
초병	Vinaigrier
초부	Bûcheron
초월ᄒᆞ오	Sublime
초인	Épouvantail, Mannequin
초즁이	Ver (à soie)
총	Fusil
총계	Somme
총계러 놋소	Faisceau (former)
총ᄀᆡ머리	Crosse
총ᄃᆡ위원	Comité
총명시럽소	Ingénieux
총슌	Inspecteur
총챵	Baïonnette
총총ᄒᆞ오	Expéditif
쵸 [*抄]	Copie
쵸 [*燭]	Chandelle, Cierge
쵸ᄃᆡ	Chandelier
쵸례	Inauguration
쵸롱등	Fanal
쵸ᄭᅩ지	Flambeau
쵼	Hameau, Village
쵸안	Balle
춍 놈	Tir
춍 놋는 사람	Tireur
춍 놋소	Tirer
춍명	Sagacité
춍모피	Hermine
추념	Cotisation, Souscription

추념 ᄂᆡ오	Cotiser, Souscrire
춘흥	Indecence
출납	Trésorier
출언ᄒᆞ오	Exprimer
출중ᄒᆞ오	Exceller
춤 [*무용]	Danse
춤 [*타액]	Salive
춤추는 사람	Danseur
춤추오	Danser
춥소	Froid
춰쩌오	Grelotter
취리ᄒᆞ는 사람	Usurier
취오	Comprimer
취ᄒᆞ오	Ivre, Saouler
츄슈	Moisson, Récolte
츄슈ᄒᆞ오	Moissonner, Récolter
츅문	Oraison, Prière
츅문	Prière
츅셩ᄒᆞ오	Consacrer
츅수	Souhait
츅수ᄒᆞ오	Prier, Souhaiter
츅이오	Imbiber
츌즁ᄒᆞ오	Primer
츌화ᄒᆞ오	Exporter
츔	Bal
츙동	Excitation, Incitation
츙동ᄒᆞ오	Exciter, Inciter
츙수요	Supplémentaire
츙수홈	Supplément
층	Échelon

치	Gouvernail
치료	Soin
치마	Robe
치명쟈	Martyr
치부칙	Carnet, Registre, Tarif
치부ᄒᆞ오	Enregistrer
치오	Taper
치장	Luxe
치ᄒᆞ	Félicitation
치ᄒᆞᄒᆞ오	Féliciter
칙녕	Édit
칙범	Tigre
친구[*親舊]	Ami, Camarade
친구ᄒᆞ오 [*親口]	Baiser
친모	Tailleuse
친밀	Amitié
친밀이	Intimement
친밀ᄒᆞ오	Intime
친밀홈	Intimité
친쳑	Parents
칠	Vernis
칠웅	Panier
칠월	Juillet
칠징이	Peintre
칠판	Tableau
칠ᄒᆞ오	Vernir
침 [*타격]	Coup, Tape
침 [*타액]	Crachat
침 빗소	Cracher
침방	Dortoir

침범ᄒᆞ오	Envahir
침상	Alcôve, Lit
칭(집)	Étage
칭게	Escalier
칭ᄃᆡ	Échelon
칭찬	Louange
칭칭이	Proportionnellement
ᄎᆞ례	Série
ᄎᆞ즘	Réquisition
ᄎᆞ지	Domination
ᄎᆞ지ᄒᆞ오	Dominer
ᄎᆞ짐	Perquisition
ᄎᆞᆷ나무	Chêne
ᄎᆞᆷ말이요	Vrai (Est-ce vrai?)
ᄎᆞᆷ소	Tolérer
ᄎᆞᆷ을셩	Tolérance
ᄎᆡ마젼	Jardin
ᄎᆡ소	Végétal
ᄎᆡᄉᆡᆨ	Coloration, Nuance
ᄎᆡᄉᆡᆨᄒᆞ오	Colorer, Nuancer
ᄎᆡᄡᆞᆫ	Corbeille
ᄎᆡ우오	Remplir
ᄎᆡ죵명	Asperge
ᄎᆡᆨ	Livre
ᄎᆡᆨ ᄒᆞᆫ 권	Livre (Un livre)
ᄎᆡᆨ망	Blâme, Remontrance, Répréhension
ᄎᆡᆨ망할 만ᄒᆞ오	Répréhensible
ᄎᆡᆨ망ᄒᆞ오	Blâmer, Objecter, Vitupérer
ᄎᆡᆨ망ᄒᆞᆷ	Objection
ᄎᆡᆨ방	Bibliothèque

ᄎᆡᆨ상	Pupitre
ᄎᆡᆨ의	Carton, Livre
ᄎᆡᆨ의ᄒᆞ오	Cartonner
칫쥭	Fouet
칫쥭질ᄒᆞ오	Fouetter

카

칼	Couteau, Dague, Glaive, Poignard, Sabre
칼 가오	Aiguiser
칼 쓰오	Cangue
칼날	Lame, Tranchant
칼노 비오	Sabrer
칼집	Fourreau
캄	Obscur
캄캄혼	Ténébreux
켱김	Tension
코	Nez
코 구오	Ronfler
코 푸오	Moucher
코구멍	Naseau
코군영	Narine
코기리 주동이	Trompe (éléphant)
코물	Morve
코슈건	Mouchoir
코씨리	Éléphant
콩	Haricot

콩밧	Rein
콩팟	Rognon
크오	Grand, Volumineux
큰	Grand
큰 공	Exploit
큰 괘종	Horloge
큰 글ᄌᆞ	Majuscule
큰 못	Lac
큰 무뎩이	Monceau
큰 ᄆᆞᄋᆞᆷ	Magnanimité
큰 바다	Océan
큰 바람	Tempête
큰 밤	Marron
큰 변	Révolution
큰 슈레	Char
큰 장사	Négociant
큰 졉시	Plat
큰 ᄌᆡ죠	Talent
큰 콩	Fève
큰 흥졍 ᄒᆞ오	Approvisionner
큰길	Route
큰상당	Basilique
큰소리	Bruit
큰소ᄅᆡ	Vacarme
큰옷	Veste
킈 [*箕]	Van
킈 [*신장]	Stature, Taille
키 [*舵]	Gouvernail
키 큰 사람	Géant
ᄏᆡ오	Exploiter

타

타는 사람	Gagnant
타도	Culbute
타오	Brûler
타지 못ᄒᆞ오	Incombustible
탁자	Rayon
탁지	Finance
탁지ᄃᆡ신	Ministre (Ministre Finances)
탁ᄌᆞ	Étagère
탄식	Gémissement, Soupir
탄식ᄒᆞ오	Gémir, Soupirer
탈	Masque
탈 놀니는 곳	Théâtre
탈 쓰는 계집	Acteur
탈 쓰는 사람	Acteur
탈 쓰오	Masquer
탈취ᄒᆞ오	Usurper
탈취ᄒᆞᆷ	Usurpation
탐식	Gourmandise

탐식쟁이	Gourmand
탐식	Luxure
탐식ᄒᆞ오	Luxurieux
탐잇ᄂᆞᆫ	Avide
탐지	Enquête
탐지ᄒᆞ는 사람	Espion, Explorateur
탐지ᄒᆞ오	Épier, Espionner, Proclamer
탐ᄒᆞ오	Convoiter
탑	Pagode
탕	Sauce
탕건	Bonnet (crin)
탕관	Casserole (terre)
탕약	Tisane
태ᄌᆞ	Prince héritier
터	Terrain
터지오	Éclater
턱	Menton
털	Cheveu, Poil
털 만소	Velu
털 만흔	Poilu
털 벗소	Muer
털 빗	Pelage
털 쎱소	Plumer
텬긔	Température
텬당	Paradis
텬문	Astronomie
텬신	Ange
텬의	Providence
텬의요	Providentiel
텬쥬	Dieu

텬쥬교	Catholique
텬쥬셩	Divinité
텬ᄌ	Empereur
텰로	Chemin (Chemin de fer)
텰로 슈레	Wagon
텽직이	Intendant
톄	Tamis
톄 쟝슈	Tamisier
톄박위	Cercle
톄질ᄒᆞ오	Tamiser
토득ᄒᆞ오	Expérimenter
토요일	Samedi
토혈	Hémorragie
토ᄒᆞ오	Vomir
토홈	Vomissement
톡끼	Lapin
톡끼 삭이	Lapereau
톡줄	Gorge
톱	Scie
톱밥	Sciure
톱질ᄒᆞ오	Scier
톳시	Manchette
통	Baquet, Tonneau
통곡	Lamentation, Pleur
통곡ᄒᆞ오	Pleurer, Sangloter
통긔ᄒᆞ오	Notifier
통달홈	Pénétration
통사	Interprète
통신	Communication
통어ᄒᆞ오	Interpréter

통인 Page
통쟁이 Tonnelier
통쳔ᄒᆞ Univers
통치 못ᄒᆞ오 Impénétrable
통ᄒᆞ오 Trouer
퇴색ᄒᆞ오 Déteindre
퇴셜ᄒᆞ오 Avouer
퇴ᄉᆡᆨᄒᆞ오 Flétrir
퇴죠 Marée Basse, Reflux
퇴 Repli
투구 Casque
투표 Scrutin
트림 Rot
트림ᄒᆞ오 Roter
특별이 Spécialement
특별ᄒᆞ오 Spécial
특별ᄒᆞᆷ Spécialité
특은 Privilège
틀니게 말ᄒᆞ오 Contredire
틈 Fente
틈타오 Profiter
틔눈 Durillon
ᄐᆡ Matrice
ᄐᆡ엽 Ressort
ᄐᆡᆨ출 Délégation, Triage
ᄐᆡᆨ출ᄒᆞ오 Trier

파

파	Oignon
파는 사람	Vendeur
파란	Émail
파란 올니오	Émailler
파리	Mouche
파리 어앙	Mouche (attrape-mouche)
파리ᄒᆞ오	Maigre
파리히지오	Maigrir
파션	Naufrage
파션ᄒᆞ오	Sombrer
파수	Poste (Poste de soldat)
파슈	Faction
파슈병졍	Factionnaire
파오 [*뚫다]	Creuser
파오 [*팔다]	Vendre
파ᄒᆞ오	Annuler, Esquiver
판	Sarcophage
판 박소	Imprimer

판관이	Hôte
판단	Sentence, Solution
판단ᄒᆞ오	Décider
판벽	Cloison
판수	Aveugle
판판ᄒᆞ오	Plan
팔	Bras
팔굼치	Coude
팔녓소	Vendu
팔십 먹은	Octogénaire
팔월	Août
팔짓	Geste
팔짓ᄒᆞ오	Gesticuler
팟	Pois (rouge)
펄펄 뒤오	Palpiter
펄펄 ᄯᅮ임	Palpitation
페현	Audience
펴노오	Étaler, Exhiber
펴오	Déplier, Dérouler, Détordre, Éteindre
편 [*便]	Côté, Page, Partie
편 [*篇]	Chapitre
편당	Faction
편도	Longitude
편뢰	Camphre
편지	Lettre
편지 ᄯᅦ오	Décacheter
편치 아늠	Indisposition
평균	Équilibre
평균이 ᄒᆞ오	Aplanir
평상	Lit

평안ᄒᆞ오	Paisible
평안ᄒᆞᆷ	Paix
평야	Plaine
평탄ᄒᆞᆷ	Sécurité
평평이 ᄒᆞ오	Niveler
평평ᄒᆞ게	Horizontalement
평평ᄒᆞ오	Horizontal
평풍	Paravent
평화캐 ᄒᆞ오	Pacifique
평화하케	Pacifiquement
폐지ᄒᆞ오	Supprimer
폐지ᄒᆞᆷ	Suppression
폐하	Maître
포	Port
포고	Proclamation
포구	Rade
포도	Raisin
포도 ᄯᅡ는 날	Vendange
포도나무	Vigne
포도등불	Sarment
포도쇵이	Grappe
포션	Voile (Voile de deuil)
포악ᄒᆞ오	Brutal, Cruel
포악ᄒᆞᆫ	Inhumain
포악ᄒᆞᆷ	Cruauté
표	Cocarde, Étiquette, Marque, Laissez-passer, Permission, Symbole
표범	Panthère
표양	Type
표지	Quittance
표ᄒᆞ오	Marquer, Souligner

푸들	Paillasson
푸루오	Bleu
푸르러지오	Verdir
푸르스럼ᄒᆞ오	Verdâtre
푸르오	Vert (couleur)
푸른	Vert (couleur)
푸름	Verdure
푸오 [*끈을 -]	Délier, Détacher
푸오 [*문제를 -]	Résoudre
푸주	Abattoir
푼	Dollar, Piastre, Sapèque
풀 [*식물]	Herbe
풀 [*접착제]	Colle (farine), Gomme
풀 먹소	Brouter
풀 쓰더먹소	Paître
풀 써이오	Faucher
풀 잇는 당	Steppe
풀모 아공이	Forge
풀무	Soufflet
풀믜	Fronde
풀어 이라면	C'est-à-dire
풀어 일음	Explication
풀어 주오	Développer
풀어낼 슈 업소	Inexplicable
풀어지오	Soluble
풀어짐	Dissolution
풀오	Relâcher
품	Grade, Qualité, Rang
품청쟝	Requête
품쳡	Supplique

품ᄒᆞ오	Enlacer, Référer
풍년	Abondance
풍년드오	Abondant, Abonder
풍뉴	Musique
풍뉴ᄒᆞ는 사람	Musicien
풍설	Rumeur
풍셩ᄒᆞ게 ᄒᆞ오	Fertiliser
풍셩ᄒᆞᆫ	Fertile
풍성ᄒᆞᆷ	Fertilité, Profusion
풍속	Coutume, Moeurs
풍악	Concert
풍우표	Baromètre
풍족ᄒᆞ게 ᄒᆞ오	Satisfaire
풍족ᄒᆞ오	Satisfaisant
풍족ᄒᆞᆷ	Satisfaction
풍침	Girouette
피	Sang
피 흐르오	Saigner, Sanglant
피 흐름	Saignement
피 흘리오	Ensanglanter
피갑	Malle
피곤	Langueur
피곤ᄒᆞ오	Fatiguer, Languir
피긔 업소	Hâve
피나무	Tilleul
피란 곳	Refuge
피란ᄒᆞ는 사람	Fuyard
피란ᄒᆞ오	Réfugier (se)
피리	Clarinette
피마	Cavale, Jument

피마자	Ricin
피마ᄌᆞ기름	Huil (Huile de ricin)
피신ᄒᆞ오	Éviter
피여가오	Éclore
피쟝이	Corroyeur
피쥴	Artère, Veine
피파	Harpe
피할 만ᄒᆞᆫ	Évitable
피ᄒᆞ 가오	Opter
필	Pièce, Toile
필갑	Portefeuille
필경	Sûrement
필육	Étoffe
핑계	Excuse, Prétexte
핑계ᄒᆞ오	Excuser (s')
ᄑᆡ	Médaille
ᄑᆡ장	Contremaître

하

하관	Subalterne
하레	Célébration
하륙ᄒᆞ오	Débarquer
하인	Domestique
학교	École
학당	École
학도	Écolier, Élève
학문	Science
학방	Classe (ècole)
학부ᄃᆡ신	Ministre (Ministre Instruction Publique)
학쟈	Philosophe
학질	Fièvre
학힝	Philosophie
한	Terme
한 겁에	Fois (A la fois!)
한 분	Personnage (Grand personnage)
한 시 동안	Pendant (pendant une heure)
한 줌	Main (Main poignée de)

한가지	Avec
한가지 ᄒᆞᆷ씌	Ensemble
한도	Épée
한셔표	Thermomètre
한셩부	Préfecture
한심	Soupir
한심ᄒᆞ오	Soupirer
한졍	Terme
한함	Haine
한ᄒᆞ오	Haïr
한ᄒᆞᆯ 만ᄒᆞ오	Haïssable
할머니	Grand-mère
할식ᄒᆞ오	Pâle, Pâlir
할아바지	Grand-père
할퀴오	Griffer
함지	Embûche
합	Boîte
합당	Convenance
합당치 안소	Inconvénient
합당ᄒᆞ오	Agréable, Convenable, Convenir
합당ᄒᆞᆷ	Symétrie
합법	Addition
합음	Syllabe
합의햇소	Unanimement
합의ᄒᆞ오	Unanime
합의ᄒᆞᆷ	Unanimité
합ᄒᆞ오	Additionner, Joindre
핫바지	Pantalon
핫옷	Habit (Habit ouaté)
항구	Port

항구로 드려오는 사람	Importateur
항구로 드려오오	Importer
항구로 드려옴	Importation
항구ᄒᆞ오	Constant
항구ᄒᆞᆷ	Constance
항복 밧소	Subjuguer
항상	Constamment, Toujours
항상 ᄒᆞ는 것	Routine
항아리	Vase (de terre)
해롭소	Pernicieux
향긔	Parfum
향긔ᄂᆞ오	Parfumer
향ᄒᆞ야	Envers
향히서	Vers
허 신	Savate
허락	Accord, Concession, Permission
허락ᄒᆞ오	Accorder, Permettre, Promettre
허락ᄒᆞᆷ	Permis
허리	Rein
허리듸	Ceinture
허물	Défaut, Faute
허벅댤이 위	Hanche
허비	Dépense
허비ᄒᆞ오	Dépenser
허오	Démolir
허원	Dévotion
허파	Poumon
허히 쥬는 것	Admission
허히 쥬오	Admettre, Promettre
허히쥼	Promesse

헌칙	Vieux (Vieux livre)
헌화	Tapage, Vacarme
헐어소	Vieux
험담ᄒᆞ오	Malveillant
험집	Cicatrice
헛	Vain
헛 부오	Imputer
헛것	Spectre
헛되오	Absurde
헛어지오	Disperser
헤아릴 슈 업소	Incalculable
헤어리오	Réfléchir
헤하리오	Compter
헴치오	Nager
혀	Langue
혁ᄃᆡ	Ceinturon
혁파	Abolition
혁파ᄒᆞ오	Abolir
현긔증	Vertige
현미경	Loupe, Microscope
협방	Côté
협잡	Tripotage
형님	Frère. aîné
형벌	Peine, Supplice, Torture
형벌 밧는 사람	Supplicié
형벌ᄒᆞ오	Torturer
형샹 잇소	Matériel
형슈	Belle-soeur
형용ᄒᆞ오	Représenter
형용흠	Représentation

헤싼	Hangar
호도	Noix
호도 곱질	Noix (coquille de)
호도나무	Noyer
호되게	Impétueusement
호되오	Impétueux
호됨	Impétuosité
호랑이	Tigre
호래비	Veuf
호련ᄒᆞ오	Inattendu
호박	Citrouille, Courge
호변	Éloquence
호변으로	Éloquemment
호변ᄒᆞ오	Éloquent
호쇼ᄒᆞ오	Plaindre, Plaintif
호쇼ᄒᆞᆷ	Plainte
호식ᄒᆞ오	Sensuel
호식ᄒᆞᆷ	Sensualité
호오	Agir
호위ᄒᆞ오	Défendre
호젹	Recensement
호젹ᄒᆞ오	Recenser
호쥬	Potier
호초	Poivre
호초나무	Poivrier
혹	Ou
혹시	Parfois, Quelquefois
혼	Ame
혼 ᄲᅡ짐	Trac
혼미ᄒᆞ오	Étourdi

혼ᄇᆡᄒᆞ오 Nuptial
혼ᄉᆞ Hymen
혼인 Mariage
혼인 정ᄒᆞ오 Fiancer
혼인ᄒᆞ오 Épouser, Marier
혼자 Seul
혼잡 Mixture
혼잡ᄒᆞ오 Mixte
혼합 Mélange
홀노 Indépendamment
홀목 Poignet
홀연이 Soudainement, Subitement
홀연ᄒᆞ오 Subit
홋 Unique
홋 것 Simple
홋니불 Drap
홍당무 Carotte
홍시 Kaki (mûr)
홍여 Voûte
홍여 트오 Voûter
화광 Lueur
화긔 Gaz
화긔 발ᄒᆞᆷ Explosion
화덕 Poêle
화덕 안에 나무 노으시오 Bois
화덕장 Four
화례 Luxe
화례ᄒᆞ게 Luxueusement
화례ᄒᆞ오 Luxueux
화로 Chauffrette, Fourneau

화륜거	Train
화목 식이오	Réconcilier
화목 식임	Réconciliation
화문셕	Natte Couleur
화병	Vase (à fleurs)
화살	Fléche,Trait
화살통	Carquois
화상	Portrait
화샹	Dessin, Photographie
화샹 박는 사람	Photographe
화샹 박소	Photographier
화석	Marbre
화슈분	Inépuisable
화약	Poudre
화약고	Poudrière
화요일	Mardi
화직	Incendie
화직 보오	Incendier
화초	Plante
화초 심으오	Planter
화초 심음	Plantation
화초방	Serre
화초쟁이	Horticulteur
화친	Paix
화합	Harmonie
화합ᄒᆞ게 ᄒᆞ오	Rallier
화합ᄒᆞ오	Harmoniser
확쟈	Tapageur
환	Râpe
환도	Sabre

환쟁이	Peintre
환젼	Versement
환표	Mandat
환함	Transparence
활	Arc
활냥	Archer
활살 쏘오	Décocher
황	Jaune, Soufre
황겁	Panique
황겻소	Hâve
황송	Gêne
황송ᄒᆞ오	Gêner
황쇼	Boeuf (Boeuf jaune)
황유	Beurre
황제ᄌᆞ	Empereur (fils empereur)
황졔	Empereur
황족	Prince
황후	Impératrice
홰	Flambeau
홰국	Japon
홰나무	Acacia
홰방ᄒᆞ오	Vilipender
홰불	Torche
회 [*會]	Association, Religion, Réunion, Société
회 [*灰]	Chaux
회 셜시ᄒᆞ오	Associer
회가로	Plâtre
회계	Comptabilité
회계ᄒᆞ는 사람	Comptable
회광이	Bourreau

회리바람	Tourbillon
회사	Compagnie
회소	Club
회쇼	Rhume
회ᄉᆡᆨ이오	Gris
회원	Membre (Membre d'une société)
회장ᄉᆞ	Platrier
회차리	Baguette, Verge
회판	Protestation
회판ᄒᆞ오	Protester
횡들음	Malentendu
효본조작	Contrefacon
효셩	Piété
효험 보오	Efficace
효험답게	Efficacement
후사	Hérédité
후사ᄒᆞ오	Héréditaire
후세	Postérité
후손	Postérité
후ᄉᆞ쟈	Successeur
후ᄉᆞᄒᆞ오	Succéder
후에	Après
후에도 사오	Survivre
후회	Remords
후ᄒᆞ게 손 ᄃᆡ졉 ᄒᆞᆷ	Hospitalité
훈ᄑᆡ	Médaille
훌늉ᄒᆞ오	Délicieux
훌륭ᄒᆞ게	Magnifiquement, Parfaitement
훌륭ᄒᆞ오	Magnifique, Parfait, Perfectionner
훌륭ᄒᆞᆷ	Magnificence, Perfectionnement

훌영	Communication
훌영ᄒᆞ오	Communiquer
훼방	Médisance
훼방ᄒᆞ는 사람	Médisant
훼방ᄒᆞ오	Médire
휘오	Courber, Tordre
휘장	Rideau
휘향	Capuchon
휠 만ᄒᆞ오	Flexible
흉계	Stratagème
흉년	Famine
흉물	Monstre
흉보오	Moquer (se)
흉악ᄒᆞ게 ᄒᆞ오	Pervertir
흉악ᄒᆞ오	Exécrable, Pervers
흉악홈	Perversité
흉ᄒᆞ오	Laid
흉ᄒᆞᆫ 놈	Fripon
흉ᄒᆞᆫ 일	Sinistre
흐르오	Couler
흐리오	Sombre, Trouble
흑사병	Peste
흑이오	Noir
흑인	Nègre
흑축	Liseron
흔긍킈 [*엉경퀴]	Chardon, Ortie
흔드오	Branler, Ébranler, Secouer, Vaciller
흔들니오	Bouger, Mobile
흔들니지 아님	Immobilité
흔들니지 안소	Immobile

흔들님	Trépidation
흔들리오	Garrotter
흔들림	Secousse
흔듬	Mouvement
흔이	Vulgairement
흔젹	Stigmate
흔ᄒᆞ오	Commun, Considérable, Vulgaire
흙	Sol
흙 뒤오	Éclabousser
흙셩	Retranchement
흙손	Truelle
흙에 뭇치오	Embourber
흙에 싸지오	Patauger
흙으로 힛소	Terreux
흠숭	Adoration
흠숭ᄒᆞ오	Adorer
흥경	Achat
희게 ᄒᆞ오	Blanchir
희롱	Ironie
희롱으로	Ironiquement
희롱이오	Ironique
희롱쟝	Scène
희롱ᄒᆞ오	Manipuler, Railleur
희롱ᄒᆞᆫ는 사람	Moqueur
희미ᄒᆞ오	Aride, Vague
희싱	Victime
희오	Blanc
희종이	Blanc (Papier blanc)
힘	Vigueur
힘줄	Nerf

ᄒᆞ고 Aussi, Avec, Un (une)
ᄒᆞ나 걸너큼 Alternativement
ᄒᆞ나식 Un (une) (Un par un)
ᄒᆞ나토 업소 Aucun
ᄒᆞ날 Ciel
ᄒᆞ날가 Horizon
ᄒᆞ레ᄒᆞ오 Célébrer
ᄒᆞ로살이 Moucheron
ᄒᆞ믈며 Raison (A plus forte raison)
ᄒᆞ사 Caporal
ᄒᆞ오 Faire, Réaliser
ᄒᆞ인 Serviteur, Valet
ᄒᆞ졀 Été (Saison d'été)
ᄒᆞ지 마시오 Abstenir (s') (Abstenez-vous)
ᄒᆞ품 Bâillement
ᄒᆞ품 마시오 Bâiller (Ne baillez pas)
ᄒᆞ품ᄒᆞ오 Bâiller
ᄒᆞᆫ Unique
ᄒᆞᆫ 고을 지경 Territoire
ᄒᆞᆫ ᄃᆡ Troupe
ᄒᆞᆫ 셰 Troupeau
ᄒᆞᆫ 쥬일 동ᄋᆞᆫ Hebdomadaire
ᄒᆞᆫ가지 Simultanément
ᄒᆞᆫ가히 Oisivement
ᄒᆞᆫ가ᄒᆞ오 Oisif
ᄒᆞᆫ가홈 Loisir, Oisiveté
ᄒᆞᆫ객 Heure (1/4 d'heure)
ᄒᆞᆫ담 Fable
ᄒᆞᆫ뎡 Limite
ᄒᆞᆫ뎡하오 Limiter

ᄒᆞᆫᄃᆡ ᄒᆞᆸᄒᆞᆷ	Union
ᄒᆞᆯ ᄆᆞᆫᄒᆞᆫ	Faisable
ᄒᆞᆸᄒᆞ오	Unir
ᄒᆞᆼ구ᄒᆞ오	Persévérer
ᄒᆞᆼ상 연ᄒᆡᄒᆞ오	Persévérer
ᄒᆞᆼ상 연ᄒᆡᄒᆞᆷ	Persévérance
ᄒᆞᆼ상 잡소	Persister
ᄒᆞᆼ상 잡음	Persistance
ᄒᆞᆼ심 업소	Inconstant
ᄒᆞᆼ심 업슴	Inconstance
ᄒᆡ [*~에 의해]	Par
ᄒᆡ [*年]	An, Année
ᄒᆡ [*태양]	Lumière (Lumière du soleil), Soleil
ᄒᆡ 되오	Préjudiciable
ᄒᆡ 뵈오	Léser, Opprimer
ᄒᆡ 입음	Préjudice
ᄒᆡ각	Golfe
ᄒᆡ골	Crâne
ᄒᆡ관	Douane
ᄒᆡ관 사람	Douanier
ᄒᆡ구	Loutre
ᄒᆡ당화	Rose
ᄒᆡ로운	Funeste
ᄒᆡ롬	Mal
ᄒᆡ롭게 ᄒᆞ오	Nuire
ᄒᆡ롭소	Malfaisant, Nuisible
ᄒᆡ변	Littoral, Plage
ᄒᆡ빙	Dégel
ᄒᆡ빙ᄒᆞ오	Dégeler
ᄒᆡᄇᆞ라기 ᄭᅩᆺ	Tournesol

ᄒᆡ산	Accouchement
ᄒᆡ산ᄒᆞ오	Accoucher
ᄒᆡ셕ᄒᆡ 쥬오	Prouver
ᄒᆡ진 옷	Haillon
ᄒᆡ할 마음	Rancune
ᄒᆡᄒᆞ오	Ravager
ᄒᆡ홈	Ravage
힝노	Voyage
힝동거지	Maintien
힝보	Marche
힝보로	Pédestrement
힝션ᄒᆞ오	Naviguer
힝셩	Planète
힝습	Habitude
힝습으로	Habituellement
힝습이오	Habituel
힝습지 못ᄒᆡ소	Inaccoutumé
힝습ᄒᆞ오	Habituer
힝실	Action, Conduite
힝실 부졍홈	Inconduite
힝용	Usage, Usuel
힝위 가지오	Maintenir
힝인	Horde, Voyageur
힝장	Bagage
힝젼	Guêtre
힝주치마	Tablier
힝쥬	Frottoir

현대어 찾아보기

가

가	Le..la
가가(街家)집	Boutique
가거라	Aller
가게	Magasin
가고 싶소	Vouloir
가구(家具)	Ménage
가기를 원(願)하시오	Vouloir
가까이	Auprès de, Près
가까이 못하오	Inaccessible
가까이 오오	Approcher, Rapprocher
가깝소	Près
가끔	Souvent
가느오	Subtil, Svelte
가는 노끈	Ficelle
가늚	Subtilité
가두오	Emprisonner, Enfermer, Renfermer, Séquestrer
가둠	Emprisonnement, Séquestration
가득찼소	Plein

가득히	Pleinement
가라앉히지 못하면서	Implacablement
가라앉히지 못하오	Implacable
가락	Barre, Bobine
가락지	Anneau, Bague
가래	Pelle
가량(假量)하오	Deviner
가려우오	Démanger
가려움	Démangeaison, Picotement
가련(可憐)하게	Misérablement
가련(可憐)함	Compassion, Misère
가로	Travers (à)
가루	Farine
가루 되오	Pulvériser
가루 됨	Pulvérisation
가루 만드는 사람	Meunier
가르치는 문서(文書)	Théorie
가르치는 사람	Tuteur
가르치오	Avertir, Démontrer, Enseigner, Indiquer, Montrer
가르침	Indication
가리대	Côtelette
가리오 [*가로막다]	Obstruer
가리오 [*덮다]	Voiler
가리오 [*선택하다]	Choisir, Opter
가림	Option
가마솥	Marmite
가만히	Bas, Furtif
가만히 말하시오	Bas
가만히 있소	Placide
가뭄	Sécheresse

가벼움	Légèreté
가볍게	légèrement
가볍소	Léger
가산(家産)	Patrimoine
가새	Ciseaux
가슴	Estomac, Thorax, Poitrine, Sein
가시	Épine
가시나무	Ronce
가시려오	Vouloir (Vouloir En abrégé)
가없음	Immensité
가오 [*~로 가다]	Aller
가오 [*갈다]	Moudre
가오 [*작동하다]	Fonctionner
가운데	Centre, Milieu
가운데로	Travers (à)
가위	Ciseaux
가을	Automne
가장자리	Marge, Rebord
가져가오	Emporter
가져오너라	Apporter
가져오시오	Apporter
가져와	Apporter
가죽	Cuir, Peau
가죽 궤(櫃)	Malle
가죽 다루는 쟁이	Peaussier
가죽 다루오	Tanner
가죽끈	Lanière
가죽신	Soulier (Soulier de cuir)
가지 [*나뭇-]	Branche
가지 [*식물]	Aubergine

가지 [*종류]	Sorte
가지 마시오	Aller
가지오	Porter, Posséder, Prendre
가진 사람	Possesseur
가짐	Possession
가친(家親)	Père (Mon père)
가호(家戶)	Habitation
가(可)히	Nécessairement
각(刻)	Heure (1/4 d'heure)
각(各)	Chaque
각(各) 모양(模樣)	Divers
각각(各各)	Chacun
각시	Poupée
각하(閣下)	Excellence (son)
간 [*지난]	Dernier
간 달	Dernier (Le mois dernier Dernièrement)
간(肝)	Foie
간(間)	Rayon
간교(奸巧)	Ruse
간교(奸巧)하오	Rusé
간구(懇求)하오	Implorer, Interpeller
간사(奸詐)하오	Malintentionné
간사(奸邪)하오	Fourbe
간사(奸邪)한	Perfide
간사(奸邪)함	Supercherie
간선(揀選)하오	Choisir, Élire
간역(看役)꾼	Surveillant
간역(看役)하오	Surveiller
간음(姦淫)	Fornication
간지럼	Chatouillement

간지르오	Chatouiller
간청(懇請)하오	Solliciter
간청(懇請)함	Sollicitation
간혹(間或)	Généralement
갇힌 사람	Prisonnier
갈	Roseau
갈고랑이	Croc
갈고쟁이	Crochet
갈까마귀	Corneille
갈리오	Séparer
갈림	Séparation
갈보	Courtisane, Femme (Femme publique), Prostituée
갈비	Côte
갈퀴	Râteau
갈퀴질하오	Ratisser
갉아먹소	Ronger
감 [*식물]	Kaki (fruit)
감(減)	Diminution
감기(感氣)	Rhume
감기(感氣)드오	Enrhumer
감나무	Kaki (arbre)
감독(監督)	Directeur
감동(感動)	Émotion
감람(橄欖)	Olive
감람(橄欖)나무	Olivier
감리사(監理使)	Surintendant
감목(監牧)	Évêque
감법(減法)	Soustraction
감사(監司)	Gouverneur
감사(感謝)하오	Remercier

감소	Enrouler
감이(戡夷)하오	Oser
감자	Orange, Pomme de terre
감초(甘草)	Réglisse
감(減)하오	Diminuer, Soustraire
감(減)해 주오	Réduire
감(減)해 줌	Réduction
감(敢)히	Hardiment
갑(匣)	Étui
갑(甲)옷	Armure, Cuirasse
갑시다	Aller
값	Prix, Valeur
값 감(減)함	Rabais
값 다툼하오	Amiable (àl')
값 덜 주오	Rabattre
값 덜함	Rabais
값 많이 달라오	Surfaire
값 에누리하오	Marchander
값 올리오	Surenchérir
값 정하오	Évaluer
값 주오	Payer
값이 얼마요	Prix
갓	Chapeau
갓 만드는 곳	Chapellerie
갓 벗소	Décoiffer
갓모(冒)	Chapeau (Courve-chapeau)
갓이	Le..la (Le chapeau)
갓쟁이	Chapelier
갓테	Chapeau (Bord du chapeau)
강(江)	Fleuve

강(強)	Bravoure
강(江)가	Rive
강도(强盜)	Brigand
강도(強盜)	Pillard
강도(强盜)질	Brigandage
강도(強盜)질하오	Piller
강(江)물	Fleuve, Rivière
강박(強迫)하오	Violent
강박(強迫)함	Violence
강복(剛腹)하여 얻소	Conquérir
강생(降生)함	Incarnation
강아지	Chien (Petit chien), Roquet
강용(強勇)한	Brave
강철(鋼鐵)	Acier
강(強)하오	Fort
강(強)한	Valeureux
갖바치	Cordonnier
같게	Également
같게 하오	Identifier
같소	Comme, Égal, Égaler, Identique, Même, Ressemblant, Ressembler, Semblable
같은	Pareil
같은 말	Synonyme
같음	Identité
같이	Comme
같이 가오	Accompagner
같지 않소	Dissemblable, Inégal
갚소	Rendre, Vengeur
개 [*동물]	Chien
개(個)	Pièce
개 매시오	Attacher

개가	Le..la (Le chien)
개가 미쳤소	Rage
개가 상 아래에 있소	Sous
개가 짖소	Aboyer
개구리	Grenouille
개국(開國) 기원(紀元)	Dynastie
개미	Fourmi
개암	Noisette
개암나무	Noisetier
개정(改定)	Modification
개정(改定)하오	Modifier
개집	Niche
개천(川)	Canal, Rigole, Ruisseau
개화(開化)	Civilisation
개화(開化)하는 사람	Civilisateur
개화(開化)하오	Civiliser
개회(開會)	Séance
객(客)	Hôte
거(居)하는 사람	Habitant, Résident
거(居)하오	Demeurer, Habiter, Résider
거간(居間) [*사람]	Entremetteur
거간(居間) [*행위]	Intervention, Médiation
거간(居間)하는 사람	Médiateur
거간(居間)하오	Intervenir
거관(居間)질	Entremise
거느리오	Présider
거님	Va-et-vient
거동(擧動)	Cortège, Escorte, Procession
거두오	Ramasser, Recueillir
거듭함	Répétition

거룩한	Saint
거르오	Filtrer
거름	Engrais, Fumier
거름종이	Papier Huilé
거리	Matériaux
거만(倨慢)하오	Fier, Hautain, Orgueilleux, Prétentieux
거만(倨慢)함	Prétention, Vanité
거머리	Sangsue
거무스름하오	Noirâtre
거문고	Guitare, Lyre
거미	Araignée
거미줄	Araignée (Toile d'araignée), Toile D'araignée
거북하게	Incommodément
거북하오	Incommode
거스르오	Résister
거스름	Rébellion, Résistance
거스리오	Désobéir
거오	Accrocher, Suspendre
거울	Glace (Glace miroir), Miroir
거위	Oie
거의	Apeuprès, Presque, Quasi
거의 다	Plupart (la)
거의 다 되었소	Presque
거의 말(末)째	Pénultième
거의 섬	Péninsule, Presqu'île
거의 정연(井然)하오	Probable
거의 정연(井然)함	Probabilité
거의 정연(井然)히	Probablement
거의 좋소	Passable
거저요	Gratuit

거죽	Superficie
거지	Mendiant
거진 죽게됨	Agonie
거짓 머리	Perruque
거짓말	Blague, Fausseté, Faux, Mensonge
거짓말이요	Faux
거짓말쟁이	Menteur
거짓말하오	Mentir
거짓함	Simulacre
거처(居處)	Demeure, Habitation, Logement, Logis
거처(居處)하오	Loger
거행(擧行) 아니하오	Désobéissance
걱정 [*근심]	Inquiétude
걱정 [*꾸짖음]	Réprimande
걱정하오	Attrister, Inquiéter
건너가오	Traverser
건너감	Traverse
건너편(便)에	Vis-à-vis
건달(乾達)	Fainéant, Vagabond
건답(乾畓)	Potager
건장(健壯)하오	Robuste, Viril
건장(健壯)함	Virilité
걷소	Marcher
걸레	Torchon
걸렸소	Suspendu
걸상(床)	Bance, Chaise, Siège, Tabouret
걸음	Pas
검게 하오	Noircir
검댕	Suie
검사(檢査)	Revue

검소	Noir
검시(檢屍)	Autopsie
검은 칠(漆)	Goudron
검은 칠(漆) 하오	Goudronner
검은 흙	Terreau
검은자	Prunelle
검정	Suie
겁(怯)	Frayeur, Peur, Timidité
겁(怯) 많으오	Timide
겁 없는	Intrépide
겁(怯)내오	Peureux
겁(怯)쟁이	Poltron
겁탈(劫奪)	Rapine
겁탈(劫奪)하오	Violer
겁탈(劫奪)함	Viol
것	Celle, Celui, Chose
겅정겅정 뛰오	Gambader
겅정겅정 뜀	Gambade
겉꾸미는 사람	Hypocrite
겉꾸미오	Dissimuler
겉꾸밈	Dissimulation, Hypocrisie
게	Crabe
게가재	Écrevisse
게으르오	Paresseux
게으른 사람	Fainéant, Paresseux
게으름	Paresse
겨냥하오	Épauler
겨드랑이	Aisselle
겨른 것	Textile
겨우	Peine (à)

겨우 볼만하오	Imperceptible
겨우사리	Gui
겨울	Hiver
겨자	Moutarde
겨자 그릇	Moutardier
격장(隔牆)이오	Mitoyen
견고(堅固)하게	Solidement
견고(堅固)하오	Solide
견고(堅固)한 마음	Fermeté
견고(堅固)함	Solidité
견딜 만하오	Tolérable
견딜 수 없소	Intolérable
견습(見習)	Stage
견양(見樣)	Spécimen
견장(肩章)	Épaulette
견진(堅振)	Confirmation
견진(堅振)하오	Confirmer
결	Flot, Onde
결말(結末)	Résultat
결말(結末)나오	Résulter
결안(決案)	Verdict
결정(決定)	Transition
결정(決定)하오	Transiger
결정(決定)함	Détermination
겸사(謙辭)	Modestie
겸사(謙辭)로	Modestement
겸사(謙辭)하오	Modeste
겸손(謙遜)	Humilité
겸손(謙遜)치 않게	Immodestement
겸손(謙遜)치 않소	Immodeste

겸손(謙遜)치 않음	Immodestie
겸손(謙遜)하오	Humble
겸(兼)하오	Cumuler
겹저고리	Gilet (Gilet doublé)
경골(脛骨)	Tibia
경무청(警務廳)	Police
경문(經文)	Livre (Livre de prières)
경중(輕重)	Estime
경중(輕重) 여기오	Estimer
경찰(警察)	Inspection
경찰(警察)하오	Inspecter
경치(景致)	Paysage
경편(輕便)하게	Commodément
경편(輕便)하게 하오	Simplifier
경편(輕便)하오	Commode
경(經)하여	Intermédiaire (Par intermédiaire)
곁가리	Flanc
곁에	Côté, Parage, Près
계(契)	Loterie
계(契) 탐	Lot
계교(計巧)	Fourberie
계란(鷄卵)	Oeuf
계란(鷄卵) 부친 것	Omelette
계수(季嫂)	Belle-soeur
계수(桂樹)나무	Laurier
계시오	Être
계집	Femme (Femme du peuple)
계집 하인(下人)	Servante
계집아이	Fille
계피(桂皮)	Cannelle

고(告)하오	Accuser
고기	Viande
고기 두 근(斤)	Livre (2 livres de viande)
고기 잡소	Pêcher
고기 잡음	Pêche
고기 한 근(斤)만 사시오	Viande
고기가 다 익지 않았소	Cuit
고니	Cygne
고달	Piton
고담(古談)	Fable
고드름	Glaçon (Glaçon de toiture)
고등	Robinet
고래	Baleine
고루지 못하오	Raboteux
고름	Pus
고름나오	Suppurer
고리	Anneau, Boucle, Cercle
고맙소	Merci
고명(告明)하오	Déclarer
고모(姑母)	Tante
고발(告發)하오	Plaider
고백(告白)	Écriteau, Prospectus
고변(告變)	Trahison
고변(告變)하오	Trahir
고변(告變)한 사람	Traître
고삐	Bride
고사(固辭)	Exception
고사(固辭)하오	Excepter
고사리	Fougère
고상(苦像)	Crucifix

고생(苦生)	Labeur
고생(苦生)하오	Endurer, Souffrant, Souffrir
고슴도치	Hérisson, Porc-épic
고시(告示)	Affiche
고시(告示) 붙이는 사람	Afficheur
고시(告示)하오	Afficher
고약(膏藥)	Emplâtre
고약하오	Hideux, Vilain
고양이	Chat
고요하게	Silencieusement
고요하오	Silencieux, Tranquille, Tranquilliser
고요함	Silence, Tranquillité
고용(雇用)하오	Employer
고운	Élégant
고을	Canton, District
고자(鼓子)	Eunuque
고쟁이	Pantalon Femme
고집(固執)	Obstination, Tenacité
고집(固執) 세오	Entêter(s'), Obstiné, Obstiner (s'), Tenace, Têtu
고집(固執)스럽게	Obstinément
고집(固執)하오	Opiniâtre
고집(固執)한	Entêté
고추	Piment
고치오	Corriger, Raccommoder, Réparer, Rétracter
고치지 못하오	Incorrigible, Irréparable
고침	Réparation, Rétractation
고해(告解)	Confession
고해(告解) 알리오	Prévenir
고해(告解)하오	Confesser
곡성(哭聲)	Sanglot

곡조(曲調)	Modulation
곡조(曲調)내오	Moduler
곤궁(困窮)하오	Harasser
곤핍(困乏)	Fatigue
곤(困)하시오	Fatiguer (Etes-vous fatigué)
곤(困)하오	Las
곤(困)한	Fatiguant
곤(困)할 줄 모르는	Infatigable
곤(困)함	Lassitude
곧	Tout (Tout de suite)
곧게	Franchement
곧게 하오	Redresser
곧소	Franc
골	Cerveau
골목	Impasse, Quartier
골무	Dé (à coudre)
골수(骨髓)	Moele
골절병(骨節病)	Rhumatisme
골패(骨牌)	Dè (à jouer)
곰	Ours
곰팡이	Moisissure
곰팡이 슬었소	Moisir
곱돌	Marbre
곱사등이	Bossu
곱소	Beau
곱치오	Multiplier
곳	Endroit
곳간(庫間)	Grange
공 [*둥근 -]	Ballon
공(公)	Officiel

공(功)	Mérite
공(空)	Zéro
공(空)것이오	Gratis
공경(恭敬)	Égard, Hommage, Honneur, Respect, Vénération
공경(恭敬)하는 술	Toast
공경(恭敬)하오	Honorer, Respecter, Vénérer
공경(恭敬)할 만하오	Honorable, Respectable, Vénérable
공기(空氣)	Air, Atmosphère
공론(公論)	Entente
공명(功名)	Dignité
공문(公文)	Diplomate, Passeport
공(公)번되게	Publiquement
공(公)번되게 하오	Pulblier
공(公)번되오	Public
공(公)번된	Général
공(公)번됨	Public
공법(公法)으로	Officiellement
공복(空腹)으로	Jeun (à)
공부(工夫)	Étude, Labeur, Ouvrage, Travail
공부(工夫) 잘 못하오	Inappliqué
공부(工夫)하오	Étudier, Travailler
공사(公使)	Charge (de boeuf)
공사관(公事官)	Légation
공손(恭遜)히	Respectueusement
공순(恭順)히	Gracieusement
공연(空然)히	Vainement
공연(空然)히 돈 쓰오	Gaspiller
공(空)으로	Gratuitement
공인자(工人者)	Musicien
공일(空日)	Dimanche

공작(孔雀)	Paon
공장(工匠)	Manoeuvre
공재(空財)	Industrie
공전(公田)	Impôt
공전(工錢)	Paye
공중	Vain
공중(空中)으로 도오	Planer
공천(公薦)	Scrutin
공평(公平)함	Proportion
공평(公平)히	Proportionnellement
공평(公平)히 나누오	Proportionner
곶감	Kaki (sec)
과	Et
과녁	Cible
과년(過年)하오	Nubile
과년(過年)함	Nubilité
과도(過度)하게	Immodérément
과도(過度)하오	Immodéré
과목(科目)	Programme
과목(果木)밭	Verger
과부(寡婦)	Veuve
과세(過歲) 잘 하시오	Année
과자(菓子)	Confiture
과자(菓子) 만드오	Confire
과자전(菓子廛)	Confiserie
과장(課長)	Trésorier
과(過)하오	Abuser
과(過)함	Abus, Excès
과(過)히	Excessivement, Trop
곽란(霍亂)	Choléra

곽란증(霍亂症)	Typhus
관(棺)	Biére (cercueil), Cercueil
관(館)	Abattoir, Boucherie
관계(關係)	Effet
관계(關係)찮소	Peu (Peu importe)
관명(冠名)	Prénom
관보(官報)	Gazette
관실(官室)	Édifice
관인(官人)	Fonctionnaire, Mandarin
관자(貫子)놀이	Tempe
관장(官長)	Préfet
관장(官長)함	Magnificence
관중(關重)하오	Grave
관찰사(觀察使)	Gouverneur (Gouverneur province)
관후(寬厚)하오	Gracieux, Magnanime
광(廣)	Largeur
광대	Comédien
광대(廣大)하오	Vaste
광대뼈	Fossette
광명(光明)	Lucidité
광명(光明)하오	Lucide
광비(廣費)	Prodigalité
광인(狂人)	Fou
광증(狂症)	Folie
광채(光彩)	Lumière, Splendeur
광채(光彩)나오	Brillant, Splendide
광패(狂悖)히	Furieusement
괭이	Hoyau, Pioche
괭이질하오	Piocker
괴게 하오	Fermenter

괴게 함	Fermentation
괴로움	Peine
괴롬	Embarras
괴롭게	Péniblement
괴롭게 하오	Affliger, Taquiner, Vexer
괴롭게 함	Vexation
괴롭소	Embarrassant, Embarrasser, Ennuyeux, Pénible
괴물(怪物)	Monstre
괴상(怪常)하오	Bizarre, Épargner (c'est épatant)
괴악(怪惡)하오	Scélérat
괴질(怪疾)	Choléra
교(教)	Religion
교당(教堂)	Cathédrale, Église
교만(驕慢)한	Arrogant
교부(交付)	Livraison
교부(交付)하오	Délivrer, Livrer
교사(教師)	Professeur
교우(教友)	Chrétien
교의(交椅)	Chaise
교의(交椅)에 씌우는 껍질	Housse
교제(交際)	Relation
교지(教旨)	Diplôme
교태(嬌態)	Orgueil
교화황(教化皇)	Pape
교훈(教訓)	Instruction, Savoir-vivre
교훈(教訓)하오	Instructif, Instruire
구걸(求乞)	Aumône
구경	Excursion
구경꾼	Spectateur
구경하오	Promener (se), Regarder

구기오	Froisser
구더기	Asticot
구덩이	Fossé, Précipice
구렁이	Couleuvre
구령(口令)	Commandement
구름 [*기상]	Nuage
구름 [*회전]	Rotation
구름 속이요	Imaginaire
구리	Airain, Cuivre rouge, Laiton
구리 녹(綠)	Vert-de-gris
구멍	Tanière, Trou
구물구물하시오	Lambiner
구미(口味)	Appétit
구미(口味) 없소	Appétit (Pas d'appétit)
구부러졌소	Oblique
구부리다	Recourber
구석	Angle, Coin (intérieur)
구우오	Griller
구운	Rôti
구원병(救援兵)	Renfort
구월(九月)	Septembre
구유	Auge
구음(口音)	Prononciation
구음(口音)하오	Prononcer
구절(句節)	Paragraphe, Phrase
구제(救濟)	Charité
구제(救濟)하오	Charitable
구초(口招)	Dénonciation
구초(口招)하는 사람	Dénonciateur
구초(口招)하오	Dénoncer

구품천신(九品天神)	Séraphin
구(求)하오	Exiger, Sauver
구(求)해주오	Secourir
구(求)해줌	Sauvetage, Secours
국 [*음식]	Bouillon, Potage, Soupe
국(國)	État, Nation
국수	Vermicelle
국왕(國王)	Roi
국화(菊花)	Chrysanthéme
군기(軍旗) 걷소	Désarmer
군기(軍旗) 걷음	Désarmement
군기창(軍器廠)	Arsenal
군대(軍隊)	Armée
군막(軍幕)	Tente
군법(軍法)	Discipline
군복(服裝)	Uniforme
군부대신(軍部大臣)	Ministre (Ministre Guerre)
군사(軍士)	Soldat
군소리하오	Grogner, Marmotter
군호(軍號)	Sifflet
굳게 하오	Durcir
굳소	Ferme
굴(窟)	Grotte
굴뚝	Cheminée
굴레	Bride, Collier, Rêne
굴레 벗기오	Débrider
굴레 씌우오	Brider
굴리는 돌	Rouleau
굴리오	Rouler
굵게 하오	Grossir

굶소	Affamé, Affamer
굽소 [*구부리다]	Courber
굽소 [*불에]	Rôtir
굽은 것	Sinuosité
굽은 것이오	Sinueux
굽히오	Prosterner(se)
궁(宮)	Château
궁내부대신(宮內府大臣)	Ministre (Ministre Maison Impériale)
궁둥이	Fesse
궁인(窮人)	Pauvre
궁진(窮盡)하오	Épuiser
궁핍(窮乏)함	Pénurie
궁(窮)하게	Pauvrement
궁(窮)하오	Indigent, Pauvre
궁(窮)함	Indigence, Pauvreté
권(勸)	Conseil
권(卷)	Volume
권리(權利) 주는 것	Autorisation
권리(權利) 주오	Autoriser
권면(勸勉)하오	Encourager, Exhorter, Stimuler
권세(權勢)	Influence, Juridiction, Puissance
권세(權勢)있소	Influent
권점(圈點)하오	Ponctuer
권(勸)하는 말	Sermon
권(勸)하오	Conseiller, Persuader
권(勸)하지 않소	Deconseiller
권(勸)함	Persuasion
궐(闕)하오	Omettre
궐(闕)함	Omission
궐련(卷煙) 물부리	Porte-cigares

궐자(厥者)	Individu
궤(櫃)	Boîte
귀	Oreille
귀 막힘	Surdité
귀 밝음	Ouïe
귀고리	Pendant (Pendant d'oreille)
귀때	Entonnoir
귀뚜라미	Grillon
귀리	Avoine
귀머거리	Sourd
귀먹었소	Sourd (Etes-vous sourd?)
귀먹은 벙어리	Sourd-muet
귀문(門)	Tympan
귀신(鬼神)	Diable, Fantôme
귀이개	Cure-oreille
귀찮게	Importunément
귀찮게 하오	Importuner
귀(貴)하오	Excellent
귀향(歸鄕)	Exil
귀향(歸鄕) 간 사람	Exilé
귀향(歸鄕) 보내오	Exiler
규모(規模)	Tempérance
규모(規模) 없소	Indiscipliné
규칙(規則)	Règlement
규칙(規則) 없소	Irrégulier
규칙(規則) 없음	Irrégularité
귤(橘)	Orange
귤(橘)나무	Oranger
귤피(橘皮)	Écorce (Écorce d'orange)
그	Ce-cet-cette, Cet

그것	Ceci
그것 찾으시오	Chercher
그것을 가운데에 놓으시오	Milieu
그것을 보셨소	Voir
그것을 안에 넣으시오	Dedans
그것이 내 방(房)에 있소	Dans
그네	Balancoire
그네 뛰오	Balancer
그늘	Ombre
그늘지오	Ombrager
그늘진 데	Ombrage
그러나	Ainsi, Alors, Cependant, Mais, Malgré, Néanmoins, Or, Pourtant
그러해도	Malgré
그런 체하오	Feindre
그런고로	Donc
그런데	Pourtant
그렇소	Est (Est ce que?)
그렇잖소	Tout (Point du tout)
그렇지	Sans-doute, Vrai (C'est vrai)
그렇지 않게	Nullement
그렇지 않소	Nier, Nul
그렇지 않으면	Sinon
그로 인(因)하여 일부러 한 것이오	Exprès
그르게 하오	Fausser
그르오	Fautif
그르친 것	Erratum
그르침	Erreur
그른 것	Tort
그릇	Bassin, Pot, Terrine, Vaisselle, Vase

그릇 만드는 사람	Potier
그리오	Tracer
그림	Dessin, Gravure, Image, Peinture
그림 그리오	Dessiner, Peindre
그림 덧그리오	Calquer
그림자	Nombre, Ombre
그림틀에 넣소	Encadrer
그만	Assez
그만두시오	Assez (C'est assez)
그물	Filet
그믐날	Fin (Fin du mois)
그뿐	Seulement
그슬리오	Griller
그을음	Suie
그저께	Avant-hier
그전(前)에	Auparavant
그치는	Final
그치오	Cesser, Finir
근(斤)	Livre (Livre poids)
근래(近來)	Récemment
근본(根本)	Principe, Substance
근실(勤實)하오	Soigneux
근실(勤實)히	Soigneusement
근심	Anxiété, Chagrin, Souci, Tristesse
근심으로	Tristement
근심하오	Attrister, Chagriner, Geindre, Soucieux, Triste
글 모음	Recueil
글귀(句)	Vers
글방(房)	Salle d' étude
글씨	Écriture, Littérature

글씨 쓰는 사람	Écrivain
글씨 쓰오	Écrire, Rédiger
글자(字)	Caractère (écriture)
글제(題)	Thème
글짓소	Composer
글피	Surlendemain
긁소	Gratter, Racler
긁혀 미오	Égratigner
긁혀 밈	Égratignure
금	Valeur
금(金)	Or
금(金) 올리오	Dorer
금강석(金剛石)	Diamant
금계랍(金鷄蠟)	Quinine
금관(金冠)	Couronne
금관(金冠) 바치는 날	Couronnement
금관(金冠) 쓰오	Couronner
금단(禁斷)	Consigne, Empêchement
금(金)덩어리	Lingot (or)
금요일(金曜日)	Vendredi
금은(金銀)장이	Orfèvre
금정(金定)하오	Coûter
금지(禁止)	Défense
금칠(金漆)하는 자	Doreur
금패(錦貝)	Ambre
금(禁)하오	Défendre, Empêcher, Interdire, Prohiber, Proscrire
금(禁)함	Prohibition, Proscription, Restriction
급제(及第)	Docteur
급(急)하게	Lestement, Précipitamment
급(急)하게 하오	Précipiter

급(急)하게 함	Précipitation
급(急)하오	Leste, Rapide, Vif
급(急)한	Urgent
급(急)함	Rapidité, Vitesse, Vivacité
급(急)히	Rapidement, Vite, Vivement
급(急)히 가시오	Vite
급(急)히 하오	Surexciter
급(急)히 함	Surexcitation
기(旗)	Bannière, Drapeau, Oriflamme, Pavillon
기(旗) 꽂소	Pavoiser
기(旗) 꽂음	Pavois
기계(機械)	Machine
기계(器械)	Instrument
기계(器械) 만드는 쟁이	Armurier
기계(機械) 쓰는 사람	Mécanicien
기계(機械)로 만든 것	Mécanique (à la)
기다리오	Attendre
기둥	Colonne, Pilier, Poteau
기러기	Oie Sauvage
기럭지	Longueur
기록(記錄)	Inscription
기록(記錄)하오	Inscrire, Ressouvenir (se)
기록(記錄)할 만하오	Notable
기르오 [*높이다]	Élever
기르오 [*양육하다]	Alimenter, Nourrir
기를 만하오	Nutritif
기름	Graisse, Huil
기름 꼈소	Huile
기름 묻소	Huileux
기름병(瓶)	Huilier

기름지오	Oléagineux
기(氣)막히오	Étonner
기묘(奇妙)한	Admirable
기별(奇別)	Message, Notice
기별(奇別)하오	Annoncer
기별군(奇別軍)	Messager
기병	Perdrix
기뻐하오	Content, Plaire
기뻐하지 않소	Content , Mécontent, Mécontenter
기사(技士)	Ingénieur
기생(妓生)	Prostituée
기심(欺心)하오	Déloyal
기어가오	Rampant
기어다니오	Ramper
기억(記憶)하오	Souvenir. (se)
기억(記憶)할 만하오	Mémorable
기억(記憶)함	Réminiscence, Souvenir
기오	Long
기와	Tuile
기와장이	Couvreur
기운	Air, Santé, Vigueur
기운 많은 사람	Hercule
기운 세게 하오	Fortifier
기운 좋은	Vigoureux
기울어지오	Incliner
기울어짐	Inclinaison, Pente
기울이오	Pencher
기이(奇異)하게	Singulièrement
기이(奇異)하오	Merveilleux
기이(奇異)한 일	Phénomène

기이(奇異)함	Merveille
기임	Réticence
기절(棄絕)	Excommunication
기지개 켜오	Étirer (s')
기침	Toux
기침하오	Tousser
기표(記標)	Signal
기회(機會)	Cas, Occasion
기회(機會) 얻소	Occasionner
기회(機會) 타서	Occasionnellement
긴	Long
긴 점(點)	Virgule
긴요(緊要)한	Essentiel
긴(緊)치 아니함	Importunité
긴(緊)치 않소	Importun
긴(緊)하오	Important
긴(緊)히	Strictement
길	Chemin, Rue, Voie
길 가르치는 사람	Guide
길 가르치오	Guider
길 다니오	Voyager
길가 장사	Colporteur
길가에서 장사하오	Colporter
길게 우오	Hurler
길게 욺	Hurlement
길들이는 사람	Dompteur
길들이오	Apprivoiser, Dompter
길마	Bât, Selle
길이	Longueur
김	Vapeur

김 나오	Évaporer (s')
김서방(書房)을 만나보셨소	Rencontrer
깃(旗)대	Mât
깃대 배기(焙器)	Potence
깃들이오	Percher (se)
깊게	Profondément
깊고 얕은 것 재오	Sonder
깊소	Profond
깊이	Profondeur
까닭으로	Parce que
까마귀	Corbeau
까지	Jusque
까치	Pie
깡깡이	Violon
깨닫소	Éprouver
깨닫지 못하게	Insensiblement
깨닫지 못하오	Insensible
깨달으오	Sensible
깨달음	Sensation
깨우오	Éveiller
깨진 것	Dégât
깨트리오	Briser, Casser
깨트린 것	Cassure
꺼내오	Déballer, Extraire
꺼리면서	Scrupuleusement
꺼림	Scrupule
꺼지오	Éteindre (s')
꺾으오	Rompre
껄끄럽소	Brut
껍질	Coquille, Peau, Pelure

껍질 긁어 벗기오	Râper
껍질 벗기오	Décortiquer, Écorcer, Éplucher, Peler
껍질 없는 달팽이	Limace
꼬리	Queue
꼬부라지오	Voûter
꼬오	Tresser
꼬집소	Pincer
꼬챙이	Pique
꼭	Certainement, Ponctualité
꼭 작정(作定)하오	Spécifier
꼭대기	Sommet, Tour
꼰 것	Tresse
꽂꽂하오	Droit, Perpendiculaire, Vertical
꽃	Fleur
꽃농사(農事)	Horticulture
꽃뭉텅이	Bouquet
꽃방울	Bouton (de fleur)
꽃병(瓶)	Potiche
꽃봉오리	Bourgeon
꽃피오	Épanouir, Fleurir
꾀	Ruse
꾀꼬리	Loriot, Rossignol
꾀는 사람	Séducteur
꾀오	Persuader, Tenter
꾀있소	Rusé
꾐	Persuasion, Tentation
꾸며 놓소	Orner
꾸며 놓은 것	Ornement
꾸미오	Garnir
꾸미지 않소	Dégarnir

꾸밈	Garniture
꾸이오	Prêter
꾸인 돈	Prêt
꾸짖소	Maudire
꾸짖으오	Blâmer, Gronder
꿀	Miel
꿀꿀거리오	Grogner (cochon)
꿀벌	Abeille
꿇어앉소	Agenouiller (s')
꿈	Rêve, Songe
꿈꾸는 사람	Rêveur
꿈꾸다	Rêver
꿈꾸오	Songer
꿩	Faisan
끄나풀	Cordon
끄오 [*당기다]	Tirer, Traîner
끄오 [*불을 -]	Éteindre
끄집어내오	Retirer
끄트머리	Extrémité
끈끈하오	Collant
끈타불	Ruban
끊소	Rompre
끊어 버리오	Renoncer
끊어 버림	Renonciation
끊어짐	Rupture
끌	Ciseau
끓음	Effervescence
끓이오	Bouillir
끓인 물	Eau (eau bouillie)
끝	Bout, Pointe

끝 뾰족한 돌기둥	Pyramide
끝냄	Extraction
끝이오	Terminer

나

나 [*1인칭]	Je, Moi, Mon
나 [*그러나]	Mais
나가시오	Sortir
나가오	Convalescent, Sortir
나귀	Âne
나귀 새끼	Âne
나누오	Distraire, Diviser, Séparer
나누지 못하오	Indivisible
나눈 것	Succursale
나눔	Division
나눠주는 사람	Distributeur
나눠주오	Distribuer, Partager
나눠줌	Distribution, Partage
나는 상관(相關)없소	Égal
나도	Aussi
나라	Empire, État, Nation, Politique, Règne
나룻	Barbe
나룻배	Bateau

나를	Me
나를 위하여	Pour
나막신	Sabot
나무	Arbre, Bois
나무 베어뉘오	Abattre
나무 숯	Charbon (bois)
나무 접(椄)하오	Greffer
나무 조금 잡으시오	Peu
나무 파시오	Vendre
나무 한 개비	Bûche
나무껍질	Écorce
나무다리	Bequille
나무라지 못하오	Irréprochable
나무람	Réprobation
나무로	En
나무밑	Tronc
나무바리	Bois (Charge de bois)
나무배다리	Passerelle
나무에 올라가오	Grimper
나무장수	Marchand de bois
나물	Légume
나뭇간(間)	Bûcher
나병(糯餠)	Fromage
나보다 낫소	Mieux
나비	Papillon
나사(螺絲)	Vis
나사(螺絲) 박소	Visser
나사(螺絲) 빼오	Dévisser
나아감	Progrès
나오	Naître

나오는 곳	Sortie
나와 같소	Comme
나와 같이 갑시다	Venir
나이	Âge
나이 얼마시오	Âge
나인	Femme (Femme de la cour)
나중에	Enfin, Finalement
나직하게	Bas
나타나오	Paraître
나타내오	Révéler
나팔(喇叭)	Clairon, Trompette
낙성	Chute
낙수(落穗) 홈통(桶)	Gouttière
낙심(落心)하오	Décourager
낙태(落胎)된	Avorton
낙태(落胎)하오	Avorter
낚시	Hameçon
낚시질	Pêche (Pêche à la ligne)
낚시질하는 사람	Pêcheur
난 곳	Natif
난간(欄干)	Balcon, Garde-fou, Palissade, Rampe
난리(亂離)	Persécution, Sédition, Trouble
난리(亂離) 만나오	Persécuter
난리(亂離)나오	Révolter
난민(亂民)	Rebelle
난잡(亂雜)	Pêle-mêle
날	Jour, Soleil
날개	Aile, Plume (Plume d'oiseau)
날랜	Leste
날마다 오시오	Chaque

날밤	Châtaigne
날벌레	Insecte
날아가오	Envoler (s'), Voler
날아감	Vol (oiseau)
날짐승	Volaille
날짜	Date
남(南)	Sud
남극(南極)	Pôle
남기	Arbre
남녀(男女) 분별(分別)	Sexe
남문(南門)	Porte (Porte Sud)
남산(南山)	Sud (Sud Montagne)
남소 [*넘어서다]	Surpasser
남소 [*있다]	Rester
남은 것	Surplus
남인(男人)의 의복(衣服)	Habit (Habit d'homme)
남편(南便)	Sud
남편(男便)	Époux
납	Plomb
납 올리오	Plomber
납작하오	Plat
낫	Faucille
낫게 하오	Guèrir
낫소 [*나은]	Mieux
낫소 [*낮은]	Meilleur
낫소 [*치료하다]	Guèrir
낫질하오	Faucher
낭패롭소	Pordigue
낮 후(後)에	Tantôt
낮소	Bas

낮에	Midi
낮은	Inférieur
낮의	Diurne
낮잠	Sieste
낳다	Procréer
내 [*1인칭]	Ma, Mes, Moi, Mon
내 [*川]	Canal, Rivière
내 것	Mien (le)
내 마음대로	Moi (Moi-même)
내 신들	Mes (Mes souliers)
내가	Je
내게	Je, Me
내관(內官)	Eunuque
내기하는 곳	Tripot
내기하오	Gager, Parier
내놓소	Exposer
내둘러 쓰오	Griffonner
내려가오	Descendre
내려감	Descente
내리는 약(藥)	Purgatif
내리오 [*인하하다, 낮추다]	Rabaisser
내리오 [*하역, 하선시키다]	Débarquer
내리키오	Baisser
내버려 두오	Laisser
내보내오	Renvoyer
내보이오	Montrer
내부대신(內部大臣)	Ministre (Ministre Intérieur)
내실(內室)	Sérail
내어 버리는 사람	Déchargeur
내어 버리오	Décharger, Jeter

내어 버림	Déchargement
내오 [*나가다]	Sortir
내오 [*나요]	Être (Je suis)
내외(內外) 상반(相半)된	Équivoque
내일(來日)	Demain
내지(內地)	Intérieur
내쫓소	Chasser (mettre dehors), Congédier, Expulser, Répudier
냄비	Poêle (Poêle à frire)
냄새	Odeur
냄새 맡소	Flairer, Sentir
냄새 맡음	Odorat
냄새나오	Odoriférant, Puant, Puer
냉수(冷水)	Froid (De l'eau froide)
너구리	Blaireau
너그러운	Indulgent
너그러움	Générosité, Indulgence
너그럽소	Généreux
너무	Trop
너무 얇소	Mince
너무 이르오	Tôt
넉넉지 못하게	Insuffisamment
넉넉지 못함	Insuffisance
넉넉하오	Suffire
넉넉히	Assez
널빤지	Charpente, Planche
널빤지 쪽	Planchette
넓소	Large
넓어지오	Élargir
넓이	Étendue, Largeur
넓적다리	Cuisse

넓히오	Élargir
넓힘	Élargissement
넘소	Déborder
넘어가오	Franchir
넘어뜨리오	Culbuter, Renverser
넘어지오	Succomber, Tomber
넙치	Sole
넣소	Emballer
넣음	Emballage
네	Ta, Toi, Ton, Tu
네 것	Tien (le)
네모	Carré
네모로 깎소	Équarrir
네발 가진 짐승	Quadrupède
년(年)	An, Année
노(櫓)	Aviron, Rame
노(櫓) 젓소	Ramer
노끈	Corde
노는 곳	Spectacle
노(老)닥다리	Rosse
노래	Chant
노래하는 사람	Chanteur
노래하오	Chanter
노략(擄掠)하오	Piller, Ravager
노루	Chevreuil
노루 새끼	Faon
노름	Jeu
노름꾼	Joueur
노름하오	Jouer
노변(路邊) 장사	Colporteur

노새	Mulet
노오	Amuser
노정기(路程記)	Itinéraire
노(櫓)질하오	Godiller
노형(老兄)	Vos, Votre, Vous
노형(老兄) 마음딕로	Vous (Vous-même)
녹두(綠豆)	Pois (vert)
녹이오	Fondre
녹지(錄紙)	Document
논	Riziere
논다니	Courtisane, Femme (Femme publique)
놀라게 하오	Effrayer, Épouvanter
놀라오	Stupéfait
놀람	Étonnement, Soubresaut, Stupéfaction, Stupeur, Terreur
놀래오	Étonner, Surprendre, Tressaillir
놀래켜서	Sursaut (en)
농군(農軍)	Agriculteur, Cultivateur
농담(弄談)	Facétie, Plaisanterie
농담(弄談)으로	Plaisamment
농담(弄談)이오	Plaisant
농담(弄談)하오	Plaisanter
농락	Réjouissance
농부(農夫)	Laboureur
농사(農事)	Agriculture, Culture
농상대신(農商大臣)	Ministre (Ministre Agriculture)
높게	Hautement
높소	Haut
높은	Haut
높이	Altitude, Élévation, Hauteur
높이오	Exalter, Rehausser

높힘	Exaltation
놓소	Lâcher, Mettre, Poser, Relâcher
놓아보내오	Congédier
누가	Qui
누구	Quelqu'un, Qui
누구에	Duquel
누그러지오	Lent
누님	Soeur
누더기	Guenille
누르는 사람	Oppresseur
누르오 [*壓]	Appuyer, Comprimer, Écraser, Oppresser, Opprimer, Réprimer
누르오 [*黃]	Jaune
누름	Oppression
누설(漏泄)	Révélation
누설(漏泄)하오	Divulguer
누습(漏濕)하오	Humide
누에	Ver (à soie)
누에고치	Cocon
누이	Soeur
눈 [*目]	Oeil
눈 [*雪]	Neige
눈 오오	Neiger
눈 작이오	Cligner
눈꺼풀	Paupière
눈덩어리	Flocon
눈두덩	Paupière
눈들	Yeux
눈망울	Gloe (Gloe de l'oeil)
눈물	Larme
눈부시오	Éblouir, Éblouissant, Offusquer

눈썹	Sourcil
눈짓	Signe
눌러 바수오	Écraser
눕소	Coucher (se)
뉘시오	Qui est là (Qui êtes-vous)
뉘우치오	Repentir (se)
뉘우침	Repentir
늑방(肋旁)	Côté
는	Quand
늘어놓소	Parsement
늙어 가오	Vieillir
늙었을 때	Vieillesse
늙은	Vieux
늙은이	Vieillard
능(能)	Capacité
능(陵)	Tombe Royal
능(能) 있는	Puissant
능금	Pomme
능금나무	Pommier
능욕(凌辱)	Ignominie
능(能)없음	Impuissance
능(能)치 못하오	Impossible, Incapable
능(能)치 못함	Impossibilité, Incapacité
능(能)하오	Capable, Possible, Pouvoir
능(能)함	Possibilité
능(能)히 가지 못하오	Inabordable
능(能)히 잡지 못하오	Imprenable
늦게	Retard, Tard
늦소	Tard
늦어지오	Retarder
늦추오	Desserrer, Relaxer

다

다 되겠소	Perfectible
다 없어지오	Tarir
다 집어내오	Débarrasser
다 타오	Consumer
다니오	Marcher
다듬소	Éplucher
다듬이하오	Battre
다람쥐	Écureuil
다르게	Autrement, Différemment
다르오	Différent
다른 것	Autre
다른 데	Ailleurs
다른 사람	Prochain
다름	Différence
다리 [*교각]	Pont
다리 [*신체]	Jambe, Patte
다리 난간(欄干)	Parapet
다리 아프오	Jambe

다리 오금	Jarret
다리 저오	Boiter
다리미	Fer (Fer à repasser)
다리미질하오	Repasser
다림	Niveau
다림 보오	Ajuster
다만	Pourvu que, Seulement
다스리오	Administrer, Diriger, Gouverner, Régir
다스림	Régime
다시	Nouveau (de nouveau)
다시 고치오	Réformer
다시 고침	Réforme
다시 꾸미오	Repeindre
다시 나누오	Subdiviser
다시 나눔	Subdivision
다시 나오	Régénérer, Reproduire
다시 남	Régénération
다시 낫소	Renaître
다시 넣소	Remballer
다시 놓소	Remettre
다시 덮소	Recouvrir
다시 떨어지오	Retomber
다시 말하오	Répéter
다시 매오	Rattacher, Relier, Renouer
다시 밀뜨리오	Repousser
다시 보오	Revoir
다시 불 켜오	Rallumer
다시 살아나오	Ressusciter
다시 살아남	Résurrection
다시 설시(設始)하오	Rétablir

다시 설시(設始)함	Reprise
다시 앉히오	Rasseoir (se)
다시 얻소	Regagner, Retrouver
다시 여오	Rouvrir
다시 이르오	Redire
다시 인도(引導)하오	Reconduire
다시 읽소	Relire
다시 자라오	Repousser
다시 잡소	Rattraper
다시 장가드오	Remarier (se)
다시 접소	Replier
다시 조직(組織)하오	Réorganiser
다시 조직(組織)함	Réorganisation
다시 지나오	Repasser
다시 짓소	Rebâtir
다시 찾소	Rechercher
다시 하오	Reconnaître, Refaire, Réitérer
다시 휘오	Recourber
다시마	Algue
다오 [*계량]	Peser
다오 [*맛]	Doux, Suave, Sucré
다오 [*매달다]	Suspendre
다음	Prochain
다음에	Après
다음이오	Postérieur
다툼	Rixe
다하오	Perpétrer
닥뜨리오	Heurter
닦소	Essuyer, Nettoyer
단	Frange

단것	Vinaigre
단단하오	Dur, Ferme, Raide, Solide
단단한	Fort
단단히	Solidement
단단히 매오	Resserrer
단련(鍛鍊)	Pratique
단련(鍛鍊)하오	Pratiquer
단복(單腹) 앓는 자	Hydropique
단추	Bouton
단추 빼오	Déboutonner
닫소	Fermer
닫히오	Fermer
달	Lune, Mois
달걀	Oeuf
달걀만 사시오	Seulement
달게 하오	Sucrer
달라오	Demander
달려드오	Élancer (s')
달력(曆)	Almanach
달리	Autrement, Séparément
달리하시오	Autrement (Faites autrement)
달아 둠	Suspension
달아나오	Échapper, Enfuir (s'), Fuir
달아보오	Peser, Pondérer
달아볼 만하오	Pondérable
달아봄	Pondération
달아올리오	Hisser
달어올리오	Attirer
달음박질	Course
달음박질 하오	Courir

달이 찼소	Lune (Lune pleine)
달팽이	Escargot
닭	Coq, Poulet
닭 볏	Crête
닭의 장(欌)	Poulailler
닳았소	User
담	Mur
담 넘소	Escalader
담(痰)	Gastrite, Rhumatisme, Vérole (grosse)
담(膽)	Humeur
담(膽) 적소	Pusillanime
담(膽) 적음	Pusillanimité
담(膽)있는	Audacieux
담기(膽氣)	Audace
담당(擔當)	Obligation, Responsabilité
담당(擔當)이오	Responsable
담대(膽大)	Courage, Hardiesse
담대(膽大)하오	Ardent, Courageux, Hardi, Intrépide, Téméraire
담대(膽大)함	Témérité
담배	Tabac
담배 마시오	Rouler
담배 먹소	Fumer
담배 잡수시오	Fumer
담배쌈지	Blague (à tabac), Tabatière
담뱃대	Pipe
담비	Blaireau
담아 두오	Introduire
담아 둠	Introduction
답답하오	Inquiet, Inquiéter
답장(答狀)	Réponse

답장(答狀) 있소	Réponse
당(黨)	Parti, Partisan
당(黨)되오	Liguer (se)
당머리	Casquette
당(唐)버들	Peuplier
당신	Vous (Vous très-poli)
당창(唐瘡)	Syphilis
당(當)치않소	Impropre
당(當)하오	Fournir
당(當)할 만하오	Supportable
닻줄 감는 물레	Treuil
닿으오	Atteindre
대	Bambou
대개(大槪)	Environ, Près (A peu près)
대궐(大闕)	Palais
대님	Jarretière
대단하오	Véhément
대단히	Excessivement, Trop
대단히 크오	Énorme, Immense, Spacieux
대답(對答)	Réplique, Réponse
대답(對答)하시오	Réponse (Répondez-moi)
대답(對答)하오	Répliquer, Répondre
대례(大禮)	Solennité
대로	Selon
대로(大怒)	Fureur
대리(代理)	Dictateur
대리(代理) 국정(國政)	Régent
대림	Mire
대림 보오	Viser
대머리	Calvitie

대문(大門)	Porte (Porte de devant)
대(代)물리오	Hériter
대(代)물린 것	Héritage
대신(大臣)	Ministre
대신(代身)하오	Substituer, Suppléer
대신(代身)함	Substitution
대암장이	Chaudronnier
대야	Cuvette
대완구(大碗口)	Canon
대원수(大元帥)	Général
대인(大人)	Monsieur (Monsieur très-poli)
대장(大將)	Général
대장간(間)	Établi, Forge
대장장이	Forgeron
대재(大齋) 지키오	Jeûner
대접	Bol
대접(待接) 잘못하오	Loger, Maltraiter
대접(待接)하오	Inviter
대천신(大天神)	Archange
대추	Datte, Jujube
대추나무	Jujubier
대통령(大統領)	Président (Président République)
대패	Rabot
대패질하오	Raboter
대팻밥	Copeau
대포(大砲)	Canon
대포(大砲) 철환(鐵丸)	Boulet
대(對)하여	Face
대(對)해서	Contre
대한(大韓)	Corée (nouveau)

댁(宅)	Château, Maison, Vous
더	Plus, Puis
더 가까이	Plus (Plus près)
더 늦게	Plus (Plus tard)
더 먹이오	Nourrissant
더 멀리	Plus (Plus loin)
더 이르게	Plus (Plus tôt)
더 있다가	Ultérieurement
더 좋소	Préférable
더 좋아하오	Préférer
더 좋아함	Préférence
더 주오	Augmenter, Munir, Surcharger
더 줌	Surcharge
더듬소	Tâtonner
더듬어	Tâtons (à)
더디	Lentement
더디오	Tarder
더러운	Sordide
더러운 것	Immondice
더러운 계집	Salope
더러운 놈	Canaille
더러운 말	Saloperie
더러운 사람	Saligaud
더러움	Saleté, Tache
더러움 묻소	Tacher
더럭더럭 먹소	Dévorer
더럽소	Sale
더레오	Barbouiller, Gâcher, Salir
더운	Chaud
더운 물	Chaud (De l'eau chaude)

더위	Chaleur
더하오	Ajouter, Redoubler, Surcharger, Suppléer
더함	Surcharge
덕국(德國)	Allemagne
덕국(德國) 공사관(公使館)	Allemagne (Légation d'Allemagne)
덕국(德國) 사람	Allemand
덕행(德行)	Vertu
덕행(德行) 있소	Vertueux
던지오	Jeter, Lancer, Projeter
던짐	Projection
덜	Moins
덜 주오	Retrancher
덜됐소	Imparfait
덜되오	Inachevé
덜됨	Imperfection
덤불	Taillis
덥게 하오	Chauffer, Réchauffer
덥소	Chaud
덧문(門)	Contrevent
덩어리	Morceau
덫	Piège, Trappe
덮소	Couvrir
데려오오	Mener
데리고 가오	Amener, Emmener
도	Aussi
도금(鍍金)	Émail
도끼	Cognée, Hache
도끼질하오	Hacher
도둑 접주인(接主人)	Recéleur
도둑질한 물건 사오	Recéler

도랑	Fossé, Rigole, Torrent
도로 가져가오	Remporter
도로 가져오오	Rapporter
도로 구(求)하오	Redemander
도로 두오	Replacer, Reposer
도로 들어오오	Rentrer
도로 떨어진 사람	Récidiviste
도로 떨어짐	Récidive
도로 바꾸오	Rechanger
도로 부르오	Rappeler
도로 부름	Rappel
도로 빼앗소	Reprendre
도로 시작(始作)하오	Recommencer
도로 얻소	Récupérer
도로 찾소	Réclamer
도리깨	Fléau
도망(逃亡)	Élan, Évasion, Fuite
도망(逃亡)꾼	Fugitif
도망(逃亡)하오	Déserter, Élancer (s')
도망(逃亡)했소	Fuite
도모지 남지 않소	Rester
도무지	Jamais, Rien
도무지 모르오	Inconnu
도문(禱文)	Litanies
도배(塗褙)	Tapisserie
도배(塗褙)하오	Tapisser
도와주오	Aider, Coopérer, Seconder, Subvenir
도와줌	Subvention
도장(圖章)	Sceau
도장(圖章) 찍소	Signer

도저(到底)히 옳소	Précis
도적(盜賊)놈	Voleur
도적(盜賊)질	Vol
도적(盜賊)질하오	Dérober, Voler
도적(盜賊)질하지 마시오	Voler
도주(逃走)하오	Évader (s')
도출(導出)하오	Méticuleux
도취(徒取)	Collection
도취(徒取)하는 사람	Collectionneur
도취(徒取)하오	Collectionner
도토리	Gland
도합(都合)	Total, Totalité
도합(都合)해서	Totalement
독(毒)	Venin, Virus
독(毒) 있소	Vénéneux, Venimeux
독립(獨立)	Indépendance
독립(獨立)요	Indépendant
독사(毒蛇)	Vipère
독(禿)수리	Vautour
독(毒)하오	Fort
돈 [*화폐]	Argent, Monnaie, Somme
돈(貘)	Marte
돈 갚소	Rembourser
돈 갚을 한(限)	Échéance
돈 거두오	Quêter
돈 받음	Recette
돈 버오	Garner
돈 변리(邊利)	Rente
돈 쓰기 싫어하오	Lésiner
돈 쓸 만하오	Pécuniaire

돈주머니	Bourse
돈피(獤皮)	Marte
돌 [*年]	Anniversaire
돌 [*石]	Pierre
돌 까오	Paver
돌 깖	Pavé
돌려보내오	Rendre
돌리오	Remonter
돌멩이	Grés, Pierre
돌보는	Favorable
돌보오	Favoriser
돌봄	Faveur
돌사람	Statue
돌아가오	Détourner, Mort
돌아다니오	Circuler, Parcourir, Rôder
돌아다님	Parcours
돌아오오	Retourner, Revenir, Virer
돌점(店)	Carriére
돌질하오	Lapider
돌쩌귀	Charnière, Gond
돎	Rotation
돕는 사람	Aide, Assistant
돗자리	Natte
동	Galon
동(東)	Est
동관(同官)	Collègue
동그라미	Cercle, Rond, Zéro
동네	Arrondissement
동대문(東大門)	Porte (Porte De l' Est)
동록(銅綠)	Rouille, Vert-de-gris

동록(銅綠) 벗기오	Dérouiller
동록(銅綠)스오	Rouiller
동류(同類)	Égalité, Race
동맹(同盟)	Allié
동맹(同盟)하오	Allié
동무	Condisciple
동사(動詞)	Verbe
동산	Jardin
동산직이	Jardinier
동생	Frère
동안	Pendant, Période
동안에	Tandis que
동이	Urne
동자(瞳子)	Prunelle
동전(銅錢)	Sou
동정(動靜) 살핌	Espionnage
동(動)치 않음	Inertie
동편(東便)	Est, Orient
동편(東便)이오	Oriental
동행(同行)	Compagnon
돛	Voile
돛대	Mât, Mâture
돼지	Cochon, Porc, Pourceau
돼지 고두리	Groin
돼지 기름	Saindoux
돼지 다리	Jambon
되강오리	Sarcelle
되불러옴	Rêvocation
되오	Devenir
두 가지	Sorte (Deux sortes)

두 번(番)	Fois (Deux fois)
두겁	Tube
두겹	Double
두골(頭骨)	Crâne
두꺼비	Crapaud
두껍게 하오	Épaissir
두껍소	Épais
두께	Épaisseur
두더지	Taupe
두드리오	Frapper
두레박	Puisette
두루마기	Jaquette, Manteau, Pardessus, Tunique
두르는	Tournant
두르오	Entourer, Tourner, Voiler
두목(頭目)	Chef
두오	Mettre, Placer, Poser, Situer
둘러싸오	Environner
둠	Situation
둥그오	Rond
둥근 것	Sphère
둥글게 하오	Arrondir
둥싯둥싯함	Tangage
뒤	Arrière, Dermer
뒤 생각 없소	Imprévoyant
뒤 생각 없음	Imprévoyance
뒤에	Derrière, Ensuite
뒤잇는 자(者)	Successeur
뒤잇소	Succéder
뒤집소	Remuer
뒤집어	Envers (à l'envers)

뒤집음	Inversion
뒤통수	Occiput
뒷간(間)	Latrines, Water-closet
뒷문(門)	Porte (Porte de derrière)
드둠드둠하오	Chanceler
드러나오	Sauver (se)
드러내 뵈	Manifestation
드러내 뵈면서	Manifestement
드러내 뵈오	Manifeste, Manifester
드러내오	Oter, Public
드리오	Offrir, Présenter
드무오	Rare
드물게	Rarement
드물지 않게	Vulgairement
드묾	Rareté
드오 [*가입하다]	Incorporer
드오 [*올리다]	Soulever
드오 [*올리다]	Élever
드오 [*투과시키다]	Perméable
듣기 싫소	Taire (se) (Taisez-vous)
듣소	Démonter, Écouter, Entendre
들 [*복수 접미사]	Les, Mes, Nos, Ses
들 [*野]	Campagne
들보	Poutre, Solive
들사람	Campagnard
들어가오	Pénétrer
들어내오	Enlever
들어오시오	Entrer
들어오오	Entrer
들지 않소	Imperméable

들키오	Surprendre
들킴	Surprise
듦	Soulèvement
등 [*背]	Dos
등(燈)	Lanterne
등(等)	Degré
등(藤)	Jonc, Rotin
등거리	Gilet
등걸불	Braise
등롱(燈籠)	Lampion
등뼈	Vertèbre
등에	Taon
등자(鐙子)	Étrier
등잔(燈盞)	Veilleuse
등탑(燈塔)	Phare
등피(燈皮)	Verre (de lampe)
따로	Séparément
따르오 [*뒤따르다]	Suivre
따르오 [*붓다]	Verser
따오	Cueillir
딱총(銃)	Pétard
딸	Fille
딸기	Fraise
딸기나무	Fraisier
딸꾹질	Sanglot
땀	Sueur, Transpiration
땀 흘리오	Transpirer
땀나오	Suer
땅	Sol
땅속길	Souterrain

땅에서 꺼내오	Déterrer
땅이 지오	Boueux
때 [*時]	Moment, Temps
때 [*滓]	Maculation, Salive
때 맞춰서	Opportunément
때 묻히오	Maculer
때까치	Geai
때꼽	Crasse
때꼽재기	Crasseux
때리오	Frapper
때에	Lorsque, Quand
때오	Chauffer
땜납	Étain
떠나오	Partir
떠남	Pérégrination
떠돌아다니오	Errer
떠들지 마시오	Bruit
떡	Gâteau, Pain
떡 반죽	Pâte
떡메	Maillet
떡장수	Boulanger
떨기	Taillis
떨리오	Frémir, Tremblant, Trembler
떨림	Frémissement, Secousse, Tremblement
떨어뜨리시오	Tomber
떨어지오	Tomber
떨어트리오	Précipiter
떼	Masse, Nuée
떼벌	Abeille (Essaim d'abeilles)
떼어 내지 못하오	Inséparable

떼어놓으오	Disjoindre
또	Davantage, Encore, Et
또 뵙시다	Bonsoir, Bonsoir (Au revoir)
똑똑하오	Exact
똑똑함	Exactitude
똑똑히	Exactement
똥	Excrément, Ordure
똥 잘 못 누오	Constiper
뚜개	Couverture
뚜껑	Couvercle
뚫소	Percer, Transpercer
뚫으오	Percer, Trouer
뛰어가오	Galoper
뛰어감	Galop
뛰오	Bondir, Sauter, Trotter
뜀	Bond, Galop, Saut, Trot
뜨오	Flotter, Puiser
뜰 안 화초(花草)	Plate-bande
뜸	Cautérisation
뜸놓으오	Cautériser
뜻	Sentiment
뜻 푸오	Signifier
뜻 풀어놓은 것	Signification
뜻밖에	Accident
뜻밖의 일	Incident
띠오	Ceindre

라

로	En, Par
류(類)	Genre
리(里)	Kilomètre (1/2)

마

마개	Bouchon
마구	Indiscrètement
마구(馬廏)	Écurie
마군(馬軍)	Cavalier
마귀(魔鬼)	Diable
마누라	Matrone
마는	Mais, Toutefois
마늘	Ail
마늘 한 톨	Ail (Gousse d'ail)
마다	Chaque
마당	Aire, Cour, Place
마디	Mot
마땅하오	Devoir
마땅한	Digne
마련하오	Préoccuper
마련함	Préoccupation
마루	Parquet, Plancher
마루 놓소	Planchéier

마루 놓으오	Parqueter
마르오	Sécher, Tarir
마름	Métayer
마리	Pièce
마마(媽媽)	Vérole (petite)
마부(馬夫)	Conducteur (du cheval)
마시오	Boire
마오	Enrouler, Rouler
마음	Coeur
마음 정(定)함	Résolution
마음 정(定)했소	Résolu
마음에 박소	Impressionner
마음에 없소	Involontaire
마음에 없이	Involontairement
마음으로	Coeur (Avec coeur)
마음이 갈리오	Distraire
마전쟁이	Blanchisseuse
마주치오	Rejoindre
마지막	Extrémité, Finalement
마차(馬車)	Voiture
마찬가지로	Pareillement
마찬가지오	Autant, Pareil, Semblable
마쳤소	Fin (C'est la fin)
마치오	Accomplir, Achever, Finir, Périmer, Terminer
마침	Accomplissement, Fin
마침내	Enfin
막대	Bâton, Canne
막소	Boucher, Exclure, Obstruer
막음	Exclusion, Obstacle
만	Seulement

만 하오	Égaler
만(萬)	Myriade
만나오	Rencontrer
만남	Rencontre
만드는 곳	Usine
만드는 사람	Fabricant
만드는 집	Manufacture
만드오	Fabriquer, Façonner, Former
만만(滿滿)코	Certainement (Très-certainement)
만삭(滿朔)되오	Grossesse
만일(萬一)	Si
만지오	Atteindre, Toucher
만짐	Atteinte
많소	Pluriel
많은 등(燈)불	Illumination
많은 등(燈)불 켜오	Illuminer
많음	Pluralité
많이	Beaucoup, Tant
말 [*단위]	Boisseau
말 [*馬]	Cheval
말 [*言]	Langage, Mot, Parole, Propos
말 끊소	Interrompre
말 끊음	Interruption
말 마시오	Taire (se) (Taisez-vous)
말 아니하오	Taire (se)
말 아니함	Mutisme
말 좋게 하는 사람	Optimiste
말 하나와 노끈 하나	Et
말 헛나감	Lapsus
말갈기	Crinière

말고	Hors, Indépendamment, Sauf
말다툼	Discussion
말똥	Crottin
말뚝	Piquet
말랐소	Sec
말로 싸우오	Disputer
말로 하오	Oral
말리오 [*건조]	Sécher
말리오 [*싸움 -]	Apaiser
말벌	Guêpe
말쑥하오	Transparent
말쑥함	Transparence
말여두오	Négliger
말장(杖)	Pieu, Piquet
말죽(粥)	Fourrage
말(末)째	Extrême
말총	Crin
말편자	Fer (Fer à cheval)
말편자 장수	Maréchal
말하는 법(法)	Expression, Locution
말하오	Dire, Parler
맑소	Épurer, Limpide, Pur
맑음	Limpidité
맛	Appétit, Goût
맛 좋소	Succulent
맛보오	Goûter
맛이 있소	Appétit
망건(網巾)	Serre-tête
망대(望臺)	Tour
망신(亡身)	Déshonneur

망신(亡身)시키오	Diffamer
망신(亡身)하오	Deshonorer
망아지	Poulain
망치	Marteau
망치질 하오	Marteler
망(亡)하오	Faillir, Ruiner
망(亡)함	Faillite, Ruine
맡기오	Confier, Fier (se)
맡김	Confiance
매	Épervier, Faucon, Milan
매듭	Attache, Noeud
매듭 푸오	Dénouer
매매(賣買)하오	Trafiquer
매매(賣買)함	Trafic
매미	Cigale
매부(妹夫)	Beau-frère
매씨(妹氏)	Soeur
매오 [*김-]	Sarcler
매오 [*묶다]	Attacher, Nouer
매우	Très
매우 괴이(怪異)하오	Surnaturel
매우 늦게 오시오	Tard
매우 더럽소	Immonde
매우 머오	Très
매우 목마르오	Altérer
매우 볼만하오	Ravissant
매우 어여쁨	Vénus
매우 요긴(要緊)함	Urgence
매우 인(吝)하오	Rapace
매우 인(吝)함	Rapacité

매우 작소	Insignifiant, Moindre
매우 좋소	Bon (Très-bon), Meilleur
매우 좋지 못하오	Pire
매일(每日)	Quotidien
매화(梅花)	Rosier
맥(脈)	Pouls
맥수(脈數)	Pulsation
맥주(麥酒)	Bière
맵소	Acre
맷돌	Meule, Moulin
맷돌질하오	Moudre
맹세(盟誓)	Serment
맹약(盟約)	Pacte
맹약(盟約)하오	Pactiser
머리	Tête
머리 단장(丹粧)	Coiffure
머리 단장(丹粧)하는 사람	Coiffeur
머리 미었소	Chauve
머리 빗소	Peigner
머리골	Cerveau
머리때	Pellicule
머리털	Chevelure
머릿수건(手巾)	Turban
머무르오	Rester, Stationner
머무름	Station
머오	Loin
먹	Encre
먹고 살 돈 주오	Retraiter
먹는 사람	Mangeur
먹소	Boire, Manger

먹어라	Boire
먹으시오	Boire
먹을 만한	Potable
먹을 수	Moyen de manger
먹이오	Nourrir
먹장 갈아 부은 것 같소	Livide
먹통(桶)	Écritoire, Encrier
먼	Lointain
먼저	D'abord
먼저 가오	Précéder
먼저 보지 못하오	Imprévu
먼저 시작(始作)하오	Entamer
먼저요	Précédent
먼지	Poussière
먼지 터오	Épousseter
멀리	Loin
멀리하오	Éloigner, Prolonger
멀리함	Éloignement, Prolongement
메공이	Maillet, Pilon
메뚜기	Sauterelle
메밀	Sarrazin
메우오	Combler
며느리	Belle-fille, Bru
며느리발톱	Éperon
면 [*만일]	Si
면(面)	Face, Surface
면(免)치 못할	Inévitable
면관(免官)시키오	Révoquer
면당(面當)했소	Verbalement
면류관(冕旒冠)	Tiare

면부득(免不得)이오	Imminent, Obligatoire
면역(免疫)	Effort
면투	Pain
면화(綿花)나무	Cotonnier
명(命)	Vie, Vitalité
명(命) 보전(保全)하오	Vivre
명(命)하오	Impératif
명경(明鏡)	Glace (Glace miroir), Miroir
명령(命令)	Ordre
명백(明白)하오	Net
명백(明白)함	Intelligence
명성(名聲)	Réputation
명오(明悟)	Esprit
명오(明悟) 밝은	Intelligent
명일	Lendemain
명일(命日)	Fête
명절(名節)	Fête
명지	Soie
명찰(明察)하오	Perspicace
명찰(明察)함	Perspicacité
명첩(名帖)	Carte (de visite)
명함갑(名銜匣)	Portefeuille
몇	Quelque
몇 개	Quelqu'un (Quelques-uns)
모과(木瓜)	Coing
모군(募軍)	Coolie, Ouvrier
모군(募軍)꾼	Journalier, Manoeuvre
모기	Cousin (moustique), Moustique
모기장(帳)	Moustiquaire
모두	Tout (Tout-à-fait)

모두 허오	Saccager
모둠	Collection
모든	Tout, Universel
모든 양반(兩班)	Noblesse
모래	Gravier
모래 펴오	Sabler
모래무지	Goujon
모래사장(沙場)	Désert
모래흙	Sable
모레	Après
모루	Enclume
모르게	Furtivement
모르오	Inconscient
모시오	Escorter
모양(模樣)	Apparence, Forme, Type
모으오	Amasser, Rassembler, Recueillir
모의(謀議)하는 사람	Complice
모의(謀議)하오	Comploter
모이오	Assembler, Entasser, Réunir
모전(毛廛)	Fruiterie
모친(母親)	Mère
모친(母親)에	Maternel
모퉁이	Coin (extérieur)
모함(謀陷)	Calomnie
모함(謀陷)하오	Calomnier
모호(模糊)히 생각하오	Imaginer
모호한(模糊) 생각	Imagination
목	Cou, Gosier
목 베오	Décapiter
목 비는 기계(機械)칼	Échafaud

목 자름	Strangulation
목구멍	Gorge
목단화(牧丹花)	Pivoine
목덜미	Nuque
목도(目睹)하는 사람	Témoin
목도(目睹)하오	Témoigner
목도(目睹)함	Témoignage
목도(目睹)했소	Oculaire
목도리	Col, Cravate
목동(牧童)	Berger, Pasteur
목록(目錄)	Table (Index)
목마름	Soif
목매다오	Pendre
목매닮	Pendaison
목매오	Étrangler, Pendre
목물(木物)장이	Ébéniste
목베는 틀	Guillotine
목소리	Ton
목수(木手)	Charpentier
목숨	Vitalité
목요일(木曜日)	Jeudi
목욕(沐浴)	Bain
목욕(沐浴)하는 자(者)	Baigneur
목욕(沐浴)하오	Baigner, Nager
목욕통(沐浴桶)	Baignoire
목적(目的)	Base
목젖	Larynx
목탁(木鐸)	Tam-tam
목판(木板)	Plateau
목화(木靴)	Botte

몫	Portion, Ration
몰라	Savoir (Je ne sais pas (popul.))
몰래	Furtif
몸	Corps
몸 괴로움	Malaise
몸값	Rançon
몸기운(氣運)	Tempérament
몹시	Excessivement
몹시 쓰오	Abuser
몹쓸 사람	Polisson
못 [*건축]	Clou, Pointe (clou)
못 [*구렁]	Gouffre, Précipice
못 [*연못]	Étang
못 먹을 것	Immangeable
못 보았소	Voir (Je ne l'ai pas vu)
못 쓰게 하오	Déformer
못 쓰게하오	Défaire
못바늘	Épingle
못바늘로 박소	Épingler
못생긴 놈	Ganache, Sot
못전(廛)	Clouterie
묘막(墓幕)	Mausolée
무	Navet, Rave
무(無)값이오	Inappréciable
무거리	Son (de blé)
무겁게	Lourdement
무겁소	Lourd, Peser
무겁지 않소	Lourd
무게	Pesanteur, Poids
무관(武官)	Militaire

무관학교(武官學校)	Militaire(Militaire école)
무궁무진(無窮無盡)하게	Infiniment
무궁무진(無窮無盡)하오	Infini
무낭마(無囊馬)	Hongre
무너뜨리오	Détruire
무당	Sorcier
무더기	Entassement, Tas
무덤	Cimetière, Sépulcre, Tombe
무덤의 비문(碑文)	Épitaphe
무력(無力)	Impuissance
무력(無力)하오	Impuissant
무례(無禮)	Grossièreté
무례(無禮)하게	Incivilement
무례(無禮)하오	Grossier, Impoli, Incivil
무례(無禮)함	Impolitesse, Incivilité
무뢰지배(無賴之輩)	Malfaiteur
무르게 하오	Macérer
무르오	Tendre
무릎	Genou
무릎 꿇으오	Agenouiller (s')
무릎 꿇음	Génuflexion
무리	Foule, Quantité
무명지(無名指)	Mineur
무밭	Navet Champ de
무법(無法)	Désordre
무변(無邊)	Immensité
무병(無病)하오	Sain, Valide
무복(無福)	Malheur
무복(無福)하오	Malheureux
무서운	Redoutable, Terrible

무서워하오	Appréhender, Redouter
무서워함	Terreur
무섭소	Effrayé, Peur
무쇠	Fonte
무수(無數)하오	Innombrable
무슨 시(時)오	Montre
무식(無識)하오	Ignare, Ignorant, Ignorer
무식(無識)한 사람	Illettré
무식(無識)함	Ignorance
무심(無心)	Inadvertance
무엇	Que, Quel, Quoi
무역(貿易)하오	Accaparer
무오	Mordre
무익(無益)하오	Futile, Superflu
무익(無益)함	Futilité
무자위	Pompe
무죄(無罪)	Innocence
무죄(無罪)하오	Innocent
무지개	Arc-en-ciel
무지기	Jupon
무찔러 죽이오	Exterminer
무한(無限)하오	Illimité
무형(無形)	Adjectif
무형(無形)하오	Spirituel
무형무체(無形無體)하오	Immatériel
무화과(無花果)	Figue
무화목(無花木)	Figuier
묵상(默想)	Méditation
묵상(默想)하오	Méditer
문 자리	Piqûre

문(門)	Porte
문(門) 걸으시오	Clef
문(門) 닫어라	Ferme la porte
문(門) 열러 가시오	Porte
문(門) 은혈(隱穴)	Loquet
문(門) 지키는 병정(兵丁)	Sentinelle
문(門) 한짝	Porte (battant de porte)
문간(門間)	Entrée
문갑(文匣)	Case
문갑(文匣)에 넣으오	Caser
문과(文科)	Examen (Examen littéraire)
문답(問答)	Dialogue, Question
문답(問答)하오	Questionner
문둥병(病)	Lèpre
문둥이	Lépreux
문(門)밖	Faubourg
문법(文法)	Grammaire
문(門)빗장	Targette, Verrou
문서(文書)	Bail, Certificat, Document, Écrit, Inventaire
문전(門前)	Entrée
문제(問題)	Problème
문(門)지기	Portier
문지르오	Frictionner, Frotter
문지름	Friction
문지방(門地枋)	Seuil
묻는 말	Question
묻는 사람	Interrogateur
묻소	Inhumer, Interroger
물	Eau
물 나오	Jaillir

물 따르시오	Verser
물 떨어지오	Égoutter, Ruisseler
물 빼는 기계(機械)	Passoire
물 쏟소	Répandre
물 주는 통(桶)	Arrosoir
물 주오	Arroser
물가	Côte (rivage)
물거품	Écume
물거품 걷으오	Écumer
물건(物件)	Article, Marchandise, Objet
물결	Courant, Lame (Lame de la mer), Vague
물고기	Poisson
물그릇	Pot a eau
물긷소	Puiser
물끝	Rivage
물나오	Ternir
물독	Cruche
물들이오	Teindre
물딱총(銃)	Seringue
물러가오	Reculer
물러주오	Dédommager
물리치오	Reléguer
물리침	Relégation, Répulsion
물명(物名)	Substantif
물방울	Goutte (eau)
물병(甁)	Carafe
물성(城)	Digue
물속 바위	Écueil
물어보오	Consulter, Demander
물어봄	Interrogation

물언덕	Rivage
물에 떴소	Surnager
물에 빠지오	Plonger
물에 잠기오	Submerger
물에 잠김	Submersion
물오름	Sève
물오리	Canard
물이 과(過)히 있소	Trop
물이 나오	Déteindre
물이나 술이나 주시오	Ou
물장수	Porteur (Porteur d' eau)
물통(桶)	Seau
물푸레나무	Frêne
묽은 것	Liquide
뭇	Fagot
뭇매	Fronde
뭉뚱그리오	Gâcher (Gâcher mélanger)
뭉치	Boule
뭐 어째	Hein !
미(尾)구멍	Anus
미구(未久)에	Bientôt
미국(美國)	Amérique
미국(美國) 사람	Américain
미끄러지오	Glisser
미끼	Appât
미나리	Céleri (corèen)
미련하게	Stupidement
미련하오	Stupide
미련한	Imprudence, Nigaud, Stupidité
미루오	Différer, Tergiverser

미룸	Tergiversation
미리	Auparavant
미리 말하오	Prédire
미리 말함	Oracle, Prédiction
미리 보는 사람이오	Prévoyant
미리 보오	Prévoir
미리 이르오	Menacer
미리 이름	Menace
미리 정(定)하오	Prédestiner
미리 정(定)함	Prédestination
미리 조심(操心)함	Précaution
미모(眉毛)	Sourcil
미쁜	Foi
미색(美色)	Joli (Jolie fille)
미성(尾星)	Comète
미소(微小)한	Exigu
미오	Racler
미워하오	Abhorrer, Détestable, Détester, Haineux
미장이	Maçon
미치오	Enrager
미친 계집	Folle
미친 사람	Fou
미친개병(病)	Hydrophobie
미친병	Rage
미투리	Sandale, Soulier (Soulier Corde de papier)
민들레	Chicorée, Laitue, Pissenlit
민란(民亂)	Révolte
민어(民魚)	Morue, Saumon
민주국(民主國)	République
민첩(敏捷)하오	Adroit

민첩(敏捷)하지 않소	Maladroit
믿소	Croire
믿을 만한	Croyable
믿지 못하오	Croire (Je ne vous crois pas), Inadmissible, Incroyable
믿지 않소	Incrédule
믿지 않음	Incrédulité
밀 [*곡식]	Blé, Froment
밀(蜜)	Cire
밀가루	Farine (Farine de blé)
밀국수	Macaroni
밀기름	Pommade
밀뜨리다	Pousser
밀뭇	Gerbe (de blé)
밀밭	Champ (champ deblé)
밀침	Impulsion
밀화(蜜花)	Ambre
밉게	Odieusement
밉소	Odieux
및	Et
밑동	Tronçon
밑바닥	Fond
밑에	Dèssous

바

바가지	Sébile
바구니	Corbeille, Panier
바깥	Dehors
바꾸면서	Changement
바꾸오	Changer, Commuer, Échanger
바꿈	Échange
바꿔 놓소	Remplacer
바느질 뜯소	Découdre
바느질장이	Tailleur
바느질하오	Coudre
바늘	Aiguille
바늘 꿰오	Enfiler
바늘실전(廛)	Mercerie
바늘통(筒)	Étui
바다	Mer
바다버섯	Éponge
바둑호랑이	Léopard
바라보오	Apercevoir, Entrevoir

바라오	Espérer
바람 [*공기]	Vent
바람 [*희망]	Espérance, Espoir
바람 빼오	Dégonfler
바람 한 떼	Rafale
바람이 많이 부오	Vent
바랭이	Ivraie
바로	Droit
바로 가시오	Droit
바르게	Justement
바르게 고치오	Rectifier
바르게 고침	Rectification
바르오	Juste
바르지 않게	Indirectement
바르지 않소	Indirect, Injuste, Malhonnête
바르지 않음	Injustice
바른 양심(良心)	Honnêteté
바른편(便)	Droite
바름	Rectitude
바리	Charge (de boeuf)
바쁘게	Hâte
바쁘오	Presser
바쁜	Empressement, Urgent
바삐 돌아오시오	Retourner
바삐 얼른	Vite
바삐 오오	Accourir
바사기	Idiot
바수오	Briser, Broyer, Piler
바싹	Ras
바에	Dont

바위	Roche, Rocher
바위옷	Mousse
바지	Pantalon
바치다	Offrir
바치오	Présenter
바침	Offre
바퀴	Poulie, Roue
바퀴도리	Essieu
바퀴통(筒)	Moyeu
바탕	Substance
박	Gourde
박람회(博覽會)	Exposition
박람회(博覽會)하오	Exposer
박사(博士)	Docteur
박소	Enfoncer
박음	Impression
박쥐	Chauve-souris
박학사(博學士)	Littérateur
밖에	Dehors, Hors
반(半)	Demi, Moitié
반(半)벙어리	Bégue
반(半)쯤 여오	Entr'ouvrir
반갑소	Content
반구(半球)	Hémisphère
반드시	Nécessairement
반복(反覆)하오	Inconséquent
반복(反覆)함	Inconséquence
반분(半分)해	Partiellement
반석(磐石)	Roc
반시(半時)	Heure

반신불수(半身不隨) 되오	Paralyser
반신불수병(半身不隨病)	Paralysie
반신불수(半身不隨)요	Paralytique
반자	Plafond
반절(反切)	Alphabet
반죽(斑竹)	Roseau
반지(斑指)	Bague
반질반질하오	Lisse, Uni
반찬(飯饌)	Mets
반포(頒布)하오	Promulger
반포(頒布)함	Promulgation
반한 사람	Fanatique
반형(半形)	Profil
반후과(飯後果)	Dessert
받소 [*당하다]	Subir
받소 [*受]	Accueillir, Recevoir
받은 표(票)	Reçu
받침	Consonne
발 [*簾]	Store
발 [*足]	Pied
발가락	Orteil
발기(記)	Liste
발꿈치	Talon
발로 차오	Frapper (Frapper du pied), Ruer
발로 참	Ruade
발명(發明)하오	Justifier
발명(發明)해 내는 사람	Inventeur
발명(發明)해 내오	Inventer
발명(發明)해 냄	Invention
발목	Cheville (du pied)

발바닥	Pied
발병(發兵)	Expédition
발사마	Beaume
발정(發程)	Départ
발톱	Griffe, Ongle
밝게 하오	Rougir
밝소	Rationnel
밝은 사람	Débrouillard
밝히	Évidemment
밝히 증거(證據)함	Protestation
밝히오	Éclairer
밟소	Fouler, Piétiner
밤 [*栗]	Châtaigne
밤 [*夜]	Nuit
밤나무	Châtaigner
밤나무 밭	Châtaignerie
밤중(中)	Minuit
밥	Riz (Riz Cuit)
밥 잡숴소	Manger
밥 짓는 사람	Cuisinier
밥 짓소	Cuisiner
밥집	Restaurant
방(房)	Chambre, Salle
방(榜)	Affiche, Annonce
방(方)갓	Chapeau (Chapeau deuil)
방귀	Pet
방귀 뀌오	Peter
방망이	Battoir
방매(放賣)	Liquidation
방매(放賣)하오	Liquider

방(房)바닥	Parquet
방비(防備)하오	Défendre
방석(方席)	Coussin, Paillasson, Tapis
방아	Moulin
방울	Grelot, Sonnette
방을 쓰시오	Balayer
방장(房帳)	Rideau
방축(防築)	Étang
방탕(放蕩)하오	Lascif
방탕(放蕩)함	Lascivité
방패(防牌)	Bouclier
밭	Champ, Jardin, Pâturage
밭 가는 사람	Laboureur
밭 가오	Labourer
밭 갊	Labourage
밭두둑	Sillon
배 [*과일]	Poire
배 [*船]	Bateau, Navire, Vaisseau
배 [*신체]	Ventre
배 가운데 사람	Passager
배 닻	Ancre
배 뒤	Poupe
배 부리오	Naviguer
배 부림	Navigation
배 앞	Proue
배 인도(引導)하는 사람	Pilote
배 인도(引導)하오	Piloter
배 타오	Embarquer
배고프오	Faim
배교(背敎)	Hérésie

배교(背教)하오	Apostasier
배꼽	Nombril
배나무	Poirier
배반(背反)하오	Renier
배부름	Satiété
배불뚝이	Embonpoint
배불러오오	Grossesse
배상(賠償)받소	Indemniser
배상(賠償)받음	Indemnité
배(倍)오	Massif
배우오	Apprendre, Étudier, Évacuer
배은(背恩)	Ingratitude
배은(背恩)한 사람	Ingrat
배추	Chou
백년(百年)	Siècle
백년(百年)이나 됐소	Séculaire
백동(白銅)	Cuivre (blanc)
백로(白鷺)	Cigogne
백반(白礬)	Alun
백성(百姓)	Peuple, Sujet
백성(百姓)들 살게 하오	Peupler
백성(百姓)이 한(恨)하오	Impopulaire
백성(百姓)이 한(恨)함	Impopularité
백세(百歲) 된 것	Centenaire
백연(白鉛)	Zinc
백장	Boucher
백(白)초	Bougie
백토(白土)	Kaolin
뱀	Reptile, Serpent
뱀장어(長魚)	Anguille

뱃대끈	Souventrière
뱃사공(沙工)	Batelier, Matelot
뱉소	Rejeter
버드나무	Saule
버릇	Vice
버릇 없소	Insolent
버릇 없음	Insolence
버리오	Abandonner, Délaisser, Réprouver
버림	Abandon
버선	Bas, Chaussette
버섯	Champignon
버소	Officiel
버티는 것	Support
버티오	Étayer, Supporter, Soutenir
버팀	Étai, Soutien
번(番)	Coup, Fois
번(番)갈음	Vicissitude
번개	Éclair
번고(反庫)	Vomissement
번역(飜譯)	Traduction
번역(飜譯)하오	Traduire
번역(飜譯)할 수 없소	Intraduisible
번역관(飜譯官)	Interprète écrivain, Traducteur
번적번적하오	Scintiller
번쩍번쩍하오	Étinceler
벌 [*곤충]	Abeille
벌(罰)	Châtiment, Pénitence, Punition
벌금(罰金)	Amende
벌레	Insecte
벌써	Déjà

벌(罰)주오	Infliger
벌집	Guêpier
벌통(桶)	Abeille (Ruche d'abeilles), Essaim, Ruche
벌(罰)하오	Châtier, Punir
벌(罰)할 만하오	Passible
범(犯)함	Violation
법(法)	Façon, Justice, Loi, Manière, Tenue
법(法) 세우는 사람	Législateur
법(法) 세움	Législation
법(法) 어기면서	Illégalement
법(法) 어기오	Illégal
법국(法國)	France
법국(法國) 공사관(公使館)	France (Légation de France)
법국(法國) 사람	Français
법국(法國) 서울	Paris
법국교당(法國教堂)	Église (Église française)
법(法)답게	Légalement, Régulièrement
법(法)답게 하오	Légaliser
법(法)답게 함	Légalisation
법(法)답소	Légal, Régulier
법부대신(法部大臣)	Ministre (Ministre Justice)
법식(法式)	Méthode
법(法)에 틀리오	Illégitime
벗기오	Découvrir, Dépouiller, Oter
벗소	Quitter
벗어나오	Quitter
벗었소	Découvert
벙거지	Képi
벙어리	Muet
베	Chanvre

베 잎사귀	Feuille (Feuille de chanvre)
베개	Chevet, Oreiller
베끼는 사람	Copiste
베끼오	Copier, Transcrire
베오	Couper, Enlever, Inciser, Tailler, Trancher
베이오	Couper
베임	Incision, Section
벼락	Foudre
벼락덫	Trappe
벼락치오	Foudroyer
벼룩	Puce
벼슬	Charge (fonction), Fonction
벼슬하오	Nommer
벼슬함	Nomination
벽(壁)	Mur
벽(甓)돌	Brique
벽(甓)돌쟁이	Briquetier
벽(甓)돌전(廛)	Briqueterie
변(變)치 아니하오	Invariable
변(變)치 않게	Invariablement
변(變)치 않소	Valable
변(變)하오	Transformer, Varier
변(變)할 만하오	Variable
변(變)함	Mutation, Variété
변덕(變德)쟁이	Volage
변리(邊利)	Intérêt, Taux
변박(辯駁)하오	Réfuter
변박(辯駁)함	Réfutation
변변치 않게	Médiocrement
변변치 않소	Médiocre

변변치 않음	Médiocrité
변성(變姓)	Incognito
변형(變形)	Transformation
별	Étoile
별(別)로	Particulièrement, Spécialement
별실(別室)	Concubine
별안간(瞥眼間) 나오오	Surgir
별안간(瞥眼間)에	Tout (Tout-à-coup)
병 다시 남	Rechute
병(甁)	Bouteille
병(病)	Mal, Maladie
병(病) 많으오	Malingre
병(甁) 모가지	Goulot
병기(兵器)	Arme
병(病)들었소	Infirme, Malade
병(病)듦	Infirmité
병마개 빼는 것	Tir-bouchon
병법(兵法)	Tactique
병선(兵船)	Vaisseau
병신(病身)	Estropié, Idiot
병신(病身) 만드오	Mutiler
병신(病身) 만듦	Mutilation
병아리	Poussin
병원(病院)	Hôpital, Hospice
병(病)이 낫소	Guèrir
병정(兵丁)	Soldat
병정(兵丁) 두루마기	Capote
병정(兵丁) 파수간(把守間)	Guérite
병풍(屛風)	Paravent
볕	Lumière (Lumière du soleil)

보고(報告)	Rapport
보교(步轎)	Chaise
보내오	Envoyer, Expédier
보냄	Envoi
보다	Que
보(保)두오	Assurer
보라요	Violet
보람	Étiquette, Symbole
보러 가오	Visiter
보료	Tapis
보름	Quinzaine
보리	Orge
보배	Bijou, Trésor
보배롭소	Précieux
보병(步兵)	Infanterie
보살피오	Procurer, Surveiller
보살핌	Procuration
보(保)서오	Garantir
보석(寶石)	Bijou, Diamant, Pierreries
보석(寶石)장수	Bijoutier
보석전(寶石廛)	Bijouterie
보습	Charrue (Soc de charrue)
보시오	Voci
보오	Voir
보은(報恩)	Gratitude
보이게	Visiblement
보이지 않소	Invisible
보일 만하오	Visible
보전(保存)	Conservation
보전(保存)하는 사람	Conservateur

보전(保存)하오	Conserver, Préserver
보전(保存)함	Préservation
보존(保存)하오	Garder
보증(保證)	Garantie
보증인(保證人)	Garant, Répondant
보지 않소	Inaperçu
보탑(寶塔)	Citadelle, Tour
보(報)하오	Référer
보행군(步行軍)	Messager
보호(保護)	Protection
보호(保護)하는 사람	Protecteur
보호(保護)하오	Protéger
보호병(保護兵)	Escorte
보환(報還)	Restitution
보환(報還)하오	Restituer
복(福)	Bonheur
복병(伏兵)	Embuscade
복숭아	Pêche (fruit)
복숭아나무	Pêcher
복약(服藥)	Purgation
복자	Litre
복장(服裝)	Uniforme
복통(腹痛)	Colique
본(本)	Moule
본국(本國)	Patrie
본국(本國) 것이오	National
본문(本文)	Texte
본문(本文)으로	Textuellement
본(本)받을 만하오	Imitable
본(本)받음	Imitation

본(本)밧소	Imiter
본분(本分)	Devoir, Obligation, Oeuvre
본색(本色)	Échantillon, Modèle
본전(本錢)	Mise
본(本)집	Domicile
볼기짝	Fesse
볼만하오	Admirable
볼만한 것	Admiration, Curiosité
볼일 내(內)로	Incessamment
봄 [*계절]	Printemps
봄 [*시각]	Vue
봉(封)하오	Envelopper
봉급(俸給)	Appointements, Traitement
봉욕(逢辱)	Flétrissure
봉우리	Pic
봉지(封紙)	Paquet
봉지(封紙) 떼오	Décacheter
봉투(封套)	Enveloppe
뵘	Vision
부감독(副監督)	Sous-Directeur
부국(富國) 할 생각	Patriotisme
부국(富國) 할 생각 있는 사람	Patriote
부귀(富貴)	Opulence
부끄러운	Ignominieux
부끄러운 짓	Scandale
부끄러움	Honte
부끄럽게	Honteusement
부끄럽소	Honteux
부는 것	Sifflet
부두(埠頭)	Quai

부드러운	Flexible
부드러움	Souplesse
부드럽게 하오	Ramollir
부드럽소	Souple, Velouté
부들	Paillasson
부디	Surtout
부러	Exprès
부르시오	Appeler
부르오	Appeler
부르틈	Pustule
부름	Vocation
부모 없는 계집아이	Orpheline
부모 없는 아이	Orphelin
부모 없는 아이 기르는 집	Orphelinat
부모(父母)	Parents
부모(父母) 죽임	Parricide
부비(浮費)	Dépense
부삽	Bêche, Pelle à charbon
부상(負商)	Colporteur (de vases)
부스럼	Furoncle
부언(附言)	Exagération
부언(附言)하오	Exagérer
부엉이	Chat-huant, Hibou
부엌	Cuisine
부엌세간	Ustensile
부영사(副領事)	Vice-consul
부오	Souffler
부인(夫人)	Madame
부자(富者)	Riche
부자(富者) 되오	Enrichir (s')

부자(富者) 만드오	Enrichir
부족(不足)되오	Manquer, Priver
부족(不足)한	Insuffisant, Privation
부족병(不足病)	Poitrinaire
부증병(浮症病)	Hydropisie
부지런치 않소	Inactif
부지런하게	Activement
부지런하오	Actif, Diligent, Studieux
부지런한	Laborieux
부지런함	Zèle
부지런히 하오	Zélé
부지불각(不知不覺)에	Improviste (à l')
부채	Éventail
부채질하오	Éventer
부처	Bouddha, Idole
부추	Échalote
부치오	Livrer
부탁(付託)하오	Recommander
부터	Depuis, Dès
부(富)하게	Richement
부(富)하오	Gras, Opulent
부활(復活)하오	Ressusciter
북 [*악기]	Tambour
북(北)	Nord
북(北)을 향(向)해서	Vers
북경(北京)	Péking
북극(北極)	Pôle
북두성(北斗星)	Polaire (étoile)
북문(北門)	Porte (Porte du Nord)
북편(北便)	Nord

분 [*사람]	Personnage
분(分)	Minute
분(粉)	Céruse, Poudre de riz
분(粉) 바르오	Farder
분계(分界)	Frontière
분국(分局)	Succursale
분국(分國) 사람	Indigène
분급(分給)	Distribution
분기(憤氣)	Colère
분노(憤怒)	Fureur
분명(分明)	Évidence
분명(分明)하오	Clair, Incontestable
분명(分明)히	Clairement, Évidemment, Incontestablement
분법(分法)	Division
분별(分別)	Différence, Organisation
분별(分別) 아니함	Désorganisation
분별(分別) 없소	Indifférent
분별(分別) 없음	Indifférence
분별(分別) 없이	Indifféremment
분별(分別)치 않소	Désorganiser
분별(分別)하오	Discerner, Distinguer, Organiser
분부(分付)	Ordre
분부(分付)하면서	Impérativement
분부(分付)하오	Ordonner
분부(分付)함	Prescription
분심(分心)	Distraction
분주(奔走)하시오	Occuper
분주(奔走)하오	Occuper
분주(奔走)함	Occupation
분필(粉筆)	Craie

분(憤)하게	Indignement
분(憤)하게 하오	Indigner
분(憤)하오	Indigne, Fâcher
분(憤)한	Furieux, Irrité
분(憤)함	Indignation
붇소	Gonfler (se)
불	Feu
불 잡소	Éteindre
불 켜오	Allumer
불가(不可)하오	Illicite
불그스름하다	Rougeâtre
불꽃	Flamme
불꽃 일어나오	Enflammer
불덩어리	Tison
불도(佛道) 하는 사람	Idolâtre
불도(佛道) 함	Idolâtrie
불똥	Étincelle
불란서(佛蘭西)	France
불리오	Gonfler
불목(不睦)	Désaccord
불민(不敏)함	Maladresse
불순(不順)하오	Inclément, Indocile
불순(不順)함	Inclémence
불쌍하오	Malheureux, Misérable
불쌍함	Pitié
불안(不安)하오	Déplaire
불은 것	Grosseur
불지르는 사람	Incendiaire
불집게	Mouchettes
불켜지 마시오	Feu

불콰한	Vermeil
불타오	Brûler
불합(不合)하오	Répugner
불합(不合)함	Répugnance
불행(不幸)한	Funeste
불효(不孝)하오	Impie
불효(不孝)함	Impiété
붉소	Rouge
붉은 빛	Rouge (Rouge Couleur)
붊	Souffle
붓	Pinceau
붓는 병(病)	Tumeur
붓두껍	Pinceau (Etui du pinceau)
붓소	Enfler
붓촉(鏃)	Plume
붕어	Carpe
붙드오	Retenir
붙소	Souder
붙이오	Appartenir, Coller, Joindre
붙잡소	Attraper, Tenir
붙잡아 오오	Ramener
붙잡을 만하오	Palpable
붙잡을 수 없는	Insaisissable
비 [*기상]	Pluie
비 [*빗자루]	Balai
비 많이 오오	Pluvieux
비 맞소	Mouiller
비 오겠소	Pleuvoir
비 오오	Pleuvoir
비(碑)	Monument

비(比)컨대	Par (Par exemple)
비(比)하여	Relativemet
비(比)하지 못하오	Incomparable
비계	Graisse (Graisse de porc), Lard
비계(飛階)	Échafaudage
비계(飛階)매오	Échafauder
비계질하오	Graisser
비누	Savon
비누질하오	Savonner
비늘	Écaille
비늘 긁소	Écailler
비단(緋緞)	Soie
비단(緋緞)이오	Soyeux
비둘기	Colombe
비둘기장(欌)	Colombier, Pigeonnier
비뚝하오	Trébucher
비뚤어지오	Obliquer
비렁뱅이	Mendiant
비로소	Commencement
비록	Quoique
비밀(祕密)하오	Secret
비밀(祕密)한 말	Confidence
비밀(祕密)한 일	Secret
비밀(祕密)히	Secrètement
비봉(祕封)	Enveloppe
비상(砒霜)	Arsenic
비상(非常)하게 특별(特別)히	Extraordinairement
비상(非常)하오	Extraordinaire
비석(碑石)	Monument
비소(誹笑)함	Raillerie

비싸오	Cher
비었소	Vide
비오 [*기원]	Frotter, Prier
비오 [*빈]	Vacant
비웃	Hareng
비웃소	Moquer (se), Narguer, Ridiculiser
비위(脾胃)	Estomac, Rate
비유(比喩)	Comparaison, Exemple, Parabole, Supposition
비유(比喩)하오	Comparer, Supposer
비접	Orgelet
비질하오	Balayer
비창(悲愴)이	Lugubrement
비천(卑賤)하오	Ignoble
비추오	Briller
비취옥(翡翠玉)	Saphir
비친	Lumineux
비침	Transparence
비키시오	Écarter (Écartez-vous)
비키오	Écarter, Garer (se)
비킴	Écart
비틀거리오	Tituber
비파(琵琶)	Harpe
빈	Vide
빈궁(嬪宮)	Princesse
빈대	Punaise
빌려 가는 사람	Emprunteur
빌려 오오	Emprunter
빌려 옴	Emprunt
빌려주는 사람	Prêteur
빌리오	Prêter

빌어먹소	Mendier
빗	Peigne
빗대어 말한 것	Insinuation
빗장	Fermeture
빙대(氷臺)	Osier
빙판(氷板)	Verglas
빚	Dette
빚 갚소	Payer
빚지오	Endetter
빛 [*光]	Lumière
빛 [*色]	Couleur
빛나게 하오	Luire
빠른	Agile, Dégourdi
빠름	Agilité
빠오 [*세탁]	Laver
빠오 [*흡입]	Sucer
빠져 죽소	Noyer (se)
빠지오	Enfoncer
빠짐	Immersion
빨래	Lessive
빨래쟁이	Blanchisseur
빨래하오	Blanchir, Blanchissage, Lessiver
빼앗김	Spoliation
빼앗소	Spolier
빼오	Déboucher, Soustraire
뺏소	Extorquer, Ravir
뺏어가오	Confisquer
뺨	Joue
뺨치오	Souffleter
뻐꾹새	Coucou

뻔하오	Faillir
뻣뻣하오	Raide
뼈	Carcasse, Os, Ossements
뼈다귀	Squelette
뼈를 빼오	Désosser
뽑는 사람	Délégué
뽑소	Arracher, Déraciner
뽑음	Extraction
뽕나무	Mûrier
뾰루지	Bouton (abcès)
뾰족하오	Pointu
뿌리	Racine
뿌리 박히오	Enraciner
뿌리오	Secouer
뿔	Corne
뿔 부러뜨리오	Écorner

사

사 배(倍)요	Quadruple
사(紗)	Gaze
사겠소	Acheter (J'achéterai)
사관(史官)	Officier
사귀(邪鬼)	Fantôme
사귈 만하오	Sociable
사기(沙器)	Porcelaine
사나운	Féroce
사납게	Rudement, Terriblement
사납게 하오	Rudoyer, Terrifier
사납소	Méchant, Rude, Terrible
사내	Garçon, Sauvage
사냥	Chasse
사냥꾼	Chasseur
사냥하오	Chasser
사냥한 짐승	Gibier
사는 데	Domicile
사는 사람	Acheteur

사닥다리	Échelle
사닥다리 위에 올라가시오	Monter
사람	Homme, On, Personnage
사람 몇 명	Groupe
사람 살 수 없소	Malsain
사람 함몰(咸沒)시키오	Massacrer
사람 함몰(咸沒)시킴	Massacre
사람들	Gens, Les (Les hommes)
사람이	Le..la (L'homme)
사람이 많이 있소	Beaucoup
사람이 저를 목매달겠소	Pendre
사랑	Amour, Salon
사랑방(舍廊房)	Parloir
사랑스럽소	Aimable
사랑하오	Affectionner, Aimer, Chérir
사령(使令)	Satellite
사로잡힌	Captif
사립학교(私立學校)	École (École privée)
사마귀	Verrue
사막(沙漠)	Désert
사면발니	Vermine
사뭇 뚫소	Perforer
사발(沙鉢)	Bol, Écuelle
사방(四方)	Losange
사방(四方)에	Partout
사방(四方)에 찾아보시오	Partout
사분(四分)의 일(一)	Quart
사사(私私)로	Particulièrement
사사(私私)로운	Privé
사사(私私)요	Particulier

사손(使孫)	Héritier
사슬	Chaîne
사슴	Cerf
사시오	Acheter
사신(使臣)	Ambassadeur, Représentant
사신일행(使臣一行)	Ambassade
사실(査實)	Vérification
사실(査實)하는 사람	Vérificateur
사실(査實)하오	Vérifier
사약(死藥)	Poison
사약(賜藥)	Empoisonnement
사약(賜藥)을 금(禁)하는 약	Contrepoison
사약(賜藥)하는 사람	Empoisonneur
사약(賜藥)하오	Empoisonner
사양(辭讓)하오	Récuser, Refuser
사양(辭讓)함	Récusation, Refus
사오 [*구입하다]	Acheter
사오 [*살다]	Demeurer, Habiter, Vivre
사욕(邪慾)	Passion
사욕(邪慾) 있소	Passionné
사월(四月)	Avril
사위	Gendre
사이	Espace
사이에	Entre
사인교(四人轎)	Chaise (chaise à 4 chaise)
사자	Brosse
사자(獅子)	Lion
사자(獅子) 새끼	Lionceau
사절(四節)	Saison (4 saisons)
사정(私情)씀	Partialité

사정(事情)없소	Impartial
사정(事情)없음	Impartialité
사정(事情)의	Àpropos de
사정(私情)이오	Partial
사죄(赦罪)	Impunité
사주전(私鑄錢)하는 사람	Faux-monnayeur
사지(四肢)	Membre
사직(辭職)	Démission
사직(辭職)하는 사람	Démissionnaire
사직(辭職)하오	Démissionner
사진(寫眞)	Photographie
사촌(四寸)	Cousin
사촌(四寸) 누이	Cousine
사탕(沙糖)	Sucre
사탕(沙糖) 그릇	Sucrier
사탕(沙糖) 넣소	Sucrer
사탕(沙糖) 물	Sirop
사투리	Dialecte, Idiome
사팔눈이	Louche
삯	Gage, Salaire
삯 주오	Solder
삯꾼	Ouvrier, Porteur
산 [*生]	Vital, Vivant
산(山)	Montagne
산(山) 도랑	Ravin
산(山)골짜기	Vallée
산(山)돼지	Sanglier
산(山)봉우리	Sommet Montagne
산계(算計)	Manoeuvre
산대(山臺)	Comique

산대도감(山臺都監)	Comédie
산딸기	Framboise
산딸기나무	Framboisier
산비둘기	Tourterelle
산소(山所)	Cimetière
산수(算數)	Arithmétique
산역(山役)꾼	Fossoyeur
산정(山亭)	Kiosque
산학(算學)	Mathématique
산호(珊瑚)	Corail
살	Chair
살 껍질 벗기는 사람	Écorcheur
살 껍질 벗기오	Écorcher
살 만한	Habitable
살 베오	Amputer
살 벰	Amputation
살가지	Chacal, Fouine
살구	Abricot
살구나무	Abricotier
살려 줍시오	Grâce (Grâce! Grâce!)
살림 맡은 사람	Intendant
살모사(殺母蛇)	Vipère
살았소	Vivant
살육(殺戮)	Massacre
살인(殺人)	Meurtre
살인(殺人)하오	Assassiner, Égorger
살인(殺人)한 사람	Assassin, Homicide
살지 못하오	Inhabité
살지 못할	Inhabitable
살쪘소	Gras (animaux)

살찌오	Engraisser, Obèse
살찜	Obésité
살펴보오	Contempler, Explorer, Regarder
살펴봄	Regard
살피는 사람	Observateur
살피오	Considérer, Examiner, Observer
살핌	Observation, Revue, Vérification
삼	Chanvre, Lin
삼가오	Prudent
삼가지 않소	Imprudent
삼가지 않음	Imprudence
삼감	Prudence
삼분(三分)의 일(一)	Tiers
삼색(三色)이오	Tricolore
삼월(三月)	Mars
삼촌(三寸)	Oncle
삼키다	Avaler
삼판주(三判酒)	Champagne
상(床)	Table
상(賞)	Récompense
상(賞) 주오	Récompenser
상거(相距)	Distance, Zone
상고(詳考)	Contrôle, Recherche
상고(詳考)하는 사람	Contrôleur
상고(詳考)하오	Contrôler, Rechercher
상관(相關)되오	Relatif
상급(賞給)	Gratification, Pourboire
상급(賞給)하오	Gratifier
상(喪)두꾼	Croque-mort
상(常)말	Proverbe

상미(上米)	Riz (Riz 1ere qualité)
상반(相反)	Contradiction, Rebours
상반(相反)하오	Contraire
상보(床褓)	Nappe
상봉(相逢)	Rencontre
상사(喪事)	Deuil
상소(上訴)	Pétition, Supplication
상소(上訴)하는 사람	Pétitionnaire
상소(上訴)하오	Supplier
상아(象牙)	Ivoire
상(床)에 놓으시오	Table
상여(喪輿)	Catafalque, Corbillard
상(床)을 닦으시오	Essuyer
상적(相敵)함	Opposition
상전(上典)	Prime
상조(上潮)	Flux, Marée Haute
상종(相從)하오	Fréquenter
상(賞)주오	Rémunérer, Rétribuer
상(賞)줌	Rémunération, Rétribution
상처(傷處)	Blessure, Écorchure, Plaie
상추	Salade
상쾌(爽快)하오	Prompt
상투	Chignon
상피(相避) 붙은 놈	Inceste
상(傷)하오	Blesser, Léser
상(傷)한 것	Blessure
상환(相換)	Permutation
상환(相換)하는 사람	Permutant
상환(相換)하오	Croiser, Permuter
상회(商會)	Société

새 [*新]	Nouveau
새 [*鳥]	Oiseau
새 것	Nouveauté
새 병정(兵丁)	Recrue
새 새끼	Oisillon
새 옷	Plumage
새것이오	Neuf
새곰하오	Acide, Âpre
새기는 사람	Graveur, Sculpteur
새기오	Graver, Sculpter
새김	Sculpture
새끼손가락	Auriculaire
새나무	Roseau
새로	Nouveau (de nouveau)
새로 하오	Renouveler
새문	Porte (Porte De l' Ouest)
새벽	Aube, Aurore
새벽에	Jour (Au point du jour)
새암	Fontaine
새우	Crevette
새입	Bec
새집	Nid
새해	Année (Nouvelle année)
색시	Demoiselle, Mademoiselle
색욕(色慾)	Hystérie
색욕(色慾) 있소	Hystérique
샘	Fontaine, Source
샘내오	Rival, Rivaliser
샘냄	Rivalité
샘함	Jalousie

샛문(門)	Porte (Petite Porte)
생각	Envie, Fantaisie, Intention, Pensée
생각나오	Inspirer
생각남	Inspiration
생각지 못하오	Inconcevable
생각지 않고	Mégarde (par)
생각하는 마음	Sollicitude
생각하오	Croire, Envier, Opiner, Penser, Songer
생강(生薑)	Gingembre
생(生)것	Cru
생글생글 웃소	Sourire
생리(生利)	Spéculation
생리(生利)하오	Fructifier, Spéculer
생명(生命) 없소	Inanimé
생목(生木)	Coton (Coton étoffe)
생선(生鮮)	Poisson
생선(生鮮)가시	Arête
생업(生業)	Profession
생일(生日)	Anniversaire, Naissance
생쥐	Souris
생질(甥姪)	Neveu
생철(鐵)	Tôle
생화(生貨)	Métier
서 [*에서]	De
서 [*정지]	Halte!
서(西)	Ouest
서고(誓誥)하오	Vouer
서늘하오	Rafraîchissant
서늘한	Frais
서늘함	Rafraîchissement

서당(書堂)	Collège
서랍	Tiroir
서랍 있는 장(欌)	Commode
서로	Mutuellement, Réciproquement
서로 만남	Entrevue, Rendez-vous
서리 [*기상현상]	Gelée (blanche), Rosée Blanche
서리(署理)	Intérim
서리(胥吏)	Gérant
서문(序文)	Préface
서방(書房)	Monsieur
서방(書房)질	Adultère
서방인(書房人)	Monsieur
서양(西洋)	Europe
서양철(西洋鐵)	Fer (Fer blanc)
서오	Debout
서울	Capitale, Séoul
서자(庶子)	Bâtard
서취(書取)	Dictée
서취(書取)하오	Dicter
서투르오	Naïf
서편(西便)	Occident, Ouest
서편(西便)이오	Occidental
석 달	Trimestre
석 달 됐소	Trimestriel
석(石)	Pierre
석류(石榴)	Grenade
석류목(石榴木)	Grenadier
석상(石像)	Statue
석쇠	Gril
석수(石手)장이	Sculpteur, Statuaire

석유(石油)	Pétrole
석유등(石油燈)	Lampe
석탄(石炭)	Charbon (de terre), Houille
석탄점(石炭店)	Mine (Mine de charbon)
석판(石版)	Ardoïse
섞소	Mélanger, Mêler
섞음	Mélange
선 실과(實果)	Vert (pas mûr)
선객(船客)	Passager
선대(善待)	Traitement
선범(先犯)	Attaque
선범(先犯)하오	Attaquer
선생(先生)	Maître (Maître d'école), Professeur
선장(船長)	Capitaine (de navire)
선조(先祖)	Patriarche
선지자(先知者)	Prophète
선창(船艙)	Quai
설명(說明)	Explication, Harangue
설명(說明)하오	Expliquer, Haranguer
설사(泄瀉)	Diarrhée
설소	Vert (pas mûr)
설시(設始)	Établissement
설시(設始)하는 사람	Fondateur
설시(設始)하오	Établir
설었소	Vert (pas mûr)
섬 [*島]	Ile
섬 [*자루]	Sac (en paille)
섬기오	Servir
섭섭	Contrariété
섭섭하오	Contrarier, Regretter

섭섭함	Regret
성(城)	Muraille
성(城) 지키는 병정(兵丁)	Garnison
성가시게 하오	Embêter, Incommoder, Obséder
성가시오	Importuner
성가신	Désagréable
성가심	Obsession
성경(聖經)	Écriture (Écriture Sainte), Évangile
성났소	Maussade
성내(城內)	Ville
성내오	Fâcher (se), Susceptible
성낸	Furieux
성냥	Allumette
성냥 약(藥)	Phosphore
성냥통(桶)	Boîte (Boîte d'allumettes)
성녀(聖女)	Sainte
성당(聖堂)	Église
성명(聖名)	Nom De baptême
성모(聖母)	Vierge (Sainte Vierge)
성물(聖物) 욕(辱)함	Sacrilège
성미(性味)	Caractère
성비득(聖彼得)	Pétersbourg (St)
성사(成事)	Succès
성삼(聖三)	Trinité
성수(聖水)	Eau (eau bénite)
성수(聖水)그릇	Bénitier
성(城)안	Enceinte
성에	Givre
성(城)에 오름	Assaut
성인(聖人)	Saint

성체(聖體)	Eucharistie
성치 못하오	Invalide
성품(性品)	Humeur
성품(性品) 조(燥)한	Irascible
성한	Sain
성함	Santé
세 시(時)오	Montre (Il est trois heures)
세(稅)	Impôt, Octroi
세(洗)	Baptême
세(稅) 더 냄	Surtaxe
세(貰) 든 사람	Locataire
세(稅) 물지 않는 사람	Contrebandier
세(稅) 물지 않소	Contrebande
세(稅) 받는 사람	Percepteur
세(稅) 받소	Percevoir
세(稅) 받음	Perception
세(勢) 있는	Puissant
세(稅) 정하오	Taxer
세간(世間)	Meuble
세간(世間) 놓소	Meubler
세계(世界)	Monde
세모진 것	Triangle
세모진 자	Équerre
세무사(稅務士)	Douane (Douane commissaire)
세상(世上)	Ici
세수(洗手)그릇	Cuvette
세수(洗手)하오	Dêbarbouiller (se)
세시오	Compter
세오	Compter
세우오	Ériger, Instituer

세움	Institution
세전(稅錢)	Loyer
세(貰)주는 사람	Loueur
세(貰)주오	Louer
세(洗)주오	Baptiser
셈조(條)	Compte
셋(貰)돈	Location, Loyer
셋바닥	Langue
소	Boeuf, Taureau
소 젖통	Pis
소 한 필(匹)	Boeuf
소견(所見)	Opinion
소경	Aveugle
소곤소곤하오	Chuchoter
소금	Sel
소금그릇	Salière
소기름	Beurre
소나무	Pin, Sapin
소로(小路)	Passage
소리	Bruit, Cri, Son (bruit)
소리 나오	Sonore
소리 없는 방귀	Vesse
소리 지르오	Crier
소리내오	Vibrer
소매	Manche
소멸(消滅)함	Extinction
소목(小木)장이	Menuisier
소문(所聞)	Nouvelle
소박(疏薄)	Divorce
소박(疏薄)하오	Divorcer

소반(小盤)	Table
소산(所産)	Origine
소산(所産)으로 나오	Produire
소산(所産)이오	Originaire
소생(所生)	Origine
소설(小說)	Roman
소식(消食)	Digestion
소식(消食)되오	Digérer
소창(消暢)함	Recréation
소출(所出)	Production
소출(所出) 나는	Fructueux
소출(所出) 나오	Fructifier, Produire
소출(所出) 많이 나오	Lucratif
소출(所出) 있게	Fructueusement
소풍(逍風)	Promenade
소풍(逍風)하는 사람	Promeneur
소풍(逍風)하오	Promener (se)
소피(所避)보오	Pisser
속국(屬國)	Colonie
속눈썹	Cil
속는 사람	Dupe
속담(俗談)	Maxime, Proverbe
속담(俗談)으로	Proverbialement
속량(贖良)	Émancipation
속량(贖良)하오	Affranchir, Émanciper
속소	Tromper (se)
속에	Dans, Dedans
속여 뺏소	Tricher
속여 희롱(戱弄)하는 사람	Farceur
속여 희롱(戱弄)함	Farce

속이는 사람	Imposteur, Trompeur
속이오	Frauder, Mystifier, Simuler, Tromper
속일 계책(計策)	Subterfuge
속임	Fraude, Mystification, Simulacre, Tromperie
속전(贖錢)	Amende
속(屬)하오	Appartenir
손	Main
손 닳음	Engelure
손 대접	Réception
손 대접(待接) 잘하오	Hospitalier
손 베임	Coupure
손 책(冊)	Manuel
손가락	Doigt
손가락 종기(腫氣)	Panaris
손녀(孫女)	Petite-fille
손님	Hôte, Invité, Visiteur
손님 있소	Visiteur
손님 청(請)하오	Inviter
손목	Poignet
손바닥	Paume (de la main)
손뼉 치오	Appiaudir
손상(損傷)치 못하오	Inviolable
손아래	Subordonné
손위	Aîné
손으로 쓴 책(冊)	Manuscrit
손으로 잡소	Empoigner
손이	Le..la (La main)
손자(孫子)	Petit-fils
손잡이	Anse
손톱	Ongle

솔	Brosse
솔개	Aigle
솔개 새끼	Aiglon
솔방울	Pomme de pin
솔질하오	Brosser
솜	Coton, Ouate
솜 두오	Ouater
송곳	Alène, Vrille
송사(訟事)	Procès
송사(訟事)하오	Plaider
송아리	Veau
송진(松津)	Poix, Résine
송충(松蟲)이	Chenille
솥	Chaudière, Chaudron, Marmite
쇠	Fer, Métal, Minéral, Rail
쇠 의논(議論)하는 책(冊)	Minéralogie
쇠똥	Bouse
쇠스랑	Fourche
쇠잔(盞)	Gobelet
쇠전(廛)	Quincaillerie
쇠진(衰盡)하오	Épuiser
수(手)	Moyen
수(數)	Nombre, Numéro
수(數) 글자	Chiffre
수(數) 매기오	Numéroter
수(水)갓	Cresson
수(數)많소	Nombreux
수건(手巾)	Serviette
수건(手巾)이 젖었소	Mouiller
수결(手決)	Signature

수결(手決) 두오	Signer
수고롭소	Laborieux
수고스럽게	Vainement
수군(水軍)	Marin
수군(水軍) 제독(提督)	Amiral
수놈	Ours
수(繡)놓소	Broder
수(繡)놓은 것	Broderie
수다하오	Loquace
수다함	Loquacité
수달피(水獺皮)	Castor, Loutre
수레	Charrette, Voiture
수령(守令)	Magistrat, Mandarin Province
수리(修理)	Réparation
수리법(水理法)	Hydrographie
수림(樹林)	Forêt
수림(樹林)가	Lisière
수많은 편(便)	Majorité
수반석(水盤石)	Agate
수법(數法)	Arithmétique, Numération
수선 떠는 사람	Perturbateur
수선 떪	Perturbation
수세(收稅)	Taxe
수세(收稅)하오	Imposer, Percevoir
수심(愁心)하오	Pensif
수여자	Botte
수염 깎는 칼	Rasoir
수염 깎다	Raser
수염(鬚髥) 깎는 사람	Barbier
수염(鬚髥) 많은	Barbu

수염(鬚髥) 아니 났소	Imberbe
수영	Oseille
수요일(水曜日)	Mercredi
수욕(受辱)	Flétrissure, Humiliation
수유(受由)	Congé, Vacances
수은(水銀)	Mercure, Recette
수일간(數日間)	Jour (Dans quelques jours)
수작(酬酌)	Conversation, Entretien, Narration
수작(酬酌)하오	Causer, Converser, Entretenir (s'), Narrer
수적(水賊)	Pirate
수전(受錢)	Quête
수정(水晶)	Cristal
수줍어하면서	Timidement
수줍어하오	Intimider, Timide
수줍어함	Timidité
수직(守直)	Vigilance
수침	Opprobre
수컷	Mâle, Masculin
수태(受胎) 못하오	Stérile
수태(受胎) 못함	Stérilité
수토(水土)	Climat
수환(手鐶)	Bracelet
숙수(熟手)	Cuisinier
숙수(熟手)	Restaurateur
숙어짐	Inclination
숙친(熟親)하오	Familiariser, Familier
순(筍)	Germe
순(順)하오	Propice
순(順)한	Favorable
순검(巡檢)	Agent (de police)

순대	Saucisse
순령(純靈)하게	Docilement
순령(純靈)하오	Docile
순령(純靈)함	Docilité
순명(順命) 아니하오	Désobéir, Mutiner (se)
순명(順命)치 하니하오	Désobéissant
순명(順命)하오	Obéir, Obéissant
순명(順命)함	Obéissance
순종(順從)	Subordination
순찰(巡察)	Patrouille
순포막(巡捕幕)	Guérite (Police)
순행(巡行)	Veilleur (de nuit)
순호(純乎)함	Perfection
숟가락	Cuillère
술	Liqueur, Vin
술 취(醉)하오	Enivrer
술 취(醉)함	Ivresse, Ivrognerie
술값	Pourboire
술에	Du
술이 덥소	Chaud
술잔(盞)	Verre (à boire)
술잔(盞) 서로 대오	Trinquer
숨	Respiration
숨 막혀 죽소	Étouffer
숨막소	Suffoquer
숨막음	Suffocation
숨소	Disparaître
숨쉬오	Respirer
숨지오	Expirer
숨차오	Essouffler

숫돌	Pierre (Pierre à aiguiser)
숫색시	Vierge
숫양(羊)	Bélier
숫염소	Bouc
숫자(數字)	Numéro
숯장수	Charbonnier
쉬	Incessamment
쉬오	Reposer (se)
쉬움	Facilité
쉬이	Bientôt, Prochainement
쉬이 오겠소	Bientôt
쉼	Repos
쉽게	Facilement
쉽소	Facile, Simple
슈운하오	Transporter
스무 살 후(後)	Majeur
슬기	Prudence, Sagesse
슬기롭게	Prudemment, Sagement
슬기롭소	Gentil
슬퍼 욺	Désolation
슬퍼하오	Désoler
슬피	Amèrement
습(濕)다리	Goutte (eau)
습관	Vice
습관(習慣)	Défaut
습관(習慣)에	Vicieux
습기(濕氣)	Humidité
승(乘)	Multiplication
승(乘)하오	Multiplier
승가(升歌)	Chanson

승강(昇降)	Raisonnement
승강(昇降)하오	Discuter, Raisonner
승녀(僧女)	Religieuse
승려(僧侶)	Bonzesse
승법(乘法)	Multiplication
승전(勝戰)	Triomphe, Victoire
승전(勝戰)하오	Triompher, Victorieux
승차(陞差)	Avancement
시 [*주격조사]	Le..la
시(時)	Heure, Poésie
시(詩) 지음	Versification
시(詩) 짓는 사람	Poète
시계(時計)	Montre
시계(時計)쟁이	Horloger
시골	Province
시골 사람	Paysan
시골집	Maison (Maison de campagne)
시금치	Épinard
시기(猜忌)	Jalousie
시기(猜忌)하오	Jaloux
시내	Torrent
시랑(豺狼)이	Loup
시랑(豺狼)이 새끼	Louveteau
시룽시룽	Bavardage
시방(時方)	Maintenant
시비(是非)	Dispute, Querelle
시비(是非)하는 사람	Querelleur
시비(是非)하오	Disputer, Quereller
시새우오	Rival
시오	Aigre

시운(詩韻)	Rime
시원하오	Rafraîchir, Soulager
시원한	Frais
시원함	Soulagement
시월(十月)	Octobre
시위	Inondation, Torrent
시작(始作)	Commencement
시작(始作)	Début
시작(始作)하는 사람	Commençant
시작(始作)하오	Commencer
시장하오	Faim
시키는 사람	Commandant
시키오	Commander, Intimer
시키지 않소	Décommander
시표(時表)	Montre
시행(施行)	Exécution
시행(施行)하오	Effectuer, Exécuter
시험(試驗)	Essai, Examen, Tentative
시험(試驗)하오	Éprouver, Essayer, Examiner, Expérimenter
식구(食口)	Famille
식물(食物)	Victuaille, Vivres
식방(食房)	Réfectoire, Salle à manger
식청(食廳)	Salle à manger
식탐(食貪)	Voracité
식탐(食貪) 없소	Sobre
식탐(食貪) 없음	Sobriété
식탐(食貪) 있소	Vorace
신	Soulier
신 벗소	Déchausser
신 신소	Chausser

신 신으시오	Soulier
신(信)	Foi
신(信) 저버리면서	Perfidement
신(信) 저버리오	Perfide
신(信) 저버림	Perfidie
신기(神奇)한 사람	Génie
신끈	Lacet
신끈 매오	Lacer
신랑(新郞)	Fiancé
신문(新聞) 베끼오	Éditer
신문(新聞)쟁이	Éditeur
신문지(新聞紙)	Journal
신바닥	Semelle
신부(新婦)	Fiancée
신부(神父)	Prêtre
신약(藥)	Cirage
신장이	Cordonnier, Savetier
신통(神通)히 여기오	Émerveiller
실	Fil
실 만드오	Filer
실 잣는 곳	Filature
실 잣는 사람	Filateur
실(實)없는 사람	Bavard
실(實)없소	Bavarder
실과(實果)	Fruit
실과(實果)나무	Arbre (Arbre fruitier), Fruitier
실과(實果)씨	Pépin
실다히	Effectivement
실례(失禮)	Incongruité
실례(失禮)하오	Incongru

실망(失望)하오	Désespérer
실망(失望)함	Désespoir
실물(失物)	Perte
실상(實相)	Vérité
실상(實狀)이오	Loyal
실수(失手)	Erreur, Faute
실수(實數)	Effectif
실수(失手)하오	Égarer
실어옴	Transport
실컷	Satiété
심(心)	Vigueur
심(心) 더하오	Renforcer
심(甚)히	Excessivement, Tellement
심려(心慮)	Mélancolie
심려(心慮)하면서	Mélancoliquement
심려(心慮)하오	Mélancolique
심력(心力)	Energie
심력(心力) 있소	Energique
심방(尋訪)	Visite
심방(尋訪)하오	Visiter
심부름	Commission
심부름하는 사람	Commissionnaire
심심	Ennui
심심하오	Ennuyeux
심(心)쓰오	Efforcer (s')
심으오	Ensemencer
심을 때	Semaille
심줄	Veine
심지	Mèche
심(心)쳐보오	Récapituler

심(心)쳐봄	Récapitulation
심판(審判)하는 곳	Magistrature
십분(十分) 요긴(要緊)히	Essentiellement
십상(十常) 좋소	Meilleur (le meilleur)
십이월(十二月)	Décembre
십일월(十一月)	Novembre
십자가(十字架)	Croix
싱거운	Insipide
싶소	Vouloir
싶으오	Désirer
싸오 [*저렴한]	Bon (Bon marché), Modique
싸오 [*포장]	Envelopper
싸우오	Battre (se), Lutter
싸움	Duel, Lutte, Pugilat
싹	Germe
싹나오	Germer
쌀	Riz
쌀가루	Poudre de riz
쌈	Lutte
쌍(雙)	Paire
쌍(雙)둥이	Jumeau
쌓소	Bâtir
쌓아 놓소	Entasser, Tasser
쌓아 두오	Amonceler
쌓아놓은 것	Entassement
썩소	Gâter, Périr, Pourrir
썩어가오	Putride
썩었소	Pourri
썩음	Pourriture, Putréfaction
썩지 않소	Incorruptible

썰매	Patin
쏘가리	Truite
쏟소	Vider
쑤시오	Piquer
쓰시오	Écrire
쓰오 [*고용하다]	Employer
쓰오 [*맛]	Amer
쓰오 [*소비하다]	Dépenser, User
쓰오 [*쓸다]	Balayer
쓰오 [*이용하다]	Servir
쓰오 [*적다]	Écrire, Mettre
쓰이오	Servir (se)
쓰임	Emploi
쓴 것	Écriture
쓸개	Fiel
쓸데 없소	Utile
쓸데 있소	Nécessaire, Utile
쓸데 있슴	Utilité
쓸데없는	Inutile
쓸데없는 생각	Illusion
쓸데없는 생각요	Illusoire
씀	Usure (user)
씨	Amande, Graine, Semence
씨 덮는 기계(器械)	Herse
씨 덮소	Herser
씨 뿌리오	Ensemencer, Semer
씨앗	Semence
씹소	Mâcher
씻소	Essuyer, Laver

아

아	Ah!
아가리	Gueule, Museau, Orifice
아가위나무	Aubépine
아교(阿膠)	Colle (forte)
아궁이	Foyer
아기	Bébé
아까	Tout (Tout-à-l'heure)
아끼오	Épargner
아니	Ne, Ni
아니 왔소	Pas
아니오	Non, Pas, Point
아니하오	Abstenir (s')
아들	Fils
아라사(俄羅斯) 공사관(公使館)	Russie (Légation de Russie)
아라사(俄羅斯) 사람	Russe
아라사국(俄羅斯國)	Russie
아래	Bas, Base, Dèssous, Inférieur
아래에	Sous

아래턱	Mâchoire
아랫배	Bas-ventre
아름다운	Beau
아름다움	Beauté
아름답게 하오	Embellir
아름답게 함	Embellissement
아리땁소	Superbe
아마	Environ, Peut-être
아무	Tel, Quelqu'un
아무것도	Rien
아무것도 없소	Rien
아무것이나	Nigaud
아무나	Quiconque
아무데서도 못	Nul (Nulle part)
아무도 없소	Personne
아문(衙門)	Ministère
아버지	Papa, Père
아비 편(便)	Paternité
아비 편(便)이오	Paternel
아시아	Asie
아시아 것	Asiatique
아얌	Bonnet (fourré)
아연(啞然)하오	Pitoyable
아오	Connaître, Savoir
아우르오	Réunir
아욱	Guimauve, Mauve
아울러 하시오	Agir
아이	Enfant, Épouse
아이 낳소	Accoucher
아이 받는 여편(女便)네	Accoucheuse, Sage-femme

아이배오	Enceinte
아주	Absolument, Sûrement
아주 고약하오	Affreux
아주 요긴(要緊)한	Indispensable
아직	Encore
아직 아니 왔소	Encore
아첨(阿諂)하오	Aduler, Flatter
아침	Matin, Matinée
아침 먹소	Déjeuner
아침 후(後)에	Après (Après-déjeuner)
아침밥	Déjeuner
아파	Douleur
아파하지 않소	Impassible
아파하지 않음	Impassibilité
아편연(阿片煙)	Opium
아프오	Douloureux, Malade, Souffrir
아픔	Mal
악(惡)하게 하오	Tyranniser
악(惡)하오	Méchant
악(惡)한 사람	Tyran
악(惡)함	Méchanceté, Tyrannie
악담(惡談)	Imprécation, Malédiction
안개	Brouillard, Brume
안개 끼오	Nébuleux
안개꼈소	Brumeux
안경(眼鏡)	Binocle, Lunette
안경(眼鏡)쟁이	Opticien
안녕(安寧)함	Sûreté
안민(安民)하오	Pacifier
안민(安民)한	Pacification

안민(安民)한 사람	Pacificateur
안방(房)	Chambre
안석(案席)	Dossier
안심육(肉)	Filet (Filet de viande)
안에	Dans, Dedans, Inclus, Interne
안에 넣소	Renfermer
안으로	Inclusivement
안장(鞍裝)	Selle
안장(鞍裝) 짓소	Harnacher, Seller
안장제구(鞍裝諸具)	Harnais
안정(眼睛)	Vue
안정(安定)한	Fixe
안질(眼疾)	Chassie
안질(眼疾)	Ophtalmie
앉소	Asseoir, Percher (se)
앉으시오	Asseoir (Asseyez-vous)
앉은뱅이	Cul-de-jatte
알 까오	Couver
알 낳소	Pondre
알게 하오	Informer, Signifier
알게 함	Notification
알리오	Notifier
알림	Notice
알맹이	Amande, Grain, Noyau
알맹이 나오	Égrainer
알아내오	Deviner
알아낼 수 없소	Méconnaissable
알아듣소	Comprendre
알아듣지 못하오	Comprendre, Incompréhensible
알아들으시오	Comprendre

알아보게	Lisiblement
알아보오	Constater, Souvenir
알아보지 못하게	Illisiblement
알아보지 못하오	Illisible
앎	Notion
앓는 데	Souffrance
앓소	Malade
앓으시오	Malade
앓음	Doléance
암	Femelle, Féminin
암나귀	Ânesse, Bourrique
암노새	Mule
암단추	Boutonnière
암말	Jument
암사슴	Biche
암사자(獅子)	Lionne
암소	Vache
암송아지	Génisse
암수(暗數)	PIège
암시랑(豺狼)이	Louve
암양(羊)	Brebis
암염소	Chèvre
암오리	Canne (femelle)
암잔나비	Guenon
암치	Morue (Morue sèche)
암칡범	Tigresse
암탉	Poule
암돼지	Truie
암호(暗號)	Signal
압제(壓制)하오	Exiger, Forcer

앙화(仰花)	Collier
앞니	Dent (Dent incisive)
앞서오	Avancer
앞에	Avant, Devant, En (En avant)
앞에 갔소	Précéder
앞에 있던 사람	Prédécesseur
앞으로 가	Avant
애 배오	Concevoir
애고 [*감탄사]	Hélas !
애고(哀告)	Cri
애꾸눈이	Borgne
애정(愛情)	Tendresse
애통(哀痛)하오	Lugubre
액외(額外)로	Sus (en)
앵두	Cerise
앵두나무	Cerisier
앵무(鸚鵡)새	Perroquet
야단(惹端)	Vociférations
야단(惹端)치오	Vociférer
야만(野蠻)	Barbare, Sauvage
야만(野蠻)요	Farouche
야소교인(耶蘇教人)	Protestant
야옹 거리오	Miauler
야청(靑)	Bleu
약(藥)	Médicament, Médecine, Remède
약(藥) 먹소	Purger
약(弱)해지오	Péricliter
약국(藥局)	Pharmacie
약대	Chameau
약(藥)되오	Médicinal

약방문(藥方文) 내오	Prescrire
약소	Malin
약식(藥食)	Sucrerie
약음	Malice
약(藥)장수	Pharmacien
약조(約條)	Contrat, Traité
약조(約條) 무르오	Résilier
약주(藥酒)	Vin
약칠(藥漆)하오	Cirer
약(弱)하오	Faible, Fragile
약(弱)함	Faiblesse, Fragilité
약회(約會)	Rendez-vous
얇소	Mince
얌전하오	Aimable, Joli
양(羊)	Mouton
양(羊) 소리 하오	Bêler
양각(羊角)	Corne (de mouton)
양(羊)고기	Mouton Viande
양국(洋國)	Europe
양국(洋國) 사람	Européen
양국회(洋國灰)	Ciment
양념	Épice
양(羊)다리	Gigot
양모(羊毛)	Laine
양(洋)무	Radis
양반(兩班)	Noble
양(羊)새끼	Agneau
양생(養生)하는 것	Subsistance
양선(良善)함	Mansuétude
양심(良心)	Conscience

양심(良心) 바르오	Honnête
양심(良心) 바른 사람	Consciencieux
양심(良心) 바름	Probité
양유(洋油)	Suif
양(羊)의 털	Laine, Toison
양인(洋人)	Européen
양자(養子)	Adoption
양자(養子)하오	Adopter
양자(養子)한 아들	Adoptif
양축소(養畜所)	Ferme
양축장(養畜場)	Métairie
양치질 하오	Gargariser (se)
어귀	Embouchure
어금니	Dent (Dent molaire)
어기오	Enfreindre
어김	Rebours
어깨	Épaule
어깻부들기	Omoplate
어느 때	Quand
어두움	Ténèbres
어둑어둑	Crépuscule
어둠	Obscurité
어둡게	Obscurément
어둡소	Obscur, Obscurcir
어디	Où
어디 가시오	Aller, Où
어디 사시오	Habiter
어디 있소	Où
어디 있었소	Où
어디로 지나는 것이 마땅하오	Où

어디서	Où
어떠하시오	Bonjour
어떤	Quel, Quelconque
어떤 것	Lequel
어떤 사람	Quelqu'un
어떻게	Comment
어떻게 하려시오	Comment
어란(魚卵)	Oeuf (Oeuf de poisson)
어레미	Crible
어렵게	Difficilement
어렵소	Difficile
어렵지 않게	Simplement
어루러기	Dartre
어루만지오	Caresser
어른	Adulte
어리석게	Bêtement
어리석소	Bête, Sot
어리석은 짓	Bêtise
어리석음	Sottise
어리오	Puéril
어린	Puérilité
어린 아이	Gamin
어림	Repaire
어림없는 사람	Imbécile
어림없음	Imbécilité
어림에	Environ
어머니	Maman, Mère
어부	Pêcheur
어사(御史)	Censeur
어셔	Vite

어인(御印)	Sceau impérial
어저께	Hier
어제	Hier
어좌(御座)	Trône
어지럽게 하오	Troubler
어지오	Humain
어질게	Humainement
어짊	Humanité
어찌	Comment
어찌 그것을 아시오	Comment
어찌하여	Pourquoi
어찌할 줄 모르오	Perplexe
어찌할 줄 모름	Perplexité
억제(抑制)하오	Réprimer
억지로 시키오	Obliger
언덕	Colline
언문(諺文)	Écriture (Écriture coréenne)
언약(言約)	Rendez-vous
언약(言約)하오	Stipuler
언약(言約)함	Stipulation
언제	Quand
언청이	Bec-de-lièvre
얻소	Acquérir, Trouver
얻어먹으러 다니는 사람	Parasite
얼굴	Figure, Visage
얼레빗	Déméloir
얼른	Promptement
얼마	Combien, Quantité
얼오	Geler
얼음	Glace

얼음 지치는 사람	Patineur
얼음 지치오	Patiner
얼음수레	Traineau
얼음장	Glaçon
얽소	Grêlé
얽어 죽이오	Étrangler
얽어매오	Ficeler
엄숙(嚴肅)함	Rigueur, Sévérité
엄지발	Ergot
엄지손가락	Pouce
엄(嚴)하게	Sévèrement
엄(嚴)하오	Rigoureux, Sévère
엄(嚴)히	Rigoureusement, Sévèrement
업신여기오	Mépriser
업신여길 만하오	Méprisable
없소	Absent, Avoir (Il n'y en pas)
없애버리오	Oblitérer
없이	Sans
없이	Sauf
없이하오	Abolir, Annéantir
엉겅퀴	Chardon, Ortie
엉얼거림	Murmure
엉키오	Déranger, Embrouiller
엉킨 것	Dérangement
엎드러지오	Tomber (Tomber en avant)
에	Dans, Du, En
에둘러	Obliquement
에셔	De
에워싸오	Assiéger
여교우(女教友)	Chrértienne

여기	Ici
여기 놓으시오	Mettre
여기 없소	Absent
여기로	Ici
여기서	Ici
여기서 머오	Loin
여덟째	Octave
여러	Plusieurs
여러 번(番)	Plusieurs (Plusieurs fois)
여러 아내	Polygamie
여름	Été
여물	Foin
여미오	Boutonner
여보	Ohé! (vulg.), Holà!
여보시오	Ohé! (vulg.)
여섯 달	Semestre
여송연(呂宋煙)	Cigare
여숙수(女熟手)	Cuisinière
여시오	Ouvrir
여오	Ouvrir
여우	Renard
여인(女人)의 의복(衣服)	Habit (Habit de femme)
여편(女便)네	Femme
역(驛)	Relais
역신(疫神)	Vérole (petite)
역적(逆賊)	Conspirateur, Sédition
역적(逆賊) 놈	Lâche
역적(逆賊)되오	Insurger (s')
역적(逆賊)질	Complot, Conspiration, Lâcheté
역적(逆賊)질하오	Conspirer

역촌(驛村)	Relais
연(鳶)	Cerf-volant
연고(然故)로	Car, Parce que
연기(煙氣)	Fumée
연(蓮)못	Marais, Marécage, Réservoir
연분(緣分)	Sympathie
연설(演說)	Discours
연설(演說)꾼	Orateur
연속(連續)함	Suite
연습(練習)	Pratique
연유(緣由)	Motif
연장	Outil
연주창(連珠瘡)	Goitre
연통(煙筒)	Tuyau
연필(鉛筆)	Crayon
연(連)하시오	Continuer
연(軟)하게	Tendrement
연(軟)하오	Mou, Tendre
연(連)하오	Consécutif, Continuer, Successif, Suivre
연(連)한	Suivant
연(連)함	Succession
연(連)해서	Continuellement, Propos (à), Successivement, Suivant
열렸소	Ouvert
열림	Ouverture
열쇠	Clef, Passe-partout
염려(念慮)	Crainte
염려(念慮)하오	Craindre, Craintif, Redouter
염병(染病)	Épidémie, Peste, Typhus
염병(染病) 앓는 사람	Pestiféré
염색(染色)	Peinture, Teinture

염색(染色)장이	Teinturier
염색(染色)하는 집	Teinturerie
염색(染色)하오	Teindre
염소 새끼	Chevreau
염습(殮襲)	Linceul
염주(念珠)	Chapelet
염초(焰硝)	Nitre, Salpêtre
염치(廉恥)	Pudeur, Réserve
염치(廉恥) 없음	Impudence
염탐(廉探)군	Mouchard
염통	Coeur
엿	Nougat
엿보오	Espionner, Guetter
영건(領巾)	Foulard
영광(榮光)	Gloire
영광(榮光)스럽소	Glorieux
영광(榮光)으로	Glorieusement
영국(英國)	Angleterre
영국(英國) 공사관(公使館)	Angleterre (Légation d' Angleterre)
영국(英國) 사람	Anglais
영국(英國) 서울	Londres
영리(怜悧)하오	Précoce
영문(營門)	Caserne
영문(營門)에 들어가오	Caserner
영사(領事)	Consul
영사관(領事官)	Consulat
영영(永永)이오	Perpétuel
영영(永永)히	Perpétuellement
영영(永永)히 변치않소	Inaltérable
영예(英銳)하오	Malin

영예(英銳)함	Malice
영웅(英雄)	Héros
영원(永遠)	Éternel, Perpétuité
영화(榮華)	Gloire
옆에	Près
옆에서	Auprés
예	Oui
예(禮) 아는	Civil
예(禮)답지 않소	Indécent
예(禮)답지 않음	Indécence
예모(禮貌)	Civilité, Politesse, Urbanité
예모(禮貌)없게	Impoliment
예모(禮貌)없소	Impoli
예모(禮貌)있게	Poliment
예모(禮貌)있소	Poli
예물(禮物)	Don, Dot
예비(豫備)하오	Apprêter, Disposer, Préparer
예비(豫備)함	Préparatif, Préparation
예비(豫備)했소	Prêt
예사(例事)로	Ordinairement, Passivement
예사(例事)요	Ordinaire
예산(豫算)	Budjet
예순된	Sexagénaire
예식(禮式)	Étiquette (Étiquette cérémonial)
예절(禮節)	Cérèmonie, Rite
옛	Ancien
옛적에	Autrefois
오	Être
오공(悟空)이	Statuette
오관(五官)	Sens

오국(墺國)	Autriche
오국(墺國) 사람	Autrichien
오늘	Aujourd'hui
오디	Mûre
오랑캐	Barbare
오랑캐꽃	Violette
오래	Longtemps
오래 사시오	Santé
오래 산 사람	Patriarche
오래 삶	Longévité
오래 있소	Stable
오래됨	Vétuste
오래임	Stabilité
오래지 않소	Récent
오래지오	Durer
오른손	Main (Main droite)
오른쪽	Droite
오리	Canard
오목(烏木)	Ébène
오목하오	Creux
오서(誤書)	Faute
오시(午時)	Midi
오심(傲心) 부리오	Enorgueillir (s')
오얏	Prune
오얏나무	Prunier
오오	Provenance, Venir
오월(五月)	Mai
오이	Concombre
오입(誤入)	Prostitution
오입(誤入)쟁이	Vagabond

오입(誤入)하오	Prostituer
오자(誤字)	Faute
오장(五臟)	Viscère
오장(五臟)보	Panse
오장육부(五臟六腑)	Intestin, Tripe
오전(五錢)만 주시오	Donner
오줌	Urine
오줌누오	Pisser, Uriner
오줌통(桶)	Vessie
오지리(墺地利)	Autriche
오직	Pourvu que
오행(五行)	Élément
오호(嗚呼)	Hélas !
오후(午後)에	Après (Après-midi)
오히려	Encore
옥(獄)	Cellule, Prison
옥(玉)	Jade
옥(玉)돌	Marbre
옥(獄)사쟁이	Geôlier
옥새(玉璽)	Sceptre
옥수수	Maïs, Millet
옥수수 가루	Gruau
옥(獄)에 가두오	Incarcérer
옥잠화(玉簪花)	Lis
옥(獄)지기	Geôlier
온전(穩全)치 않소	Incomplet
온전(穩全)하오	Complet, Intact
온전(穩全)한	Entier
온전(穩全)히	Complètement, Entièrement, Tout
온통	Entièrement

온화(溫和)하오	Tiède
올가미	Noeud Coulant
올라가오	Gravir, Monter, Surmonter
올리오	Hausser
올빼미	Chouette
올챙이	Têtard
옮겨 심으오	Transplanter
옮겨 심음	Transplantation
옮기오	Déménager
옮김	Transportation
옮는 병(病)	Maladie Contagieuse
옳소	Correct, Raison, Vrai
옳은 것	Raison
옳음	Correction
옳지	Assurément, Vrai
옳지 않소	Soi (Soi-disant), Vrai (Ce n'est pas vrai)
옴 [*오다]	Venue, Provenance
옴 [*피부병]	Gale
옴쟁이	Galeux
옷	Habillement, Habit, Linge, Vêtement
옷 갈아입소	Changer
옷 단추	Agrafe
옷 바꿔 입소	Déguiser
옷 벗기오	Déshabiller
옷 입소	Revêtir, Vêtir (se)
옷 입히오	Habiller
옷가	Bordure
옷걸이	Portemanteau
와	Et
왁자	Tapageur

완고(頑固)	Réaction
완고(頑固)한 사람	Réactionnaire
완고당(頑固黨)	Réactionnaire (Parti réactionnaire)
완완(緩緩)하오	Lent
완정(完整)	Détermination
완정(完整)하오	Déterminer
왕골	Paillasson
왕골신	Babouche
왕성(旺盛)하오	Prospérer
왕성(旺盛)함	Prospérité
왕위(王位)	Royauté
왕통벌	Frelon
왕후(王后)	Reine
왜	Pourquoi
왜 그러하오	Pourquoi
왜 기다리오	Attendre
왜 내 뒤로 다니시오	Marcher
왜 상(相) 찡그리시오	Grimace
왜 웃으시오	Rire
왜 일 아니 하시오	Travailler
왜가리	Héron
왜국(倭國)	Japon
외(外)	Unique
외(外)에	Ailleurs
외국(外國) 것	Étranger (chose)
외국(外國) 사람	Étranger
외국(外國)말	Langue étrangère
외국(外國)으로 물건(物件) 보내는 자(者)	Exportateur
외따로	Seul
외따로 있소	Isolé

외롭소	Isolé
외면(外面)	Extérieur, Superficie
외부대신(外部大臣)	Ministre (Ministre Affaires Etrangères)
외상	Crédit
외수(外數)	Fraude
외수(外數) 부치오	Frauder
외수(外數)하면서	Frauduleusement
외수(外數)한	Frauduleux
외양간(間)	Écurie
외오	Réciter
외움	Récitation
외인교제과원(外人交際課員)	Agent diplomatique
외치의원(外治醫員)	Chirurgien
외팔쟁이	Manchot
외편(外便)이요	Maternel
왼손	Main (Main gauche)
왼손잡이	Gaucher
왼쪽	Gauche
왼편(便)	Gauche
요	Matelas, Tapis
요강	Crachoir, Vase (de nuit)
요긴(要緊)	Besoin
요긴(要緊)찮소	Besoin (Je n'en ai pas besoin)
요긴(要緊)하오	Nécessaire, Besoin (J'en ai besoin)
요긴(要緊)함	Importance, Nécessité
요란(搖亂)	Émeute
요란(搖亂)스럽소	Turbulent
요란(搖亂)하오	Séditieux, Tumultueux
요란(搖亂)함	Tumulte
요령(鐃鈴)	Clochette

요사이	Dèrnierement, Jour (Ces jours-ci)
요새	Récemment
요행(僥倖)	Hasard
요행(僥倖)하오	Hasarder
욕(辱)	Injure, Insulte, Offense, Outrage
욕(辱)되는	Injurieux, Outrageant
욕심(欲心)	Ambition
욕심(欲心) 있는 사람	Ambitieux
욕(辱)하는 사람	Insulteur
욕(辱)하오	Humiliant, Humilier, Injurier, Insulter, Offensant, Offenser, Outrager
용(龍)	Dragon
용력(用力)	Effort
용맹(勇猛) 줌	Encouragement
용맹(勇猛)을 주오	Encourager
용맹(勇猛)하오	Vaillant
용맹(勇猛)함	Vaillance
용모파기(容貌疤記)	Signalement
용모파기(容貌疤記)하오	Signaler
용서(容恕)	Pardon
용서(容恕)치 못할 만하오	Impardonnable
용서(容恕)하오	Excuser, Pardonner
용서(容恕)할 만하오	Excusable
용(龍)틀임	Spirale
우단(羽緞)	Velours
우두(牛痘)	Vaccin
우레	Appeau
우롱(愚弄)하오	Plaisanter
우리	Nos, Notre, Nous
우리 마음대로	Nous (Nous-mêmes)
우리가 새문(門) 밖으로 모이겠소	Réunir

우릿간(間)	Étable
우몽(愚蒙)한	Niais
우물	Puits
우물물	Eau (eau de puit)
우박(雨雹)	Grêle
우박(雨雹)하오	Grêler
우산(雨傘)	Parapluie
우습게	Ridiculement
우습소	Ridicule
우연(偶然)한 일	Événement
우연(偶然)히	Hasard (Par hasard)
우연(偶然)히 만나오	Survenir
우오	Pleurer
우유(牛乳)	Lait
우인	Soussigné
우체사령(郵遞使令)	Facteur
우체사장(郵遞社長)	Directeur (Directeur des postes)
우편국(郵便局)	Poste
우표(郵票)	Timbre-poste
우표(郵票) 붙이오	Timbrer
운동(運動)	Gymnastique
운수(運數)	Fatalité
운수(運數)요	Fatal
운자(韻字)	Rime
울곡(哭)하오	Lamenter (se)
울곡하오	Gémir
울지 마시오	Pleurer (Ne pleurez pas)
울타리	Barriére, Haie, Palissade
움직이오	Mouvoir, Remuer
웃소	Rire

웃을 만하오	Risible
웃음	Hilarité
웃지 못하오	Introuvable
웅그리오	Frémir
웅성	Écho
원 [*화폐]	Dollar, Piastre
원(員)	Magistrat, Mandarin Province
원고(原告)	Plaignant
원망(怨望)	Reproche
원망(怨望)하오	Reprocher
원수(怨讐)	Ennemi
원수(怨讐) 갚소	Venger
원수(怨讐) 갚음	Revanche, Vengeance
원수(怨讐)스러움	Hostilité
원수(怨讐)요	Hostile
원숭이	Singe
원시(遠視) 못하는 사람	Myope
원시(遠視)하는 사람	Presbyte
원의(願意)	Désir
원정(冤情)	Recours
원통(冤痛)하오	Regretter
원(願)하시오	Vouloir (Voulez-vous?)
원(願)하오	Désirer, Souhaiter, Vouloir
원(願)함	Envie
월(月)	Mois
월계(月季) 나무	Rosier
월계(月季)꽃	Rose
월급(月給)	Salaire
월색(光彩)	Lumière (Lumière de la lune)
월성(越城)하오	Franchir

월식(月蝕)	Éclipse lune
월요일(月曜日)	Lundi
위	Dessus
위(位)사람	Personne
위도(緯度)	Latitude
위로(慰勞)치 못하오	Inconsolable
위로(慰勞)하오	Consoler, Rassurer
위생(衛生)에 유익(有益)한	Salutaire
위생(衛生)에 해(害)롭소	Malsain
위엄(威嚴)스럽소	Majestueux
위에	Dessus, Sur
위의 것	Supériorité
위조(僞造)하오	Falsifier
위태(危殆)	Danger
위태(危殆)하게	Dangereusement
위태(危殆)하오	Dangereux, Périlleux
위태(危殆)함	Péril
위하여	Pour
위해서	Pour
윗	Supérieur
윗니	Dent (Dent incisive)
윗사람	Supérieur
윗수염(鬚髥)	Moustache
유(類)	Race, Sorte
유공(有功)하오	Mériter
유랑마(劉郎馬)	Étalon
유리(琉璃)	Verre
유리(琉璃)쪽	Vitre
유리잔(琉璃盞)	Verre (à boire)
유명(有名)	Célèbre

유명(有名)하오	Fameux, Illustrer
유명(有名)한	Illustre
유모(乳母)	Nourrice
유복(有福)하오	Heureux
유삼(油衫)	Manteau de pluie
유식(有識)한	Scientifique
유식(有識)한 사람	Savant
유아(幼兒)	Nourrisson
유언(遺言)	Testament
유언(遺言)하오	Léguer
유월(六月)	Juin
유익(有益)	Avantage
유익(有益)하오	Avantageux, Utile, Utile (C'est utile), Utiliser
유익(有益)함	Utilité
유인(誘引)	Séduction
유인(誘引)하는 사람	Séducteur
유인(誘引)하오	Séduire
유자(柚子)	Citron
유자(柚子)나무	Citronnier
유진(留陣)하오	Camper
유치(留置)하오	Déposer, Réserver
유치(留置)함	Réserve
유치금(留置金)	Retraite
유향(乳香)	Encens
육(肉)초	Chandelle
육혈포(六穴砲)	Revolver
윤채(潤彩)나오	Poli
으뜸되오	Principal
으뜸으로	Principalement
으로	En, Par

은(銀)	Argent
은(銀) 올리오	Argenter
은(銀) 한 냥(兩)	Tael
은고(銀庫)	Trésor royal
은근(慇懃)히	Secrètement
은(銀)덩어리	Lingot (argent)
은어(銀魚)	Éperlan
은잔(銀盞)	Timbale
은전(銀錢)	Monnaie (Monnaie en argent)
은전궤(銀錢櫃)	Cassette, Coffre-fort
은행소(銀行所)	Banque
은혜(恩惠)	Bienfait, Bontè, Grâce
은혜(恩惠) 끼치는 자(者)	Bienfaiteur
은혜(恩惠)로운	Bienfaisant
은혜(恩惠)를 감사(感謝)함	Reconnaissance
은혜(恩惠)주오	Gracier
음란(淫亂)	Impudicité
음란(淫亂)하오	Impudique, Obscène
음란(淫亂)함	Obscénité
음성(音聲)	Voix
음성(音聲) 나오	Vocal
음식(飮食)	Aliment, Mets, Nourriture, Repas
음식(飮食) 차례(次例) 적은 것	Menu
음식(飮食)값 냄	Pension
읍(邑)	Canton
읍내(邑內)	Ville
읍내성(邑內城)	Fortification, Rempart
읍인(邑人)	Bourgeois, Villageois
응얼거리다	Murmurer
의	De

의견(意見)	Parti
의관(衣冠)	Habit
의논(議論)	Délibération, Transaction, Vote
의논(議論)하오	Délibérer, Discuter, Voter
의덕(義德)	Justice
의명(倚名)	Adjectif
의병(義兵)	Rebelle
의복(衣服)	Costume, Habillement, Vêtement
의사(意思)	Idée, Intention, Opinion
의심(疑心)	Défiance, Doute, Hésitation, Soupçon, Suspicion
의심(疑心) 많소	Soupçonneux
의심(疑心) 없이	Sans-doute
의심(疑心)나는	Défiant
의심(疑心)하오	Douter, Douteux, Hésiter, Méfier (Se), Soupçonner
의외화(意外化)	Accident
의원(醫員)	Docteur, Médecin
의자(椅子)	Fauteuil
의장(衣欌)	Armoire, Garde-robe
의지(依支)하오	Appuyer
의하여	Suivant
의합(意合)하오	Consentir
의혹(疑惑)하오	Suspecter
의혹(疑惑)함	Suspect
이 [*기생충]	Pou
이 [*주격조사]	Le..la
이 [*지시형용사]	Ce-cet-cette, Cet
이 [*치아]	Dent
이 까닭으로	Voilà (Voilà pourquoi)
이(利)	Bénéfice, Gain
이(利) 남소	Bénéficier, Profitable

이(利) 많이 남소	Lucratif
이 여송연(呂宋煙)	Ce-cet-cette (Ce cigare-ci)
이것	Ceci, Celui-ci ... celle-ci
이것 보시오	Voilà
이것을 하시오	Faites cela
이겼소	Vaincu
이기오	Vaincre
이기지 못하오	Invincible
이긴 사람	Vainqueur
이끄오	Entraîner
이끼	Mousse
이나	Ainsi
이년	Vilain
이놈	Coquin
이니	Ou
이단(異端)	Diablerie
이단(異端)이오	Superstitieux
이단(異端)질	Superstition
이따가	Tout (Tout-à-l'heure)
이러므로	Donc
이렇게	Comme (Comme ceci)
이르오 [*도착하다]	Arriver, Parvenir
이르오 [*알리다]	Annoncer, Avertir, Dire, Tôt
이름	Nom
이름 같은 사람	Homonyme
이름 둠	Signature
이름 썼소	Soussigné
이름 적소	Immatriculer
이름 짓소	Surnommer
이름이 무엇이오	Nom De baptême

이리 [*동물]	Loup
이리 [*방식]	Manière
이리 오너라	Venir
이리 오시오	Venir
이리로	Ici
이리저리 감	Zigzag
이리하시오	Manière
이마	Front
이므로	Puisque
이미	Déjà
이불	Couverture
이뿐 아니오	Non
이쁘오	Joli
이사(移徙)	Émigration, Migration
이사(移徙)하오	Déloger, Émigrant, Émigrer
이삭	Épi
이상(異常)하게	Curieusement
이상(異常)하오	Curieux
이상(異常)히 여기오	Admirer
이슬	Rosée
이쑤시개	Cure-dent
이야기	Description, Histoire, Légende
이야기하는 사람	Historien
이야기하오	Causer, Conter, Raconter
이외에	Outre
이웃 동네	Voisinage
이웃 사람	Voisin
이웃 여편네	Voisine
이웃집	Voisin
이월(二月)	Février

이익(利益)	Usure
이전(利錢)	Gain, Profit
이전(以前)	Ancien
이전(以前)에	Jadis
이조(利條)	Bénéfice
이지러뜨리오	Ébrécher
이질(痢疾)	Dyssenterie
이치(理致) 밖이오	Illogique
이튿날 전(前)	Avant-veille
익달하오	Expert
익소	Cuit, Mûr, Mûrir
익음	Maturité
익지 않은 것	Cru
익히오	Cuire
익힘	Exercice
인(印)	Sceau
인(人) 고기 먹는 놈	Anthropophage
인가(人家)가 총총(叢叢)하오	Populeux
인구(人口)	Habitant, Population
인내(忍耐)	Patience
인도(引導)하는 사람	Conducteur
인도(引導)하오	Amener, Conduire, Diriger, Mener
인도고(印度膏)	Gomme
인력거(人力車)	Pousse-pousse
인분(人糞)	Excrément
인사(人事)	Connaissance, Présentation, Salut, Salutation
인사(人事) 시키오	Présenter
인사(人事)하오	Saluer
인삼(人蔘)	Genseng
인색(吝嗇)	Avarice

인애(仁愛)한	Affectueux, Bienveillant
인자(仁慈)	Bénignité, Bontè, Douceur
인자(仁慈)하오	Doux, Miséricordieux
인자(仁慈)한	Affable, Bénin, Compatissant
인자(仁慈)한 사람	Philanthrope
인자(仁慈)함	Affabilité, Miséricorde
인종(人種) 깨오	Dépeupler
인(印)찍소	Sceller
인천(仁川)	Chemulpo
인(吝)한 놈	Égoïste
인(吝)한 사람	Avare
일 [*노동]	Affaire, Ouvrage, Travail (manuel)
일(日)	Jour
일가(一家)	Parents
일과(日課)	Tâche
일기(日氣)	Temps
일기(日氣)가 고르지 못하오	Orageux
일기부조(日氣不調)	Orage
일꾼	Ouvrier, Travailleur
일년(一年)감	Tomate
일대(一隊)	Troupe
일러주오	Mentionner
일러줌	Mention
일본(日本)	Japon
일본(日本) 공사관(公使館)	Japon (Légation du Japon)
일본(日本) 사람	Japonais
일산(日傘)	Parasol
일식(日蝕)	Éclipse (soleil)
일요일(日曜日)	Dimanche
일월(一月)	Janvier

일자(一字)로	Aligner
일정(一定)	Assurément, Certainement, Certes
일정(一定)아니오	Incertain
일정(一定)이오	Sûr
일정(一定)치 않게	Incertainement
일정(一定)치 않음	Incertitude
일찍이	Heure (de bonne heure)
일판 말하오	Relater
일하오	Opérer, Travailler
일함	Opération
일후(日後)	Avenir, Aventure
일후(日後)에	Dorénavant
일흔 된	Septuagénaire
읽소	Lire
읽을 만하오	Lisible
잃어버리오	Perdre
잃어버린	Perdu
잃어버림	Perte
임금	Roi, Souverain
임금 노릇하오	Régner
임금 들어내오	Détrôner
임금 있는 나라	Monarchie
임금 죽인 놈	Régicide
임금나라	Royaume
임자	Propriétaire
입	Bouche
입 재주 있는 사람	Orateur
입김	Haleine
입맞추오	Embrasser
입적(入籍)	Naturalisation

입적(入籍)하오	Naturaliser
잇몸	Gencive, Mâchoire
있소	Avoir, Avoir (Il y en a), Exister, Ici (Il est là), Présent Subsister
있소?	Avoir (Il y en a-t-il?)
있음	Existence, Présence
잉어	Carpe
잊어버렸소	Oublier (J'ai oublié)
잊어버리오	Oublier
잊어버림	Oubli
잎나무	Broussailles
잎사귀	Feuille
잎사귀 따오	Effeuiller
잎사귀들	Feuillage

자

자	Mètre, Règle
자개	Nacre
자개 박소	Incruster
자개 박음	Incrustation
자결(自決)하오	Suicider (se)
자국	Empreinte
자국 내오	Imprégner
자기(自己)	Soi
자기(自己) 마음대로	Soi (Soi-même)
자두	Prune
자두나무	Prunier
자라	Tortue
자라오	Grandir, Pousser
자랑	Ostentation
자랑하는 사람	Vantard
자랑하오	Vanter (se)
자루	Besace, Manche (d'outil), Sac (coton)
자루 박소	Emmancher

자루 큰 낫	Faux
자르오	Court, Ras, Rogner
자른 것	Rognure
자리	Place, Position
자리 바꾸오	Déplacer
자리 적삼	Chemise (chemise de nuit)
자리잡소	Placer
자명종(自鳴鐘)	Pendule
자물쇠	Serrure
자물쇠장이	Serrurier
자빠지오	Tomber (Tomber en arrière)
자세(仔細)치 않소	Inexact
자세(仔細)한 말	Renseignement
자세(仔細)히	Exactement
자세(仔細)히 찾소	Requérir
자시(子時)	Minuit
자연(自然)한 이치(理致)	Nature
자연(自然)한 이치(理致)로	Naturellement
자연(自然)한 이치(理致)오	Naturel
자오	Dormir
자원(自願)	Volonté
자원(自願)으로	Spontanément, Volontairement
자원(自願)하오	Spontané, Volontaire
자정(子正)	Minuit
자주 [*종종]	Souvent
자주(自主)	Indépendance
자주 변(變)하오	Instable
자주 변(變)함	Instabilité
자주(紫朱)빛	Violet
자주(自主)요	Indépendant

자취	Vestige
자행거(自行車)	Bicyclette
자휘(字彙)	Dictionnaire, Vocabulaire
작난(作亂)하오	Badiner
작문(作文)	Composition
작별(作別)	Adieu
작소	Petit
작아지오	Rapetisser
작은	Petit
작은 가지	Rameau
작은 길	Sentier
작은 나무	Arbuste
작은 바람	Zéphire
작은 병(甁)	Fiole, Flacon
작은 사람	Nain
작은 수레	Brouette
작은 칼	Stylet
작정(作定)하오	Décider
작폐(作弊)	Malversation
잔나비	Singe
잔대(盞臺)	Soucoupe
잔디	Gazon
잔디 입히오	Gazonner
잔뜩	Pleinement
잔소리하오	Rabâcher, Radoter
잔치	Festin
잘	Bien
잘 가리시오	Choisir (Choisissez-bien)
잘 노시오	Amuser (Amusez-vous bien)
잘 서오	Aligner

잘 쓰시오	Bien (Ecrivez bien)
잘 씀	Orthographe
잘 주무시오	Dormir (Dormez bien)
잘되오	Réussir
잘됨	Réussite
잘못	Mal
잘못 다스리오	Administrer
잘소	Court
잘하오	Rajuster
잠깐	Réveil
잠깐 머무르오	Séourner
잠깐 머무름	Séjour
잠깐(暫間)	Instant
잠깨오	Réveiller
잠시(暫時)	Laps, Provisoirement, Temporairement
잠시(暫時) 정지(停止)	Pause
잠시(暫時)오	Provisoire, Temporel
잠오오	Endormir (S')
잠잠(潛潛)하게	Paisiblement
잠잠(潛潛)하오	Paisible
잡(雜) 짓	Scandale
잡(雜) 짓 하오	Scandaliser
잡(雜)됨	Impudicité
잡(雜)스럽게	Impudiquement
잡소	Saisir
잡수시오	Manger (Manger très-poli)
잡술(雜術)	Sortilège
잡술(雜術)하는 사람	Escamoteur
잡술(雜術)하오	Escamoter
잡아당기오	Retenir

잡음	Saisie
잣나무	Pin
장(場)	Marché
장(欌)	Armoire
장가 아니 든 사람	Célibataire
장(長)가락	Majeur (doigt)
장가드오	Marier
장감(長感)	Coryza, Grippe
장갑(掌匣)	Gant
장갑(掌匣) 끼오	Ganter (se)
장갑(掌匣) 장수	Gantier
장기(將棋)	Échecs
장기(帳記)	Facture
장난	Jeu
장난감	Joujou, Quille
장난하오	Jouer, Recréer
장님	Aveugle, Sorcier
장닭	Coq
장딴지	Mollet
장래(將來)	Futur
장마	Saison (Saison des pluies)
장만함	Provision
장모(丈母)	Belle-mère
장모(長毛) 비	Plumeau
장부(丈夫)	Époux, Mari
장사 [*사업]	Commerce
장사(葬事)	Enterrement, Funérailles, Sépulture
장사(葬事) 지내오	Enterrer
장사세(稅)	Patente
장성(長成)함	Puberté

장수 [*상인]	Marchand
장수(長壽)	Longévité
장시(場市)	Établissement
장식(裝飾)	Charnière, Ferrure
장심(掌心)	Paume (de la main)
장옷	Mante, Voile (Voile de f'emme)
장원(莊園)	Mur
장인(丈人)	Beau-père
장인(匠人)	Artisan
장정(章程)	Système
장정(章程) 세오	Régler
장(場)터	Halle
장판지	Papier parquet
잦소	Fréquent
잦음	Fréquentation
재	Cendre
재가(裁可)	Sanction
재가(裁可) 내리오	Sanctionner
재갈	Mors
재떨이	Cendrier
재료(材料)	Matériaux, Matière
재물(財物)	Fortune, Richesse
재물(財物) 모으오	Thésauriser
재미있게 하오	Intéresser
재미있소	Admirable, Intéressant
재보오	Toiser
재우오	Endormir
재잘거리오	Bégayer
재주	Adresse, Habileté, Intelligence
재주 없소	Inhabile

재주 있는 사람	Artiste
재주 있소	Habile, Industrieux, Intelligent
재채기	Éternuement
재채기하오	Éternuer
재촉	Hâte
재촉하오	Dépêcher, Hâter, Stimuler
재촉함	Stimulation
재판(裁判)	Jugement
재판관(裁判官)	Administrateur, Juge
재판소(裁判所)	Tribunal
재판(裁判)하오	Juger
쟁가비	Casserole (fer)
쟁기	Charrue, Outil
저	Cet, Elle, Lui
저것	Celui-là ... celle-là, Cela
저고리	Veston
저기	Là
저기로	Par l'à
저녁	Soir
저녁 후(後)에	Après (Aprés-souper)
저녁때에	Soir
저녁밥	Dîner
저녁밥 먹소	Souper
저리오	Engourdir
저울	Balance
저울대	Fléau (Fléau balance)
저울바탕	Plateau de balance
저울추(錘)	Poids
저이들	Elles
저자	Marché

저희들	Eux
저희들 마음대로	Eux (Eux-mêmes)
적당(適當)하오	Opportun, Résister
적당(適當)함	Opportunité, Résistance
적물(籍物)하오	Confisquer
적물(籍物)함	Confiscation
적삼	Chemise
적신	Humide
적신(赤身)	Nudité
적신(赤身)이오	Nu
적실(的實)하오	Légitime, Véritable
적실(的實)히	Véritablement
적에	Lorsque, Tandis que
적은 재물(財物)	Pécule
적적(寂寂)하오	Solitaire
적적(寂寂)함	Solitude
전(廛)	Magasin
전(氈)	Drap
전골	Ragoût
전관(前官)	Prédécesseur
전교사(傳敎師)	Missionnaire
전교회(傳敎會)	Mission
전구지도(全球地圖)	Mappemonde
전권(全權)	Plénipotentiaire
전기(電氣)	Électricité
전(前)날	Veille
전능(全能)	Omnipotence
전달(轉達)하오	Intercéder
전당(典當)	Engagement, Gage
전당(典當) 잡히오	Engager

전당(典當) 찾소	Racheter
전당국(典當局)	Mont-de-piété
전대(纏帶)	Besace, Valise
전량(錢糧)	Subside
전면(前面)	Façade
전번(前番)	Autre (Une autre fois)
전보(電報)	Dépêche, Télégramme
전보(電報)하오	Télégraphier
전보국(電報局)	Télégraphe
전수(全數)	Totalité
전(前)에	Devant, Naguère
전염(傳染)	Contagion
전염(傳染)하오	Contagieux
전위(傳位)	Abdication
전위(傳位)하오	Abdiquer
전장(戰場)	Bataille
전쟁(戰爭)	Guerre
전파(傳播)	Divulgation, Révélation
전파(傳播)하오	Divulguer, Révéler
전(傳)하오	Communiquer, Propager, Transmettre
전(傳)함	Propagation, Transmission
전화기(電話機)	Téléphone
전화통(電話筒)	Téléphone
절 [*사찰]	Bonzerie, Monastère, Temple
절(節)	Saison
절구	Mortier
절둑발이	Boiteux
절로	Naturellement
절시(節時)	Saison, Temps
절였소	Salé

절용(節用)	Économie
절용(節用)으로	Économiquenent
절용(節用)하는 사람	Économe
절용(節用)하오	Économiser, Ménager
절이오	Saler
절임	Salaison
절하오	Prosterner(se)
젊소	Jeûne
젊었을 때	Jeunesse
젊은 사람	Mineur
젊은 학도(學徒)	Novice
점(店)	Mine
점(點)	Apostrophe, Point
점(點) 박혔소	Tacheter
점심 후(後)에	Après (Après-dîner)
점(漸)에 있는 사람	Mineur
점잖게	Sérieusement
점잖소	Sérieux
점점(漸漸)	Petit (Petit à petit), Progressivement
점(點)찍소	Pointiller
접소	Plier, Ployer
접시	Assiette
접전(接戰)	Combat
접전(接戰)하오	Combattre
접혔소	Pliant
접힌 것	Pli
젓가락	Bâtonnets
젓대	Flûte
젓소	Remuer
정강이	Tibia

정거장(停車場)	Gare
정결(淨潔)치 않소	Malpropre
정경(正卿)	Président
정덕(貞德)	Chasteté
정령(正領)	Colonel
정배(定配)	Exil
정배기	Tête
정부(政府)	Gouvernement
정성(精誠)	Sincérité
정성(精誠)껏	Sincèrement
정신(精神)	Mémoire
정신(精神) 있소	Avoir (Avoir de l'esprit)
정신(精神) 좋소	Spirituel
정신(精神)없음	Mollesse
정욕(情欲)	Passion
정자(亭子)	Pavillon
정장(呈狀)	Recours
정절(貞節)	Virginité
정절(貞節)하오	Immaculé
정지(停止)하시오	Arrêter (s') (Arrêtez vous !)
정지(停止)하오	Arrêter (s')
정치(政治)	Politique
정(定)치 못하오	Indécis, Indéterminé
정(定)치 못함	Indécision, Indétermination
정(淨)하게	Proprement
정(定)하오	Fixer, Statuer
정(淨)하오	Propre
정한(定限)	Délai, Sursis
정(淨)함	Propreté
정(定)함	Verdict

젖	Lait
젖 먹이오	Allaiter
젖 짜오	Traire
젖가슴	Mamelle
젖떡	Fromage
젖떼오	Sevrer
젖소	Mouiller, Tremper
젖통	Sein, Téton
제	Il, Lui, Sa, Ses, Son
제 것	Sien (le)
제 마음대로	Lui (Lui-même)
제가	Il
제금(提琴)	Tam-tam
제금(提金)	Cymbale
제대(祭臺)	Autel
제도(製圖)	Structure
제목(題目)	Sujet, Thème, Thèse, Titre
제물(祭物)	Offrande
제병(祭餠)	Hostie
제비	Hirondelle
제사(祭祀)	Sacrifice
제사(祭祀)지내오	Sacrifier
제어(制御)하오	Subjuguer
제우오	Combler
제육(肉)	Porc
제일(第一)	Surtout
제자리에 놓소	Ranger
제자리에 항상(恒常) 있소	Stationnaire
제조(製造)	Fabrique
제조소(製造所)	Usine

제조전(製造廛)	Fabrique
제헌(祭獻)하오	Immoler
제헌(祭獻)함	Immolation
젓 빠오	Téter
조각	Débris, Tranche
조각내오	Trancher
조갈(燥渴)	Pépie
조개	Coquillage, Huître
조계(租界)	Concession
조곰 내리키시오	Baisser
조공(朝貢)	Tribut
조공(朝貢)하오	Tributaire
조관(朝官)	Dignitaire
조그만 길	Allée
조그만 산(山)골짜기	Vallon
조그만 섬	Îlot
조금	Guère, Laps, Peu
조금 기다리시오	Attendre
조금 더하시오	Ajouter
조금 이르오	Tôt
조금 적시오	Humecter
조금도 아니오	Minime
조끼	Gilet
조련(調鍊)	Exercice
조련하오	Exercer
조례(照例)	Soin
조례(照例)시키오	Soigner
조례(照例)하오	Soigner (se)
조모(祖母)	Aïeule, Grand-mère
조부(祖父)	Aïeul, Grand-père

조상(祖上)	Ancêtres, Condoleance
조선(朝鮮)	Corée
조선(朝鮮) 사람	Coréen
조선(朝鮮) 여편(女便)네	Coréenne
조성(造成)하오	Créer
조수(潮水)	Marée
조신(朝臣)	Courtisan
조심(操心)	Attention, Gare!
조심(操心) 없소	Inattentif, Irréfléchi
조심(操心) 없음	Inattention
조심(操心)하시오	Attention (Faites attention)
조심(操心)하오	Attentif
조심(操心)히	Attentivement
조오	Assoupir
조작(操作)하는 자(者)	Fabricant
조찰케 하오	Purifier
조찰케 함	Purification
조찰하오	Pur
조찰한	Chaste
조총(鳥銃)	Pistolet
조충(條蟲)이	Ver (à soie)
조칙(詔勅)	Décret, Édit
조카	Neveu
조카딸	Nièce
조회(照會)	Note
조회(照會)하오	Noter
족(足)하오	Suffisant
족(足)히	Suffisamment
족(足)히 쓰오	Suffire
족보(族譜)	Généalogie

족제비	Belette
존안(存案)하오	Enregistrer
존절(撙節)함	Parcimonie, Tempérance
졸리오	Sommeiller
졸음	Assoupissement, Sommeil
좀 [*동물]	Mite
좀 [*조금 더]	Peu
좀 더	Plus (Un peu plus)
좀도적질	Larcin
좁소	Étroit
좁쌀	Millet
종 [*노비]	Esclave
종(鐘)	Cloche
종(鐘) 치오	Sonner
종(鐘)치는 사람	Sonneur
종기(腫氣)	Abcès, Bouton (abcès), Furoncle, Ulcère
종달새	Alouette
종두(種痘)	Vaccin
종두(種痘) 넣소	Vacciner
종류(種類)	Espèce, Genre
종선(從船)	Nacelle
종용(從容)	Modération
종용(從容)하게	Modérément
종용(從容)히 하오	Modérer
종이	Papier
종이 만드는 집	Papeterie
종이 칼	Coupe-papier
종이 파는 사람	Papetier
종이 한 장	Feuille
종적(蹤跡)	Trace

종파(宗派)	Tribu
좋게 하오	Radoucir (se)
좋소	Bon, Bon (C'est bon)
좋아하지 않소	Taciturne
좋은	Beau
좋은 것 같소	Sembler
좋은 이름	Renommée
좋은 젖	Créme
좋지 못한 마음	Tourment
좋지 않소	Mauvais, Vilain
좋지 않아 하오	Tourmenter
좋지 않은	Vilain
좋지 않은 약(藥)	Drogue
좌처(坐處)	Emplacement
좽이	Épervier
죄(罪)	Crime, Péché
죄(罪) 범(犯)하오	Commettre
죄(罪)를 벗겨 주오	Justifier
죄(罪)를 벗겨 줌	Justification
죄오	Serrer
죄인(罪人)	Coupable, Criminel, Scélérat
주고받는 구멍	Guichet
주교(主教)	Évêque
주교(主教)집	Évêché
주름	Ride
주름 잡히오	Rider
주름잡소	Plisser
주름진	Rugueux
주막(酒幕)	Auberge, Hôtel
주막(酒幕)쟁이	Aubergiste, Hôtelier

주머니	Poche
주머니칼	Canif
주먹	Poing
주무르오	Manipuler, Tripoter
주색(酒色)	Volupté
주석(朱錫)	Cuivre (jaune), Laiton
주선(周旋)	Entreprise
주선(周旋)하는 사람	Entrepreneur
주선(周旋)하오	Arranger, Entreprendre
주야평균(晝夜平均)	Équinoxe
주오	Donner, Léguer, Pourvoir
주의(主意) 있게 하오	Proposer
주의(主意) 있게 함	Proposition
주인(主人)	Maître, Patron, Seigneur
주인(主人) 여기 있소	Ici
주일(週日) 동안	Semaine
주자(鑄字)	Caractère (imprimerie)
주자(鑄字)하는 집	Imprimerie
주장(主張)하오	Dominer
주저앉소	Écrouler (s')
주점소(住店所)	Halte
주정(酒酊)꾼	Ivrogne
주지 못하오	Incessible
주회(周回)	Autour, Enceinte (Enceinte Muraille)
죽(粥)	Purée
죽게	Mortellement
죽계(竹鷄)	Perdrix
죽소	Décéder, Mort, Mourir
죽을 것	Mortel
죽을 뻔하였소	Faillir

죽음	Mort
죽이오	Tuer
죽지 않소	Immortaliser, Immortel
죽지 않음	Immortalité
준비(準備)함	Provision
줄 [*띠]	Ressort, Ruban
줄 [*선]	Trait
줄 [*연장]	Lime
줄 만하오	Payable
줄거리	Tige
줄긋소	Rayer, Souligner, Tracer
줄기 뻗소	Jaillir
줄이오	Diminuer, Rétrécir
줄질하오	Limer
줌 [*움큼]	Poignée
줌 [*전함]	Tradition
중	Bonze, Moine, Religieux
중(中)에	Parmi
중(重)하오	Onéreux
중간(中間)	Intermédiaire, Intervalle
중대장(中隊長)	Capitaine
중문(中門)	Portail
중책(重責)하오	Sévir
쥐	Rat
쥐덫	Ratière, Souricière
쥐오	Comprimer
즁추원(中樞院)	Conseil
즉시(卽時)	Aussitot, Immédiat, Immédiatement, Tout (Tout de suite)
즐거운	Allégre, Consolation, Gaieté, Hilarité, Joie, Plaisant, Plaisir

즐거워하오	Agréer, Contenter, Jouir, Joyeux
즐거워함	Jubilation
즐거워함이	Allégresse
즐겁게	Gaiement
즐겁게 하는 사람	Consolateur
즐겁소	Gai
즐겁지 않게 하오	Dédaigner
즐겨 노오	Réjouir
즐겨 놂	Réjouissance
즐겨서	Volontiers
즐겨하오	Daigner, Égayer
즐기게 하오	Consoler
즐기오	Divertir
즙(汁)	Jus, Sauce, Suc
즙(汁)그릇	Saucière
증가(增加)하오	Augmenter
증거(證據)	Preuve
증거(證據)하오	Témoigner
증세(症勢)	Symptôme
지각(知覺)	Expérience, Instinct, Sensibilité, Tact
지각(知覺) 없음	Inexpérience
지게	Hotte
지게꾼	Porteur
지경(地鏡)	Frontière
지경(地境) 출송(黜送)하오	Proscrire
지고(地庫)	Cave
지구(地球)	Gloe
지권연(紙卷煙)	Cigarette
지극(至極)히 높소	Suprême
지극(至極)히 좋은	Magnifique

지극히(至極) 큰	Colossal
지근거리오	Provoquer
지근거림	Provocation
지금(只今)	Maintenant, Présentement
지금(只今)부터	Désormais
지금(只今)이오	Moderne
지나가오	Écouler (s')
지나감	Écoulement
지나오	Passer
지난	Dermer
지남철(指南鐵)	Aimant
지내오	Subir
지네	Cent-pieds
지느러미	Nageoire
지도(地圖)	Carte (geographie), Plan
지도리	Gond
지동(地動)	Tremblement De terre
지랄	Épilepsie
지랄쟁이	Épileptique
지렁이	Ver (de terre)
지리(地理)	Géographie
지리학(地理學)	Géométrie
지방(地方)	Pays, Région
지붕	Toit
지술(地術) 하는 사람	Géomètre
지식(知識)	Science
지어내소	Découvrir
지어내오	Inventer
지오 [*들다]	Porter
지오 [*패하다]	Succomber

지옥(地獄)	Enfer
지움	Effacement
지은 이름	Surnom
지음	Perpétration
지전(紙錢)	Monnaie (Monnaie en papier)
지진(地震)	Tremblement
지체(遲滯)하오	Tarder
지키는 사람	Gardien
지키오	Garder, Observer, Veiller
지킴	Garde
지팡이	Canne
지함(地陷)	Fosse
지혜(智慧)	Sagesse
지혜(智慧)로운	Prudent
지혜(智慧)롭소	Sage
지휘(指揮)하오	Suggérer
지휘(指揮)함	Suggestion
직(職) 하는 사람	Titulaire
직무(職務)	Emploi
직분(職分)	Devoir
직업(職業)	Situation
직함(職銜)	Titre
진(津)	Bitume
진노(瞋怒)하오	Agacer
진(眞)다홍(紅)빛	Minium
진맥(診脈)하오	Tâter
진배(進排)	Fourniture
진배(進排)하는 사람	Fournisseur
진배(進排)하오	Fournir, Pourvoir
진서(眞書)	Caractère (chinois)

진실(眞實)치 않소	Infidèle
진실(眞實)치 않음	Infidélité
진실(眞實)하게	Fidèlement
진실(眞實)하오	Candide, Fidèle, Loyal, Probe, Sincère
진실(眞實)함	Fidélité, Sincérité, Véracité
진실(眞實)히	Fidèlement
진심(眞心)하오	Loyauté
진언(眞諺)	Formule, Maléfice
진저리나오	Effrayant
진적(眞的)하오	Réel
진정(眞情)	Vraiment
진주(眞珠)	Perle
진중(陣中)	Camp
진흙	Argile, Boue, Fange, Limon
질 만하오	Effaçable
질그릇	Faïence, Poterie
질녀(姪女)	Nièce
질솥	Chaudière (chaudière d'argile)
질투(嫉妬)	Envie
질투(嫉妬)하오	Envieux, Jalouser
질화로(火爐)	Réchaud
짐	Bagage, Charge (de boeuf), Fardeau
짐 싣소	Charger
짐(鴆)새	Autruche
짐꾼	Portefaix
짐승	Animal
짐승 털 벗는 때	Mue
짐승의 논(論)하는 책(冊)	Zoologie
짐승의원(醫員)	Vétérinaire
집	Batiment, Maison, Tube

집 도양 내는 자	Architecte
집 앞에	Devant (Devant la maison)
집게	Pince, Pincettes, Tenaille
집게손	Index
집비둘기	Pigeon
집소	Prendre, Ramasser
집어 올리오	Relever
집어 주오	Prélever
집에	Chez
집조(執照)	Sauf-conduit
짓 것	Construction
짓는 사람	Constructeur
짓소 [*건축하다]	Bâtir, Construire, Édifier
짓소 [*저지르다]	Perpétrer
짓소 [*지우다]	Effacer
징그러움	Horreur
징그럽게	Horriblement
징그럽소	Horrible
징역(懲役)	Travailleur (Travaux forcés)
징역(懲役)꾼	Forçat
징조(徵兆)	Présage, Pronostic
짖소	Aboyer
짚	Paille
짚신	Soulier (Soulier de paille)
짚으로 채우오	Empailler
짜내오	Extraire
짜는 사람	Tisseur
짜르게 하오	Raccourcir
짜오	Tisser, Tordre
짝 맞지 않소	Impair

짠	Textile
쪼개오	Fendre
쪼아먹소	Becqueter
쪽	Page
쫓소	Suivre
쫓아가오	Poursuivre
쫓아감	Poursuite
찌꺼기	Rebut, Résidu
찌꺼기 남기오	Rebuter
찌르오	Piquant, Piquer
찡그림	Grimace
찢소	Déchirer
찧소	Piler

차

차	Thé
차 그릇	Théière
차(借)한	Honorifique
차게 하오	Refroidir
차관(罐)	Théière
차는 연필	Porte-crayon
차돌	Silex
차래(借來)	Emprunt
차례(次例)	Série
차례(次例) 바꾸오	Intervertir
차례(次例)로	Graduellement
차례(次例)로 쌓오	Empiler
차서(次序)	Série
차오	Froid
차지	Domination
차지도 덥지도 않소	Tempéré
차지하오	Dominer, Emparer (s')
차차(次次)	Petit (Petit à petit), Peu (Peu à peu)

착실(着實)치 아니함	Négligence
착실(着實)치 않소	Négliger, Négligent
착하오	Probe
착함	Probité
찬란(燦爛)하오	Remarquable
찬물	Froid (De l'eau froide)
찬미(讚美)	Éloge
찬미(讚美)하오	Louable, Louer
찬장(饌欌)	Garde-manger
찬정(贊政)	Conseiller (conseiller d'Etat)
찬존(讚尊)	Compliment
찬존(讚尊)하오	Complimenter
찬채(饌菜)	Repas
참	Réellement, Vraiment
참교(參校)	Sergent
참깨	Sésame
참나무	Chêne
참령(參領)	Commandant
참말이요	Vrai (Est-ce vrai?)
참새	Moineau
참서관(參書官)	Secrétaire
참서청(參書廳)	Secrétariat
참소	Patient, Patienter, Supporter, Tolérer
참아 받소	Endurer
참예(參預)	Participation
참예(參預)하오	Assister, Participer
참외	Melon
참위(參尉)	Sous-Lieutenant
참으면서	Patiemment
참을성(性)	Tolérance

참음	Longanimité, Patience
참지 못하오	Impatient, Impatienter, Insupportable
참지 못함	Impatience
찻종(鍾)	Tasse
찼소	Plein
창(槍)	Lance
창(窓)	Abat-Jour
창문(窓門)	Fenêtre
창설(創設)하오	Établir
창시(槍匙)	Fourchette
창실	Étourderie
창자	Boyau, Entrailles
찾소	Chercher
찾아내오	Fouiller
찾음	Perquisition, Réquisition
채마전(菜麻田)	Jardin
채반(盤)	Corbeille
채색(彩色)	Coloration, Nuance
채색(彩色)하오	Colorer, Nuance
채소(菜蔬)	Végétal
채우오	Compléter, Emplir, Remplir
채종명(菜種名)	Asperge
채찍	Fouet
채찍질하오	Fouetter
책(冊)	Livre
책(冊) 한 권(卷)	Livre (Un livre)
책망(責望)	Blâme, Remontrance, Répréhension
책망(責望)하오	Blâmer, Objecter, Vitupérer
책망(責望)할 만하오	Répréhensible
책망(責望)함	Objection

책방(冊房)	Bibliothèque
책상(冊床)	Pupitre
책의(冊衣)	Carton, Livre
책의(冊衣)하오	Cartonner
처(處)하오	Condamné
처(處)할 만하오	Condamnable
처남(妻男)	Beau-frère
처럼	Semblant
처마	Rebord
처음으로 하오	Inaugurer
처참(處斬)하오	Exécuter
척량(尺量)	Dimension, Mesure
척량(尺量)하오	Mesurer
척추의 뼈	Vertèbre
천(千)	Mille
천거(薦擧)	Désignation, Recommandation, Suffrage
천거(薦擧)하오	Désigner, Recommander
천기(天氣)	Température
천당(天堂)	Paradis
천대(賤待)	Mépris
천둥	Tonnerre
천둥하오	Tonner
천리경(千里鏡)	Longue-vue
천리경(千里鏡) 보오	Lorgner
천문(天文)	Astronomie
천신(天神)	Ange
천의(天意)	Providence
천의(天意)요	Providentiel
천자(天子)	Empereur
천장(天障)	Palais Bouche

천주(天主)	Dieu
천주교(天主教)	Catholique
천주성(天主性)	Divinité
천지개벽(天地開闢)	Néant
천천히	Doucement, Lentement
천천히 종(鐘)치오	Tinter
천천히 하오	Ralentir
천(賤)하오	Vil, Vulgaire
철	Expérience
철(鐵) 일하오	Forger
철갑선(鐵甲船)	Cuirassé
철로(鐵路)	Chemin (Chemin de fer), Tramway
철로(鐵路) 수레	Wagon
철망(鐵網)	Grillage
철사(鐵絲)	Fer (Fil de fer), Laiton
철사(鐵絲) 매오	Enchainer
철장(鐵杖)	Rail
철필(鐵筆)대	Porte-plume
철환(鐵丸)	Cartouche
철환鐵丸)주머니	Cartouchière
첨(諂)	Flatterie, Platitude
첨(諂)꾼	Flatteur
첩(妾)	Concubine
첩(貼)	Potion
첫째	Premier
첫째 것	Sujet
첫째로	Premièrement
청(請)꾼	Intrigant
청강석(青剛石)	Emeraude
청구서(請求書)	Supplique

청국(淸國)	Chine
청국(淸國) 공사관(公使館)	Chinois (Légation de Chine)
청국(淸國) 사람	Chinois
청금석(靑金石)	Mica
청단(請單)	Liste
청명(聽命)	Soumission
청명(淸明)하오	Éclaircir
청명(聽命)하오	Soumis
청좌(請坐)	Convive
청(廳)지기	Page, Intendant
청천(靑天)	Firmament
청첩(請牒)	Invitation (carte d'invitation)
청촉(請囑)	Demande
청(請)하오	Convier, Demander, Réclamer
청(請)한	Invité
청(請)한 대로 됐소	Obtenir
청(請)한 대로 됨	Obtention
청(請)함	Invitation, Réclamation
체 [*겉치레]	Semblant
체 [*여과기]	Crible, Tamis
체 장수	Tamisier
체증(滯症)	Indigestion
체질하오	Tamiser
체하오 [*시늉]	Prétendre
체(滯)하오	Indigeste
쳇바퀴	Cercle
초 [*燭]	Chandelle, Cierge
초(抄)	Copie
초(醋)	Vinaigre
초가(草家)집	Paille (Toit de paille)

초꽂이	Flambeau
초등(超等)하오	Surpasser
초례(醮禮)	Inauguration
초롱(籠)	Lanterne
초롱등(籠燈)	Fanal
초막(草幕)	Maison (Maison de bonze)
초목(草木)	Végétation
초목(草木) 나오	Végéter
초병(醋甁)	Vinaigrier
초부(樵婦)	Bûcheron
초월(超越)하오	Sublime
초인(草人)	Épouvantail, Mannequin
촌(村)	Hameau, Village
촛대(臺)	Chandelier
총(銃)	Fusil
총(銃) 놓는 사람	Tireur
총(銃) 놓소	Tirer
총(銃) 놓음	Tir
총(銃)개머리	Crosse
총계(總計)	Somme
총계(總計)로 놓소	Faisceau (former)
총대위원(總代委員)	Comité
총명(聰明)	Sagacité
총명(聰明)스럽소	Ingénieux
총모피(毛皮)	Hermine
총순(總巡)	Inspecteur
총(銃)알	Balle
총창(銃槍)	Baïonnette
총총(悤悤)하오	Expéditif
추렴	Cotisation, Souscription

추렴 내오	Cotiser, Souscrire
추수(秋收)	Moisson, Récolte
추수(秋收)하오	Moissonner, Récolter
축문(祝文)	Oraison, Prière
축성(祝聖)하오	Consacrer
축수(祝手)	Souhait
축수(祝手)하오	Prier, Souhaiter
축이오	Imbiber
춘흥(春興)	Indecence
출납(出納)	Trésorier
출언(出言)하오	Exprimer
출중(出衆)하오	Exceller, Primer
출화(出貨)하오	Exporter
춤	Bal, Danse
춤추는 사람	Danseur
춤추오	Danser
춥소	Froid
충동(衝動)	Excitation, Incitation
충동(衝動)하오	Exciter, Inciter
충수(充數)요	Supplémentaire
충수(充數)함	Supplément
춰떠오	Grelotter
취리(取利)하는 사람	Usurier
취(醉)하오	Ivre, Saouler
층(層)	Échelon
층(層)(집)	Étage
층계(層階)	Escalier
층대(層臺)	Échelon
층층이	Proportionnellement
치	Gouvernail

치료(治療)	Soin
치롱	Panier
치마	Robe
치명자(致命者)	Martyr
치부(置簿)하오	Enregistrer
치부책(置符冊)	Carnet
치부책(置簿冊)	Registre, Tarif
치오	Taper
치장(治粧)	Luxe
치하(致賀)	Félicitation
치하(致賀)하오	Féliciter
칙령(勅令)	Édit
친구(親舊)	Ami, Camarade
친구(親口)하오	Baiser
친밀(親密)	Amitié
친밀(親密)하오	Intime
친밀(親密)함	Intimité
친밀(親密)히	Intimement
친척(親戚)	Parents
칠(漆)	Vernis
칠월(七月)	Juillet
칠(漆)장이	Peintre
칠판(漆板)	Tableau
칠(漆)하오	Vernir
칡범	Tigre
침 [*타격]	Coup, Tape
침 [*타액]	Crachat, Salive
침 뱉소	Cracher
침모(針母)	Tailleuse
침방(寢房)	Dortoir

침범(侵犯)하오	Envahir
침상(寢牀)	Alcôve, Lit
칭찬(稱讚)	Louange
칭찬(稱讚)하오	Louanger

카

칼	Couteau, Dague, Glaive, Poignard, Sabre
칼 가오	Aiguiser
칼 쓰오	Cangue
칼날	Lame, Tranchant
칼로 베오	Sabrer
칼집	Fourreau
캄	Obscur
캄캄한	Ténébreux
캐오	Exploiter
켕김	Tension
코	Nez
코 곯으오	Ronfler
코 푸오	Moucher
코끼리	Éléphant
코끼리 주둥이	Trompe (éléphant)
콧구멍	Narine, Naseau
콧물	Morve
콧수건(手巾)	Mouchoir

콩	Haricot
콩팥	Rein, Rognon
크게 웃소	Rire
크오	Grand, Volumineux
큰	Grand
큰 공(功)	Exploit
큰 괘종(掛鐘)	Horloge
큰 글자	Majuscule
큰 마음	Magnanimité
큰 못	Lac
큰 무더기	Monceau
큰 바다	Océan
큰 바람	Tempête
큰 밤	Marron
큰 변(變)	Révolution
큰 수레	Char
큰 장수	Négociant
큰 재주	Talent
큰 접시	Plat
큰 콩	Fève
큰 흥정 하오	Approvisionner
큰길	Route
큰성당(聖堂)	Basilique
큰소리	Bruit, Vacarme
큰옷	Veste
키 [*신장]	Stature, Taille
키 [*舵]	Gouvernail
키 큰 사람	Géant
키(箕)	Van

타

타는 사람	Gagnant
타도(打倒)	Culbute
타오	Brûler
타지 못하오	Incombustible
탁자(卓子)	Étagère, Rayon
탁지(度支)	Finance
탁지대신(度支大臣)	Ministre (Ministre Finances)
탄식(歎息)	Gémissement, Soupir
탄식(歎息)하오	Gémir, Soupirer
탈	Masque
탈 놀리는 곳	Théâtre
탈 쓰는 계집	Acteur
탈 쓰는 사람	Acteur
탈 쓰오	Masquer
탈취(奪取)하오	Usurper
탈취(奪取)함	Usurpation
탐색(貪色)	Luxure
탐색(貪色)하오	Luxurieux

탐식(貪食)	Gourmandise
탐식(貪食)쟁이	Gourmand
탐(貪)있는	Avide
탐지(探知)	Enquête
탐지(探知)하는 사람	Espion, Explorateur
탐지(探知)하오	Épier, Espionner, Proclamer
탐(貪)하오	Convoiter
탑(塔)	Pagode
탕(湯)	Sauce
탕건(宕巾)	Bonnet (crin)
탕관(湯罐)	Casserole (terre)
탕약(湯藥)	Tisane
태(胎)	Matrice
태엽(胎葉)	Ressort
태자(太子)	Prince héritier
태풍(颱風)	Ouragan
택출(擇出)	Délégation, Triage
택출(擇出)하오	Trier
터	Terrain
터득(攄得)하오	Expérimenter
터지오	Éclater
턱	Menton
턱줄	Gorge
털	Cheveu, Poil
털 많소	Velu
털 많은	Poilu
털 벗소	Muer
털 빗	Pelage
털 뽑소	Plumer
토(吐)하오	Vomir

토(吐)함	Vomissement
토끼	Lapin
토끼 새끼	Lapereau
토설(吐說)하오	Avouer
토시	Manchette
토요일(土曜日)	Samedi
토혈(吐血)	Hémorragie
톱	Scie
톱밥	Sciure
톱질하오	Scier
통(桶)	Baquet, Tonneau
통곡(痛哭)	Lamentation, Pleur
통곡(痛哭)하오	Pleurer, Sangloter
통기(通寄)하오	Notifier
통달(通達)함	Pénétration
통사(通事)	Interprète
통신(通信)	Communication
통어(通語)하오	Interpréter
통인(通引)	Page
통(桶)장이	Tonnelier
통천하(統天下)	Univers
통(通)치 못하오	Impénétrable
통(通)하오	Trouer
퇴(退)	Repli
퇴색(退色)하오	Déteindre, Flétrir
퇴조(退潮)	Marée Basse, Reflux
투구	Casque
투표(投票)	Scrutin
트림	Rot
트림하오	Roter

특별(特別)하오	Spécial
특별(特別)함	Spécialité
특별(特別)히	Spécialement
특은(特恩)	Privilège
틀리게 말하오	Contredire
틈	Fente
틈타오	Profiter
티눈	Durillon

파

파	Oignon
파(罷)하오	Annuler, Esquiver
파는 사람	Vendeur
파란	Émail
파란 올리오	Émailler
파리	Mouche
파리 어항(魚缸)	Mouche (attrape-mouche)
파리경(京)	Paris
파리하오	Maigre
파리해지오	Maigrir
파선(破船)	Naufrage
파선(破船)하오	Sombrer
파수(把守)	Faction, Poste (Poste de soldat)
파수병정(把守兵丁)	Factionnaire
파오 [*뚫다]	Creuser
파오 [*팔다]	Vendre
판(板)	Sarcophage
판(版) 박소	Imprimer

판관(判官)	Hôte
판단(判斷)	Sentence, Solution
판단(判斷)하오	Décider
판벽(板壁)	Cloison
판수	Aveugle
판판하오	Plan
팔	Bras
팔꿈치	Coude
팔렸소	Vendu
팔매	Fronde
팔십(八十) 먹은	Octogénaire
팔월(八月)	Août
팔자 좋소	Étoile
팔짓	Geste
팔짓하오	Gesticuler
팥	Pois (rouge)
패(牌)	Médaille
패장(牌將)	Contremaître
펄펄 뛰오	Palpiter
펄펄 뜀	Palpitation
펴놓으오	Étaler, Exhiber
펴오	Déplier, Dérouler, Détordre, Éteindre
편(便)	Côté, Page, Partie
편(篇)	Chapitre
편(便)치 않음	Indisposition
편당(偏黨)	Faction
편도(偏度)	Longitude
편뢰(片腦)	Camphre
편지(便紙)	Lettre
편지(便紙) 떼오	Décacheter

평균(平均)	Équilibre
평균(平均)히 하오	Aplanir
평상(平牀)	Lit
평안(平安)하시오	Bonjour (très poli)
평안(平安)하오	Paisible
평안(平安)함	Paix
평야(平野)	Plaine
평탄(平坦)함	Sécurité
평평(平平)하게	Horizontalement
평평(平平)하오	Horizontal
평평(平平)히 하오	Niveler
평화(平和)케 하오	Pacifique
평화(平和)하게	Pacifiquement
폐지(廢止)하오	Supprimer
폐지(廢止)함	Suppression
폐하(陛下)	Maître
폐현(陛見)	Audience
포(浦)	Port
포고(布告)	Proclamation
포구(浦口)	Rade
포도(葡萄)	Raisin
포도(葡萄) 따는 날	Vendange
포도(葡萄)나무	Vigne
포도(葡萄)덩굴	Sarment
포도(葡萄)송이	Grappe
포선(布扇)	Voile (Voile de deuil)
포악(暴惡)하오	Brutal, Cruel
포악(暴惡)한	Inhumain, Cruauté
표(標)	Cocarde, Étiquette, Marque, Symbole
표(票)	Laissez-passer, Permission

표(豹)범	Panthère
표(標)하오	Marquer
표(表)하오	Souligner
표본조작(標本造作)	Contrefacon
표양(表樣)	Type
표지(標紙)	Quittance
푸르러지오	Verdir
푸르스름하오	Verdâtre
푸르오	Bleu, Vert (couleur)
푸른	Vert (couleur)
푸름	Verdure
푸오 [*긴장을 -]	Relâcher
푸오 [*끈을 -]	Délier, Détacher
푸오 [*문제를 -]	Résoudre
푸주	Abattoir
푼	Dollar, Piastre, Sapèque
풀 [*식물]	Herbe
풀 [*접착제]	Colle (farine), Gomme
풀 뜯어먹소	Paître
풀 먹소	Brouter
풀 베오	Faucher
풀 있는 땅	Steppe
풀무	Soufflet
풀무 아궁이	Forge
풀어 이르면	C'est-à-dire
풀어 읽음	Explication
풀어 주오	Développer
풀어낼 수 없소	Inexplicable
풀어지오	Soluble
풀어짐	Dissolution

품(品)	Grade, Qualité, Rang
품(稟)하오	Référer
품첩(稟牒)	Supplique
품청장(稟請狀)	Requête
품하오	Enlacer
풍년(豐年)	Abondance
풍년(豐年)드오	Abondant, Abonder
풍류(風流)	Musique
풍류(風流)하는 사람	Musicien
풍설(風說)	Rumeur
풍성(豐盛)하게 하오	Fertiliser
풍성(豐盛)한	Fertile
풍성(豐盛)함	Profusion, Fertilité
풍속(風俗)	Moeurs, Coutume
풍악(風樂)	Concert
풍우표(風雨表)	Baromètre
풍족(豐足)하게 하오	Satisfaire
풍족(豐足)하오	Satisfaisant
풍족(豐足)함	Satisfaction
풍침(風針)	Girouette
피	Sang
피 흐르오	Saigner, Sanglant
피 흐름	Saignement
피 흘리오	Ensanglanter
피갑(皮匣)	Malle
피곤(疲困)	Langueur
피곤(疲困)하오	Fatiguer, Languir
피나무	Tilleul
피란(避亂) 곳	Refuge
피란(避亂)하는 사람	Fuyard

피란(避亂)하오	Réfugier (se)
피륙	Étoffe
피리	Clarinette
피마(馬)	Cavale, Jument
피마자(蓖麻子)	Ricin
피마자(蓖麻子)기름	Huil (Huile de ricin)
피신(避身)하오	Éviter
피어가오	Éclore
피(皮)장이	Corroyeur
피(避)할 만한	Évitable
피(避)해 가오	Opter
필(匹)	Pièce
필(疋)	Toile
필갑(筆匣)	Portefeuille
필경(畢竟)	Sûrement
핏기(氣) 없소	Hâve
핏줄	Artère, Veine
핑계	Excuse, Prétexte
핑계하오	Excuser (s')

하

하고	Aussi, Avec,
하관(下官)	Subalterne
하나	Un (une)
하나 걸러큼	Alternativement
하나도 없소	Aucun
하나씩	Un (une)
하늘	Ciel
하늘가	Horizon
하례(賀禮)	Célébration
하례(賀禮)하오	Célébrer
하루살이	Moucheron
하륙(下陸)하오	Débarquer
하물며	Raison (A plus forte raison)
하사(下士)	Caporal
하오	Agir, Faire, Réaliser
하인(下人)	Domestique, Serviteur, Valet
하절(夏節)	Été
하지 마시오	Abstenir (s') (Abstenez-vous)

하품	Bâillement
하품 마시오	Bâiller (Ne baillez pas)
하품하오	Bâiller
학교(學校)	École
학당(學堂)	École
학도(學徒)	Écolier, Élève
학문(學問)	Science
학방(學房)	Classe (école)
학부대신(學部大臣)	Ministre (Ministre Instruction Publique)
학자(學者)	Philosophe
학질(瘧疾)	Fièvre
학행(學行)	Philosophie
한	Unique
한 겁(劫)에	Fois (A la fois!)
한 고을 지경(地境)	Territoire
한 대(隊)	Troupe
한 떼	Troupeau
한 분	Personnage (Grand personnage)
한 시(時) 동안	Pendant (pendant une heure)
한 주일(週日) 동안	Hebdomadaire
한 줌	Main (Main poignée de)
한(限)	Terme
한가(閑暇)하오	Oisif
한가(閑暇)함	Loisir, Oisiveté
한가(閑暇)히	Oisivement
한가지	Avec, Simultanément
한가지 함께	Ensemble
한각[一刻]	Heure (1/4 d'heure)
한담(閑談)	Fable
한데 합(合)함	Union

한서표(寒暑表)	Thermomètre
한성부(漢城府)	Préfecture
한심(寒心)	Soupir
한심(寒心)하오	Soupirer
한정(限定)	Limite, Terme
한정(限定)하오	Limiter
한(恨)하오	Haïr
한(恨)할 만하오	Haïssable
한(恨)함	Haine
할 만한	Faisable
할머니	Grand-mère
할아버지	Grand-père
할퀴오	Griffer
함박꽃	Pivoine
함지(陷地)	Embûche
합(盒)	Boîte
합당(合當)	Convenance
합당(合當)치 않소	Inconvénient
합당(合當)하오	Agréable, Convenable, Convenir
합당(合當)함	Symétrie
합법(合法)	Addition
합음(合音)	Syllabe
합의(合意)하오	Unanime
합의(合意)함	Unanimité
합의(合意)했소	Unanimement
합(合)하오	Additionner, Joindre, Unir
핫바지	Pantalon
핫옷	Habit (Habit ouaté)
항(缸)아리	Vase (de terre)
항구(港口)	Port

항구(港口)로 들여오는 사람	Importateur
항구(港口)로 들여오오	Importer
항구(港口)로 들여옴	Importation
항구(恒久)하오	Constant, Persévérer
항구(恒久)함	Constance
항복(降伏) 받소	Subjuguer
항상(恒常)	Constamment, Toujours
항상(恒常) 연(連)해하오	Persévérer
항상(恒常) 연(連)해함	Persévérance
항상(恒常) 잡소	Persister
항상(恒常) 잡음	Persistance
항상(恒常) 하는 것	Routine
항심(恒心) 없소	Inconstant
항심(恒心) 없음	Inconstance
해 [*~에 의해]	Par
해 [*年]	An, Année
해 [*태양]	Lumière (Lumière du soleil), Soleil
해(害) 되오	Préjudiciable
해(害) 뵈오	Léser, Opprimer
해(害) 입음	Préjudice
해가 돋았소	Soleil
해각 (海角)	Golfe
해골(骸骨)	Crâne
해관(海關)	Douane
해관(海關) 사람	Douanier
해구(海狗)	Loutre
해당화(海棠花)	Rose
해로움	Mal
해(害)로운	Funeste
해(害)롭게 하오	Nuire

해(害)롭소	Malfaisant, Nuisible, Pernicieux
해바라기 꽃	Tournesol
해변(海邊)	Littoral, Plage
해빙(解氷)	Dégel
해빙(解氷)하오	Dégeler
해산(解産)	Accouchement
해산(解産)하오	Accoucher
해석(解析)해 주오	Prouver
해수(咳嗽)	Rhume
해진 옷	Haillon
해(害)하오	Ravager
해(害)할 마음	Rancune
해(害)함	Ravage
핼쑥하오	Pâle, Pâlir
행동거지(行動擧止)	Maintien
행로(行路)	Voyage
행보(行步)	Marche
행보(行步)로	Pédestrement
행선(行船)하오	Naviguer
행성(行星)	Planète
행습(行習)	Habitude
행습(行習)으로	Habituellement
행습(行習)이오	Habituel
행습(行習)지 못했소	Inaccoutumé
행습(行習)하오	Habituer
행실(行實)	Action, Conduite
행실(行實) 부정(不正)함	Inconduite
행용(行用)	Usage, Usuel
행위(行爲) 가지오	Maintenir
행인(行人)	Horde, Voyageur

행장(行裝)	Bagage
행전(行纏)	Guêtre
행주	Frottoir
행주치마	Tablier
향기(香氣)	Parfum
향기(香氣)나오	Parfumer
향(向)하여	Envers
향(向)해서	Vers
허(虛)해 주오	Promettre
허(許)해주는 것	Admission
허(許)해주오	Admettre
허(虛)해줌	Promesse
허락(許諾)	Accord, Concession, Permission
허락(許諾)하오	Accorder, Permettre, Promettre
허락(許諾)함	Permis
허리	Rein
허리띠	Ceinture
허물	Défaut, Faute
허벅다리 위	Hanche
허비(虛費)	Dépense
허비(虛費)하오	Dépenser
허오	Démolir
허원(許願)	Dévotion
허파	Poumon
헌 신	Savate
헌책(冊)	Vieux (Vieux livre)
헐었소	Vieux
험담(險談)하오	Malveillant
헛	Vain
헛 부오	Imputer

헛간(間)	Hangar
헛것	Spectre
헛되오	Absurde
헤아리오	Compter, Réfléchir
헤아릴 수 없소	Incalculable
헤엄치오	Nager
혀	Langue
혁대(革帶)	Ceinturon
혁파(革罷)	Abolition
혁파(革罷)하오	Abolir
현기증(眩氣症)	Vertige
현미경(顯微鏡)	Loupe, Microscope
협방(夾房)	Côté
협잡(挾雜)	Tripotage
형(兄)님	Frère. aîné
형벌(刑罰)	Peine, Supplice, Torture
형벌(刑罰) 받는 사람	Supplicié
형벌(刑罰)하오	Torturer
형상(形象) 있소	Matériel
형수(兄嫂)	Belle-soeur
형용(形容)하오	Représenter
형용(形容)함	Représentation
호되게	Impétueusement
호되오	Impétueux
호됨	Impétuosité
호두	Noix
호두 껍질	Noix (coquille de)
호두나무	Noyer
호랑(虎狼)이	Tigre
호박	Citrouille, Courge

호변(好辯)	Éloquence
호변(好辯)으로	Éloquemment
호변(好辯)하오	Éloquent
호색(好色)하오	Sensuel
호색(好色)함	Sensualité
호소(呼訴)하오	Plaindre, Plaintif
호소(呼訴)함	Plainte
호위(護衛)하오	Défendre
호적(戶籍)	Recensement
호적(戶籍)하오	Recenser
호주	Potier
혹(或)	Ou
혹시(或是)	Parfois, Quelquefois
혼(魂)	Ame
혼(魂) 빠짐	Trac
혼미(昏迷)하오	Étourdi
혼배(婚配)하오	Nuptial
혼사(婚事)	Hymen
혼여(婚輿)	Voûte
혼여(婚輿) 뜨오	Voûter
혼인(婚姻)	Mariage
혼인(婚姻) 정(定)하오	Fiancer
혼인(婚姻)하오	Épouser, Marier
혼자	Seul
혼잡(混雜)	Mixture
혼잡(混雜)하오	Mixte
혼합(混合)	Mélange
홀로	Indépendamment
홀아비	Veuf
홀연(忽然)하오	Inattendu, Subit

홀연(忽然)히	Soudainement, Subitement
홍당(紅唐)무	Carotte
홍시(紅柹)	Kaki (mûr)
홑	Unique
홑 것	Simple
홑이불	Drap
화(火)	Feu
화광(火光)	Lueur
화기(火氣)	Gaz
화기(火器) 발(發)함	Explosion
화(火)덕	Poêle
화(火)덕장	Four
화려(華麗)	Luxe
화려(華麗)하게	Luxueusement
화려(華麗)하오	Luxueux
화로(火爐)	Chauffrette, Fourneau
화륜거(火輪車)	Train
화목(和睦) 시키오	Réconcilier
화목(和睦) 시킴	Réconciliation
화문석(花紋席)	Natte Couleur
화병(花甁)	Vase (à fleurs)
화살	Fléche, Trait
화살 쏘오	Décocher
화살통(筒)	Carquois
화상(畫像)	Dessin, Photographie, Portrait
화상(畫像) 박는 사람	Photographe
화상(畫像) 박소	Photographier
화석(火石)	Marbre
화수분	Inépuisable
화약(火藥)	Poudre

화약고(火藥庫)	Poudrière
화요일(火曜日)	Mardi
화재(火災)	Incendie
화재(火災) 보오	Incendier
화초(花草)	Plante
화초(花草) 심으오	Planter
화초(花草) 심음	Plantation
화초(花草)쟁이	Horticulteur
화초방(花草房)	Serre
화친(和親)	Paix
화합(和合)	Harmonie
화합(和合)하게 하오	Rallier
화합(和合)하오	Harmoniser
환(丸)	Râpe
환도(環刀)	Épée, Sabre
환쟁이	Peintre
환전(換錢)	Versement
환표(換標)	Mandat
환함	Transparence
활	Arc
활량	Archer
황(黃)	Jaune, Soufre
황(黃)겼소	Hâve
황겁(惶怯)	Panique
황새	Grue
황소	Boeuf (Boeuf jaune)
황송(惶悚)	Gêne
황송(惶悚)하오	Gêner
황유(黃油)	Beurre
황제(皇帝)	Empereur

황제자(皇帝子)	Empereur (fils empereur)
황족(皇族)	Prince
황후(皇后)	Impératrice
홰	Flambeau, Torche
홰나무	Acacia
횃불	Torche
회(會)	Association, Religion, Réunion, Société
회(灰)	Chaux
회(會) 설시(設始)하오	Associer
회(灰)장수	Platrier
회계(會計)	Comptabilité
회계(會計)하는 사람	Comptable
회리바람	Tourbillon
회사(會社)	Compagnie
회색(灰色)이오	Gris
회소(會所)	Club
회원(會員)	Membre (Membre d'une société)
회초리	Baguette, Verge
회판	Protestation
회판하오	Protester
횟(灰)가루	Plâtre
횡(橫)들음	Malentendu
효성(孝誠)	Piété
효험(效驗) 보오	Efficace
효험(效驗)답게	Efficacement
후사(後嗣)	Hérédité
후사(後嗣)하오	Héréditaire, Succéder
후사자(後嗣者)	Successeur
후세(後世)	Postérité
후손(後孫)	Postérité

후(後)에	Après
후(後)에도 사오	Survivre
후추	Poivre
후추나무	Poivrier
후(厚)하게 손 대접(待接) 함	Hospitalité
후회(後悔)	Remords
훈령(訓令)	Communication
훈령(訓令)하오	Communiquer
훈패(勳牌)	Médaille
훌륭하게	Magnifiquement, Parfaitement
훌륭하오	Délicieux, Magnifique, Parfait, Perfectionner
훌륭함	Magnificence, Perfectionnement
훗날	Lendemain
훤화(喧譁)	Tapage, Vacarme
훼방(毁謗)	Médisance
훼방(毁謗)하는 사람	Médisant
훼방(毁謗)하오	Médire, Vilipender
휘양	Capuchon
휘오	Courber, Tordre
휘장(揮帳)	Rideau
휘파람 부오	Siffler
휠 만하오	Flexible
흉(凶)하오	Laid
흉(凶)한 놈	Fripon
흉(凶)한 일	Sinistre
흉계(凶計)	Stratagème
흉년(凶年)	Famine
흉물(凶物)	Monstre
흉보오	Moquer (se)
흉악(凶惡)하게 하오	Pervertir

흉악(凶惡)하오	Exécrable, Pervers
흉악(凶惡)함	Perversité
흐르오	Couler
흐리오	Sombre, Trouble
흑(黑)이오	Noir
흑사병(黑死病)	Peste
흑인(黑人)	Nègre
흑축(黑丑)	Liseron
흔드오	Branler, Ébranler, Secouer, Vaciller
흔들리오	Bouger, Garrotter, Mobile
흔들리지 않소	Immobile
흔들리지 않음	Immobilité
흔들림	Trépidation, Secousse
흔듦	Mouvement
흔적(痕跡)	Stigmate
흔하오	Commun, Considérable, Vulgaire
흔히	Vulgairement
흙	Sol
흙 튀오	Éclabousser
흙성(城)	Retranchement
흙손	Truelle
흙에 묻히오	Embourber
흙에 빠지오	Patauger
흙으로 했소	Terreux
흠(欠)집	Cicatrice
흠숭(欽崇)	Adoration
흠숭(欽崇)하오	Adorer
흥정	Achat
흩어지오	Disperser
희게 하오	Blanchir

희광이	Bourreau
희롱(戲弄)	Ironie
희롱(戲弄)이오	Ironique
희롱장(戲弄場)	Scène
희롱(戲弄)하는 사람	Moqueur
희롱(戲弄)하오	Manipuler, Railleur
희롱(戲弄)함	Moquerie
희미(稀微)하오	Aride, Vague
희생(犧牲)	Victime
희오	Blanc
흰종이	Blanc (Papier blanc)
히롱(戲弄)으로	Ironiquement
힘	Force, Vigueur
힘 없소	Impotent
힘 없음	Impotence
힘세오	Fort
힘줄	Muscle, Nerf